第2版

胡琳/编著

中国纺织出版社

内 容 提 要

青春期是男孩生理和心理发生较大变化，由童年向青少年转变的关键时期。青春期的男孩有着对生理发育的困扰，对心灵、情感、学习、理想、人际交往等问题也同样存在很多的困惑。此时期也是男孩最容易迷失方向、荒废学业、禁受不住诱惑的危险期。

本书是送给青春期男孩及其父母解惑答疑的实用读本。书中以亲子对话的形式，从生理、心理、社会三个部分指导青春期男孩正确认识自己的生理变化、心理成长、情感困惑、学习问题等，帮助他们解决与人交往、建立自信、培养心态、呵护健康、拒绝诱惑等难题。本书是父母送给青春期男孩最好的礼物，让你的男孩更加独立、自主并健康地成长。

图书在版编目(CIP)数据

父母送给青春期男孩的枕边书/胡琳编著. —— 2 版. —北京：中国纺织出版社，2015.3（2021.12重印）

ISBN 978-7-5180-0382-2

Ⅰ.①父… Ⅱ.①胡… Ⅲ.①男孩—青春期—家庭教育 Ⅳ.①G78

中国版本图书馆 CIP 数据核字（2014）第 277476 号

责任编辑：闫　星　　　　　　　　　　责任印制：储志伟

中国纺织出版社出版发行

地址：北京市朝阳区百子湾东里 A407 号楼　邮政编码：100124

销售电话：010—67004422　传真：010—87155801

http://www.c-textilep.com

E-mail：faxing@c-textilep.com

中国纺织出版社天猫旗舰店

官方微博 http://weibo.com/2119887771

三河市宏盛印务有限公司印刷　各地新华书店经销

2011年4月第1版　2015年3月第2版　2021年12月第23次印刷

开本：710×1000　1/16　印张：16

字数：217 千字　定价：26.80 元

儿子小伟今年13岁了,就在这一年的时间内,我们发现他长高了好多,也不像以前那样调皮捣蛋。现在的儿子变安静了,但却总好像心事重重的,我们还以为儿子在学校遇到了什么事情。

那天开完家长会后,我们找到老师,还没开口,老师倒反过来问我们:"你们家小伟这段时间很奇怪,以前开朗爱笑,现在整个成了一个闷葫芦,学习成绩也下滑了不少。孩子这个年纪是学习的重要时期,即使家里出了再大的问题,也不要牵扯到孩子。"

原来老师也注意到了孩子的变化。我们和老师说明情况后,准备回家好好和孩子谈一谈。和孩子谈完后,我们发现,原来都是青春期惹的祸。于是,我们准备为孩子上一堂青春期生理、心理以及相关社会知识课,让孩子能用一种积极健康的心态应对青春期遇到的各种问题。

青春期是一个人一生中储存知识、积累经验的重要时期,更是决定人一生发育水平的关键时期。这一时期,无论在身体上还是心理上,都会产生巨大的变化,尤其生殖系统的发育和完善,会给男孩的心理带来强烈的冲击。男孩虽然没有女孩"娇贵",但面对青春期的这些变化,也会感到忧虑、惶恐和不安,因此,作为父母的我们,有义务帮助孩子排除这些负面情绪,让他们健康、快乐地度过青春期。

这本书就是以我的儿子小伟以及他身边的一些同学、朋友为案例，对青春期男孩遇到的各种问题予以解答，并且对他们这段时间的人生观、价值观予以正确引导，希望我的儿子和所有处于青春期的男孩都能够拥有一个健康、快乐的青春，都能够以乐观的心态、真实的本领去迎接未来的人生！这是所有父母对孩子最真诚的祝愿，也希望这本书能够成为父母送给青春期男孩们最好的礼物！

编著者

2010 年 9 月

　　"可怜天下父母心",这是我们所有为人父母的人希望孩子能记住的话,我们也总希望自己的儿子能长大、成才,成为一个顶天立地的男子汉。但成长的路上,任何人都会遇到一些风雨,如果你的儿子现在十几岁,你是否发现:就在最近的一两年时间内,他好像个头高了,也不像以前那么顽皮了,安静了很多,但却总是愁眉苦脸、心事重重的样子;他也不再像以前那样遇到开心的和不开心的事都会告诉你了,还变得臭美了,总喜欢拿个小镜子照来照去,并且,他经常会对你说:"你不明白的,不想告诉你。""你根本就不懂我。"

　　其实,这一切都表明,你的儿子已经进入青春期了,而以上表现都是青春期的常见问题。

　　那么,什么是青春期呢? 心理医生认为,孩子在 10 岁之前是对父母的崇拜期,而 12～16 岁是孩子的"心理断乳期",孩子进入这个年龄段,随着身体的发育、所学知识的增加以及知识面和阅历的增加,他们的自我意识增强,他们渴望脱离对父母的依赖,因此,极易对父母产生"逆反心理"而不服父母的管教。

　　儿子到了青春期,毕当会有很多青春期的问题,为此,不少父母为此操碎了心。一方面,青春期的儿子有了成长中的烦恼,需要有个倾诉的对象,而孩子似乎已经对自己锁上了心门;另一方面,青春期也是个危险的时期，儿子一不小心，就可能走上错误的人生道路……诚然，男孩虽然没有女孩娇贵，但面对青春期的这些变化，也会感到忧虑、惶恐和不安，作为父母的我们，有义务帮助孩子排除这些负面情绪，让他健康、快乐地度过青春期。

因此，身为父母，我们需要给青春期的儿子上一堂青春期生理、心理、心态以及社会知识的课，让儿子能用一种积极健康的心态面对青春期遇到的各种问题。

本书就是以十几岁男孩的成长经历为案例，对青春期男孩遇到的各种困惑的问题予以解答，并且对他们这段时间的人生观、价值观予以正确的引导。最后，我希望我的儿子以及所有的青春期男孩都能顺利度过人生的雨季，打造绚烂多彩的人生花季，希望他们都能健康、快乐地成长！

编著者

2015 年 1 月

生理篇:认识身体变化,青春期男孩别烦恼

心理篇：排解心事困扰，青春期成长要安心

社会篇：懂得担当责任，青春期男孩早成熟

生理篇：
认识身体变化，
青春期男孩别烦恼

　　青春期的到来，让那些无忧无虑的男孩们开始烦恼起来：为什么我开始长出了喉结？为什么会有阴毛出现？自己的睾丸正常吗？我那可爱的童音怎么没有了？为什么我满脸是痘痘……这些问题无时无刻不在困扰着这些少不更事的男孩子。其实，这些正是青春期来临和你长大的标志。你要明白，青春期是你从孩童时代过渡到成人时代的重要阶段，你要全面认识成长中的自己，遇到这些问题不要烦恼，父母是过来人，可以一一帮你解答，可以帮你了解人体生理结构与功能的奥秘、青春期男孩生理发育与保健、青春期性生理健康以及青春期的运动与健康、营养与睡眠这些知识，因此，你不要烦恼，平静地接受身体的这些变化，你才能安心地度过青春期！

第一章　平静接受身体变化,面对成长不慌乱

小伟:"爸爸,我现在也是个真正的男子汉了。很多问题,我不好意思问妈妈,就来找您。您说,男孩子的青春期在身体上会发生什么变化呢?"

爸爸:"青春期是个体由儿童向成年人过渡的时期。男孩也一样,每个成熟的男性都要经过青春期这个阶段,当然,成熟的一个重要标志就是生理的成熟。男孩的青春期成长有几个重要的年龄阶段:急速成长从10.5~14.5岁开始,在14.5~15.5岁达到顶峰,以后逐渐减慢,到18岁左右时,身高达到充分发育水平,体重、肌肉力量、肩宽、骨盆宽等也都得到增加,这意味着男孩已经趋于成熟了。

与此同时,性机能和第二性征也发育成熟。在这期间,睾丸发育、容积增大,是青春期生长、发育的重要反映。自己用手触摸睾丸,会感到它在慢慢地长大。与此同时,男孩一般在13岁左右,睾丸的间质细胞开始分泌出雄性激素(睾丸酮),会做性梦,阴茎常会勃起,还会出现遗精现象。随着性激素在血浆中的浓度不断增加,男孩的生殖器官进一步发育成熟,出现嗓音变粗、喉结突起、长出比较密集的胡须和腋毛、阴毛等第二性征。"

听完这些,儿子好像懂得了一些。

的确,青春期的身体变化让很多男孩苦恼、羞怯着。父母是孩子的长辈,也应该是孩子最贴心的朋友,我们可以告诉儿子这些方面的生理知识:

一 我的声音变粗了,是嗓子出问题了吗

小伟说他有个朋友这段时间很奇怪,好像和大家隔绝了一样,回家就闷在房间里,连同学去找都闷声闷气。我听小伟这么说,就问他是不是和朋友闹矛盾了,可小伟说没有。只是发现他声音变了,就开了个玩笑,没想到就这样了。我听完才知道,笑了笑,告诉小伟,这是因为,你们都长大了,是真正的男子汉了。

1. 为什么他有喉结而我的不明显

关于男孩为什么会长出喉结的问题,首先我们要明白喉咙的生殖构造以及发育状况:人的喉咙由 11 块软骨作支架组成,其中最主要、体积最大的一块叫甲状软骨。胎儿在 2 个月时,喉软骨开始发育,直到出生后 5~6 年,每年仍在增长,但五六岁到青春期这一时期内喉软骨生长基本停止。进入青春发育期以后,由于雄性激素的分泌增多,这才使男孩出现喉结。

喉结,指人咽喉部位的软骨突起。喉结突出,是男性的性征之一,经过青春发育期以后的男性,由于雄性激素的作用,一般都会发生喉结不同程度地向前突出的现象。

因此,青春期男孩脖子上突起的喉结是正常生理现象,男孩不必担忧。

2. 为什么有些女孩也有喉结

有些青春期男孩认为,喉结是男孩的专有生理"产品",但现实生活中,很多女孩也有喉结,于是,不懂事的孩子们嘲笑女孩为"变性人"。其实,女孩有喉结也是正常现象,只不过这是少数。那么,是什么原因导致女孩也有喉结呢?

其实,童男童女的甲状软骨都一样。男孩喉结的出现,是由于雄性激素的作

用,而少女喉结突出则大致有以下三个原因:

(1)内分泌机能不足。一般来说,在女孩子的身体内,占主导地位的是雌性激素,雄性激素很少,这些主要是由卵巢功能、脑垂体、肾上腺等控制的,一旦这些出了问题,体内雌雄激素的分泌就会紊乱,雄性激素的含量就会增多,于是,就会发生"喧宾夺主"的现象,出现喉结突出、多毛和声音变粗等男性化的表现,与此同时,女性应有的一些特征却变化不明显。

(2)遗传因素。遗传因素对人的生长起到了很大作用,尤其是在人的体型、体征上,比如身高、眼睛大小、耳朵方面等,当然,也包括喉结的大小。父亲喉结特别大而显眼者,其女儿有时候喉结也会突出些。

(3)消瘦。生活中我们发现,一些偏瘦的女性,喉结会显得突出一点,这是因为这些女性由于颈前部的脂肪和肌肉组织不发达,所以喉结看起来比较突出。有些青春期少女的甲状腺一度会出现生理性增大,由于增大的甲状腺正好在喉结的下方,因此,常被误认为是喉结突出。而这种现象的产生也是青春期特有的,是这时期新陈代谢比较旺盛,碘一度供应不足,造成生理性相对缺碘的缘故,以后会消失的,所以不必太担忧。

由此可见,少女长喉结,并不是人们想象的那么可怕,很多是女孩身体发育过程中的一种表现。如果仅仅是喉结增大而无其他异常,更不是由内分泌因素引起的话,那就不必多虑,随着时间的推移和青春期的结束,这些自然会消失。如果是由内分泌因素引起的话,只要能找到病因并对症下药,就可缓解症状。

3. 喉结大小对身体发育有影响吗

大部分男性在过了青春期后都会有喉结出现,可是也有一些男孩的喉结并不明显,这是为什么呢?

有些学者为此做过临床调研,很多喉结不明显的男性,身体并没有什么异样,男性性征很正常,肌肉也很发达,但他们一般都经历过一些剧烈的运动,其中还有些是非常健壮的田径、体操运动员等。这些喉结不明显的男性中,绝大多数已结婚、正常生育,且无其他异常表现,内分泌检查也未见异常。

一些专家对这些男性的生活进行了调查,发现这些喉结不突出的男性都有一

些共性：他们中有一些是从青春期前就一直从事大运动量的体育训练，也有一些男性在青春期刚开始、身体刚发育的时候就开始手淫，专家认为，这些都可能导致在青春发育期雄性激素的大量消耗而使甲状软骨未能充分向前突出，以致从外观看喉结并不那么明显。另外，还有一些人因为肥胖或者脖子较粗，喉结看起来也不是很明显。

但事实上，男性的喉结发育状况与整个男性的身体发育状况没有必然联系。因此，现在一些医学书刊上不再把喉结的突出与否作为判断男性第二性征发育是否正常的标准，也没有治疗的必要。所以，作为青春期男孩，没有必要因为喉结小或者不明显而感到自卑。

4. 为什么男孩的声音会变粗

青春期的到来是瞬间的事，喉结的出现，然后声音变粗，这一切几乎就在一夜之间突然发生了，当然也可能需要几个星期或几个月。骤然间，你会感觉就像你的声音全乱套了：一会儿又高又尖，一会儿又低又沙哑。男孩好像变声了，这是为什么呢？

喉的内腔叫做喉腔，喉腔内有声带，左右声带之间的空隙叫做声门。喉肌的收缩和舒张可以使声带拉紧或放松，致使声门扩大或缩小。由于呼出的气体对声带产生冲击，从而使声带发出强、弱、高、低等不同的声音。

无论男性还是女性，进入青春期后，各自都要经历一个变声期，即嗓音由原来不分男女的童声，分别变为低粗的男声和高细的女声，而这一变化，在男孩身上体现得尤为明显。进入青春期后，男孩的喉部迅速发育、喉结前突、声带增长、声带宽度和厚度加大。这时期的声带容易出现肿胀、充血，致使声门闭合不全，发声时往往有嘶哑、音域窄、发声疲劳、发高音困难、咽喉部有异常感觉等症状。

任何人都无法拒绝成长，因此，对于变声，男孩一点办法也没有，正因为如此，男孩可能很多时候会被人笑话并为此而感到窘迫。不过，不要害怕，因为这正是你成熟的标志，你的同伴没被取笑，是因为成熟还没在他们身上发生。

5. 男孩变声期该怎么保护嗓音

每个男孩的成长都要经过变声的过程，但变声期的长短，是因人而异的，男孩一般在半年到一年左右,男孩在变声期期间声带容易肿胀、充血,更容易受伤,所以要特别注意保护嗓子,为此,男孩要注意以下几点:

(1)尽量不吃辛辣和刺激性强的食物,因为这类食物会加重声带的肿胀和充血,继而影响变声期声带的发育。

(2)使用嗓子要注意,不要过度,尽量不要长时间或大声喊叫,也不要无节制地唱歌,以免导致声音嘶哑,毁坏嗓子。

(3)注意保暖和锻炼,增强抵抗力。避免感冒,才能避免声带的肿胀和充血,而体制的增强,则有利于声带的正常生长发育。

(4)严禁吸烟喝酒。青春期,男孩的身体各个部分都还处于生长阶段,烟酒中的有害物质对青少年的生长发育(包括声带的生长发育在内)是非常有害的。

6.男孩为什么会长胡子

胡子是男性的第二性征,也是男性区别于女性的一个重要特征,这些特征在男女还在幼年时候并没有多大的区别,但随着青春期的到来,男女性都随之成熟起来,这些特征也就变得更加明显。在生殖器官发育的同时,男性第二性征也随之发育。

在男性第二性征出现的过程中,毛发的变化最为突出。胡须的出现是在腋毛出现后一年左右,也可能更早一些。此时,额部的发际逐步后移,尤其于两鬓角处凹入,而成为特殊的男性发际,这迹象表明,这个男孩已接近性成熟期。这时候,男孩就由一个调皮可爱的小家伙变成了身材魁梧、肌肉发达、声音低沉洪亮的男子汉了。而维持男性第二性征靠的都是睾丸所分泌的雄性激素。

当一个小男孩突然长出胡子后,会给人一种怪模怪样的感觉,男孩自己可能也会感到不自在,其实,这是一种正常的生理现象,不必为此感到羞愧,相反,这是你已经长大成人的标志。

7.什么时候开始打理胡子

胡子是男子汉的特征之一。男孩子到了青春期就会逐渐长出胡子来,由少到多,由细到粗,越长越旺盛。可是有的年轻人不喜欢长胡子,总是一根一根地把胡

子拔掉,这是一种很不好的习惯,有时甚至招来疾病。

胡子也属于毛发的一种,其下有毛囊、皮脂腺、神经末梢和血管。如果男孩为了美观而拔掉胡子,疼痛不说,还容易造成毛囊及皮脂腺损伤,细菌会乘虚而入,引起毛囊炎、皮脂腺炎。而更为严重的是,胡子所处的位置正好是在面部危险三角区内,如果胡子被拔掉,很可能造成细菌感染,然后细菌侵入到颅内,引起脑膜及大脑的感染,给人体带来更大的危害。因此,为了身体的健康,千万不要随便拔胡子。

可见,拔胡子没有好处,反倒可能引起一系列健康问题,只有等到胡子长到一定长度时用剃须刀刮一刮,才是最适宜的处理方法。那么,什么时候可以打理胡子呢?男孩一般要等到毛发发育完成的时候再去刮胡子,一般情况下要到二十岁左右,而且一定要注意正确的打理方法。

正确的剃须方法是:

先用温水净面,待毛孔放松张开、胡须变软后再开始剃须。操作顺序应从鬓角、脸颊、脖子开始,再到嘴唇周围及下巴处。

剃须后,用温水洗脸,再用凉水冲一遍,以利于张开的毛孔收缩复原。然后,涂些滋润液、霜等,以安抚皮肤,减少刺痛。

为了美观、卫生,有些胡须浓密的男性需要经常剃须。刮胡子最好选择在早晨,因为此时脸部和表皮都处于放松状态。

尚处于青春期的男孩,做到面部干净即可,胡须是男人成熟的标志,不必过于在意。

二 小便的地方变成什么样才正常

小伟问他爸爸,什么是生殖器官? 这个名词生物书上有,但一直不明白。作为父亲,怕孩子不好意思,就避开了他妈妈,单独给孩子上了这一课。当听完这些以后,儿子才明白,原来自己长大了。

1. 成年男性的生殖器官什么样

阴茎是男性的性行为器官,阴茎的前端为龟头。男性生殖器官包括外生殖器和内生殖器两部分。外生殖器主要有阴茎、阴囊;内生殖器主要有睾丸、附睾、输精管、精囊、前列腺。在婴幼儿时期,龟头外面包着一层皮,称为"包皮"。

青春期发育后或接近成熟年龄时,包皮会渐渐向后退缩而露出龟头。睾丸是男性最重要的内生殖器,呈卵圆形,有一对,存放在男性的阴囊内两侧。在胎儿时期,睾丸在人的腹腔中,出生后才下降到阴囊内。

有些男孩的阴囊内没有睾丸,或仅一侧内有睾丸,说明睾丸还在腹腔内没有下降,医学上称之为"隐睾症"。出现这种情况,应该在两三岁时及早进行手术治疗。

睾丸的主要功能有两个:一是产生精子,二是分泌雄性激素。

附睾附在睾丸上方,主要功能是贮存睾丸所产生的精子,同时,它所产生的分泌物供给精子营养,促进精子的进一步成熟。精囊位于膀胱底,功能是分泌黄色黏稠液体并参与组成精液,有增加精子活力的作用。前列腺为一实质性器官,它分泌的乳白色液体是精液的主要成分。

2. 我的下面会长到多大

很多青春期男孩认为自己的"小弟弟"发育不正常,阴茎不够长,但又羞于启

齿,不知道自己是不是真的有问题。

对于男性,正常成人阴茎勃起后长 11 ~ 16cm,自然状态下长 7 ~ 9cm,周长 6.9 ~ 9.4cm。对大多数男性来讲,到了 18 周岁左右,性发育就基本成熟了,如果有一些病态的话,就可能会出现青春期发育迟滞。

同时,男性阴茎大小也和一些其他因素有关,比如,身材高矮、胖瘦等,因此会有长短不一、粗细不齐的差异。此外,即使同一个人,在不同状态下,阴茎的大小也会不稳定,如紧张、寒冷或严重疲劳时都可使阴茎短缩。当然,还有很多其他因素,所以很难单纯从长度上判断阴茎是不是正常。

3. 成年男人下面会更黑些吗

因为在青春期发育的过程中,阴部会有色素沉积,随着年龄的增长会使阴部颜色较深。成年人因为有性生活,颜色变深会更明显。

4. 成年人的阴茎有大有小

阴茎的粗细和长短不可定论,因为,阴茎本身的构造有其特殊性,阴茎是由海绵体组成的,具有很大的胀缩性。

事实上,成年男性的阴茎较小时在勃起后增大的幅度较大,而较大的阴茎在勃起后增大的幅度则较小。由此可见,阴茎在常态下长度差异较大,而勃起时的长度差异较小,且均可达到正常性功能需要的大小。

当然,阴茎大小是相对比较而言的,的确有大有小,如同人有高矮、手脚有大小之分一样,也有差异性。阴茎的大小长短有种族差异和个体差异,青春期男孩,只要阴茎在青春期之后较青春期前有显著增大,就是正常的,相对小一点并非异常。阴茎过于短小即真正的小阴茎是罕见的。

同时,性器官发育趋向成熟的青春期男孩和成年人也有所不同。每个人进入青春期的年龄不同,发育情况也有差别,所以相同年龄的男性,即使是完全发育成熟后的男青年,阴茎的长短、粗细也会有些不同,这是正常现象,青春期男孩不要担心。

5.下面为什么有时偏向一侧

有些发育期的男孩子发现自己的阴茎有时候会偏向一侧，以为是出现了什么问题。其实，阴茎有时偏向一侧是正常的。因为阴茎是由海绵体组成的，在阴茎勃起时，起作用的海绵体是成对的，如果这对海绵体充血时大小不一样，就会产生一种不平衡，自然地，整个阴茎就会向充血少的方向弯曲，大多数男子的阴茎不同程度上会向某一方向弯曲偏斜，男孩不必因此自卑。

但也有少数人是由于疤痕、系带过短、尿道下裂、阴茎硬结症等引起勃起弯曲并伴有阴茎勃起疼痛，这种情况就需要治疗。

三 我的包皮算健康的吗

有一天,小伟和同学在客厅看球赛,球赛完了以后,他们把电视调到电视剧频道,突然看到一则关于男性生殖器整形手术的广告。

小伟的同学突然问小伟:"什么是包皮啊,你知道吗?"小伟一脸诧异,脸一下子红了,说:"我怎么可能知道?"

小伟爸爸听到孩子的对话,从房间走出来,对孩子们说:"这没什么好害羞的,我来跟你们说说吧。"

于是,小伟爸爸给他们好好上了一课。

1. 包皮过长和包茎是怎么回事

包皮是指阴茎皮肤在阴茎头处褶成双层的皮肤,在婴幼儿期包皮较长,包绕阴茎,使龟头及尿道外口不能显露,称之为生理性包茎。随着年龄的增长,阴茎和包皮逐渐发育,到青春期时,包皮向后退缩,至成人期龟头露出,但是约有30%的成人,包皮仍完全盖住阴茎龟头。包皮不仅是男性生殖器官的重要组成部分,而且具有重要的生理意义。

包皮过长关键在于一个"过"字,包皮长不一定需要手术,包皮过长则需要手术切除。包皮过长是指男性青春发育期过后,在阴茎勃起状态下包皮仍遮盖尿道口的情况。但如果在阴茎勃起状态下,包皮退离尿道口或阴茎头能伸出包皮口,就不应视为包皮过长。

包茎是指龟头与包皮粘连,包皮不能翻动。包茎有完全与部分粘连之分,有些包茎粘连较紧,需手术分离;有些包茎粘连较松或部分粘连,在无炎症情况下,包皮可上翻,如使粘连逐步与龟头分离,包皮多能翻至冠状沟部。对伴有包皮口狭窄的包茎,手法上翻包皮、扩张包皮无效时应手术,分离粘连并切除包皮。

2. 包皮过长有何危害

包皮过长在男性疾病中虽然称不上什么大病,但却很普遍,危害也很大。因此,我们不能忽视。

包皮过长本身没有什么可怕,但会引发一些感染性疾病,比如,包皮过长的男性在排尿后,最后的几滴尿液不易排尽,往往积聚在包皮内,加之包皮、龟头表面坏死脱落的细胞及分泌的黏液物质,直肠、会阴部的污染与繁殖等因素,在温暖湿润的环境下极易形成一种白膜似的物质——包皮垢。

包皮垢如若长时间停留在包皮上得不到彻底清洗,就会对包皮、龟头产生刺激,最终可导致其他疾病,如包皮龟头炎、包皮结石、包皮色素脱落形成的白斑病,诱发早泄和阴茎癌,局部长期存在炎症,免疫功能障碍,因为不洁的性生活还更容易染上淋病、尖锐湿疣等性传播疾病。

因此,青春期男孩一定要重视生殖器官的清洗,发现包皮过长后,要及时治疗,以免引发疾病。

3. 包皮过长有什么解决办法

包皮过长临床表现多为一些局部的炎症,反复形成包皮垢并可能有异味,必须找出解决的办法。

发现包皮过长时,有些男孩子羞于去医院看病,就自己服用一些抗生素类的药物,加外洗清洁。这种方法虽然能将炎症控制住,但治标不治本,一段时间后又会出现上述症状。

因此,有包皮过长与包茎的男孩,必须在清洁消炎的基础上,通过手术将过长的包皮或包茎从根本上解决了,这是目前比较有效的办法。

4. 怎样的症状说明它发炎生病了

几乎所有的青春期男孩都很关心自己的阴茎,因为这是男性健康的重要部分。那么,出现什么症状说明它发炎生病了?一般情况下,阴茎炎症主要有包皮炎和龟

头炎。

包皮炎和龟头炎经常并发，所以人们通常把它们合称为包皮龟头炎。其主要临床症状有：局部潮红，瘙痒，肿胀，灼热，甚至有分泌物渗出，呈恶臭味，严重者可出现寒战、高热等全身不适症状。

引起包皮龟头炎的原因有：不洁性交，感染了白色念珠菌、滴虫、衣原体、支原体、淋病双球菌或其他细菌；非感染因素多是由于包皮过长，清洁不够，致包皮垢长久堆积，刺激局部包皮和黏膜发生炎症。

包皮发炎是一种生殖传染疾病，为此，男性要做好预防工作。平时要注意卫生，多喝水，禁止不洁性交，少食辛辣刺激性食物，有包皮过长者要及时到医院做包皮环切术。不要粗心，一旦发觉有包皮发炎现象，应当及早到专业正规的医院就诊，以免延误病情，引起其他疾病。

（四）为什么有睾丸存在，它有什么作用

有一天下班路上，我遇到了小伟同学王刚的母亲，她问我："你们家小伟有没有问你们什么奇怪的问题啊？"

我说："没有啊，怎么了？"

"有一天，刚子在房间看书，突然出来问我睾丸是什么，我当时真是不知道说什么好，你说这孩子怎么不学好？"

"就这事啊，这些你们本来就应该告诉孩子，他们长大了，有这方面的好奇心很正常，我们做父母的千万不能责备，用心引导才是正确的。"刚子妈听完我的话，若有所思。

那么，关于睾丸，有哪些是青春期的男孩应该要了解的呢？

1. 睾丸的结构是怎样的

睾丸分内外两侧面，前后两缘及上下两端，内侧面比较平坦，与阴囊隔相贴附；外侧面隆突，与阴囊外侧壁相贴附；前缘游离而隆突；后缘较平直，又名睾丸系膜缘，与附睾及精索下部相接触。

睾丸是一实质性器官，其表面由睾丸被膜所包裹。睾丸被膜包括鞘膜脏层、白膜和血管膜三部分。鞘膜脏层是睾丸被膜的最外层，很薄，与贴附在阴囊壁的鞘膜壁层之间有一很窄的鞘膜腔，正常时仅含有少量液体，润滑，有减少睾丸活动时的摩擦的作用。鞘膜脏层是一层扁平的间皮，其核稍突向鞘膜腔。细胞表面有微绒毛，人类微绒毛较多较长。胞质中线粒体细小，内质网散在，另在胞质中有很多小囊泡。在细胞基部围有一层基膜，借此将鞘膜脏层和白膜分开。

白膜较厚，是致密的纤维膜，含有大量的胶原纤维和成纤维细胞。人类白膜内还有平滑肌纤维，且成层分布，表层纵行，与睾丸长轴相平行，深层呈环形。在睾丸

后缘，白膜增厚形成纵隔，称睾丸纵隔。人的睾丸纵隔位置比较表浅，沿着睾丸的附睾缘分布。由纵隔发出一系列小隔伸入睾丸实质，将睾丸分成200～300个睾丸小叶。每个小叶包含有1～4条高度盘曲的曲细精管。曲细精管汇合成直细精管，进入睾丸纵隔，形成睾丸网，最后与附睾相通。曲细精管间为间质，除一般结缔组织成分外，还有间质细胞，能分泌雄性激素。

血管膜是睾丸被膜的最内层，薄而疏松，与睾丸实质紧密相连，并深入到曲细精管间，难以分离。

2.附睾有什么作用

附睾"地址"隐蔽，看似不起眼，却是精子的必经之路，又是精子发育、成熟的"摇篮"，有着重要的生理功能。附睾紧贴睾丸的上端和后缘，可分为头、体、尾三部分。头部由输出小管蟠曲而成，输出小管的末端连接一条附睾管。附睾管长约4～5米，蟠曲构成体部和尾部。管的末端急转向上直接延续成为输精管。那么附睾的主要功能有哪些？

（1）促使精子成熟。有动物实验表明，附睾决定着精子是否具有受精能力。如果去除附睾，把输精管和睾丸输出小管直接相接，那么从输精管排出的精子没有受精能力；而如果将输精管和附睾头部1厘米左右处相接，那么精子具有受精能力。

为什么会这样呢？这是因为附睾有着特殊的生理机制。有专家解释，附睾头部对精子的发育和成熟有着重要的促进作用，因为附睾能分泌与精子的代谢、成熟、正常生理功能息息相关的甘油磷酸胆碱、肉毒碱、糖蛋白及多种酶等营养物质，使得精子在附睾管中"漫游"时能吸收到这些营养物质，促进精子的发育与成熟。

（2）储存精子。进入附睾之后，精子一般要停留19～25天，附睾内部的液体偏酸性，渗透压高，含氧量低、二氧化碳含量高，精子处于静息状态，若没有被及时排出，精子会储存在附睾尾部，可以存活28天甚至更长时间。

（3）吸收功能。附睾中有吞噬细胞，没有排出体外的精子会被附睾的吞噬细胞逐步解体和吸收。

（4）免疫屏障功能。附睾还有屏障的功能，阻止精子进入附睾上皮，避免自身发生免疫反应。

由此我们可以知道,附睾对于男性是多么重要。但实际上,附睾和阴茎一样,也是脆弱的,同样需要男性保护。

附睾容易感染炎症,诱发急慢性附睾炎,急性附睾炎多由泌尿系前列腺炎和精囊炎沿输精管蔓延到附睾所致,而急性附睾炎治疗不彻底可能会变成慢性附睾炎。附睾炎会导致阴囊肿胀疼痛,疼痛还会辐射到下腹部和大腿根部,使男性朋友行走不便。慢性附睾炎会造成输精管增粗、精索增厚,双侧附睾出现病变,有可能造成男性不育。

因此,尚处于发育期的青春期男孩,附睾"地址"虽隐蔽,但千万不要忽视,要养成良好的生活习惯,注意劳逸结合,不吸烟不酗酒,避免长时间久坐,要保护附睾。

3. 青春期,睾丸会长到多大

进入青春期的男孩,对这个问题都比较关注,很多人都担心自己的睾丸太大或是太小,那么,青春期男孩的睾丸一般会长到多大呢?

首先,要了解各个不同年龄时期睾丸的正常体积。10 岁前,睾丸发育处于相对静止期,体积仅 $1 \sim 3 cm^3$。10 岁以后进入青春期,睾丸加速增大。到了 18 岁,睾丸体积即达到成人水平,为 $12 \sim 25 cm^3$。60 岁以后男性进入性衰老阶段,睾丸体积逐渐缩小。

受各种因素的影响,男性的睾丸在大小上是有差异的,并不是睾丸大或者小就会有问题,只要不影响性功能和生育问题,就是在正常的范围内。由于遗传、营养、饮食等方面的因素,各人睾丸大小有一定差异,但大小只要在正常范围内,都不会影响性功能。一般来说,如果一个人的睾丸体积小于 $12 cm^3$,那就说明睾丸发育不良或萎缩,生精功能将受到影响。但虽无生精功能,性功能依然存在。倘若睾丸体积小于 $6 cm^3$,则说明睾丸中控制性腺分泌的间质细胞出现了故障,性功能则会很弱。

4. 睾丸一个大一个小是否正常

两侧睾丸不对称怎么办? 这是很多人关心的问题。正常人的睾丸两侧并不是

一样大的,而是有一定的差距。如果两侧的大小都在正常范围内,一般是不会影响健康的,也不会造成不育。但是有的男性两侧睾丸的大小差异非常明显,这有可能是因一侧的睾丸先天发育不良造成的,也有可能是因小时候腮腺炎伴发睾丸炎,破坏了睾丸的细胞,造成睾丸萎缩的情况。如果两侧睾丸一直对称,但是突然出现一大一小的情况,还有发烧、疼痛等症状,则有可能是睾丸炎造成的。

如果两侧睾丸的大小差距很大,则需要及早到医院查明原因,如果是因疾病导致的,要及早治疗,否则极有可能造成男性不育。

5. 隐睾是怎么回事

隐睾又称睾丸下降异常,是指在胎儿正常发育时,睾丸在下降过程中出现停留,不再下降。这是男性生殖器官先天性异常中最常见的一种疾病。隐睾在男性婴幼儿出生时发生率为 3% ~ 4%,但大多数出生后几个月内可自然下降至阴囊内。经统计,出生后超过 1 年睾丸仍未下降入阴囊的发生率约为 0.7%。

男性胎儿在母体发育时,其睾丸的下降过程发生障碍,"抛锚"于下降途中,阴囊里找不到睾丸,就发生了隐睾症。究其原委,主要有以下几个因素:

(1)解剖因素。包括:

①睾丸系膜与腹膜发生粘连,使睾丸无法向下。

②在胚胎期,睾丸系带很短或缺少,不允许睾丸充分下降。

③精索的血管或输精管太短。

④睾丸的血管发育异常,弯曲或皱折,从上方牵拉而限制睾丸下降。

⑤睾丸体积过大,腹股沟管过紧或外环远端进入阴囊的口缺乏,则睾丸无法进入阴囊内。

⑥阴囊发育异常,阴囊太小,容不下睾丸。

(2)遗传因素。有部分男性之所以会隐睾,是与遗传因素有关。

(3)内分泌因素。睾丸下降要有足够的动力,那就是要依靠母体的促性腺激素刺激胎儿睾丸间质细胞产生雄性激素,所以:

①睾丸本身有缺陷时,对促性腺激素不产生下降反应而发生隐睾。

②当母体促性腺激素匮乏时,也会导致睾丸下降不全。

五 为什么长大了有时还会"画地图"

小伟:"爸爸,什么是'画地图'啊?"

爸爸:"什么'画地图'? 我不明白你的意思。"

小伟:"那精子是什么?"

爸爸:"哦,原来你讲的是生物课上的呀!"

小伟:"我们生物老师这些天一直讲这个,我都不懂。"

爸爸:"其实呢,不仅是精子,还有很多这方面的知识你要了解。"

---

1. 精子到底是怎么产生的

正常男性的阴囊内有两个睾丸,每一个睾丸里大约有 300～1000 条曲细精管,其总长度加在一起可达到 200～300 米,精子就发源于睾丸曲细精管的生精上皮,而生精上皮由生精细胞和支持细胞组成。

青春期开始后,由于雄性激素的作用,睾丸内的精原细胞开始大量繁殖。男性在雄性激素的刺激与维持下,促使原始生精细胞演变成精原细胞、初级精母细胞、次级精母细胞直至发育成精子细胞,再经过复杂的演变过程最终发育成为成熟的精子。

精子的生产不是一个个进行的,而是一个连续的过程。虽然每个精子的发育要经历两个月的时间,但对于正常成熟男性来说,每天都有 5000 万个新的精原细胞产生,并同时进入分裂的过程,这样连续不断、周而复始,每天都会产生 2 亿个成熟的精子。

2. 精子是什么样子的

精子非常小,肉眼是无法看到的,但通过仪器,还是能看出其大致的形状。光

学显微镜下精子的头呈扁平卵圆形，正面呈卵圆形，侧面是梨形。

成熟的精子，看起来非常像"小蝌蚪"：分为头、颈、中、末四部分。

（1）精子头部呈卵圆形，长4~5微米，由细胞核、顶体和后顶体鞘组成。

细胞核位于头部中央，核内有染色体浓缩形成的不规则形态的携带遗传信息的核泡。

顶体是覆盖头部的帽状结构。其内含有多种水解酶——顶体酶。当精子与卵子相遇时，顶体酶释放出来，溶解卵细胞与放射冠之间的透明带，使精子容易穿入女性卵子内形成受精卵。

后顶体鞘能识别卵细胞膜，并与之融合。当后顶体鞘缺乏时，即可造成不孕症。

（2）精子头与尾相连的部分，主要作用是储存能量。

（3）精子的尾部也叫鞭毛，长约45微米，精子就是靠它向前游动的。

3."遗精"是怎么回事

青春期的男孩子发育到一定阶段的时候，便会遗精，很多男孩认为这很可耻，其实，这是一种正常的生理现象，是发育成熟的一种标志。一般来说，男孩遗精多数发生在梦中，首次遗精在11岁~18岁之间均可出现，平均年龄为13~15岁，比女孩月经初潮平均年龄约晚2年。也有报道，首次遗精的最小年龄为10周岁。

男孩遗精，实际就是人们常说的"精满自溢"的结果。由于男性的睾丸是产生精子的器官，随着年龄的增长，生殖器官成熟，睾丸每时每刻都在产生精子，精囊和前列腺等也不断分泌精浆，这样精液在体内不断地积蓄，当达到一种饱和状态时，就会通过遗精的方式排出体外。

所以很多时候，有些男孩子在睡梦中阴茎就排出黏糊糊的液体，早上醒来一看，内裤或被褥潮湿一片。

一般来说，男孩每月遗精1~2次，有时稍多几次，均属正常生理现象。少男首次遗精是性成熟的标志之一。

4.遗精也有周期吗

每个男孩都会经历成长这一过程，也就会有成长的烦恼，对于遗精，他们可能感到惶恐不安，甚至觉得可耻，更不敢让人知道，好像做了什么见不得人的事似的。其实，遗精这种生理现象是正常的，并且还有一定的周期，任何一位发育健康的男性在青春期及以后都有可能发生遗精现象。遗精是自发的、不随意的反射活动，不能受人的意识所控制，遗精与思想不纯或道德品质好坏无关，因此，并不是什么可耻的事情。

俗话说"精满自溢"，这是有一定道理的，因为遗精是由于精子过剩引起的一种生理现象，所以并不奇怪。一般说来，几个月发生一次或1~2周发生一次都属正常。

但也有一些男孩子频繁遗精，甚至一有性的冲动立即发生滑精，这是性中枢过度疲劳的表现，往往是由于性刺激和性兴奋过度引起的。对于这种情况，只要男孩有意识地懂得克制自己，尽量远离那些性刺激，让性中枢得到休息，滑精现象会慢慢得到好转的。还有一种更为严重的情况，如果男孩遗精太过频繁，那么就不能忽视了，应接受咨询或治疗，及时排除滑精是由于生殖器官发育异常导致的这一原因。

很多男孩遗精后，会手足无措，对此，男孩要懂得处理：遗精一般需要简单用卫生纸清除排出物，及时擦拭、清洁局部皮肤即可。初次遗精后男孩子要尽量避免穿紧身内裤，因为内裤过紧的话，会增加对阴茎头的摩擦，容易引起性冲动。日常生活中，更要注意卫生，也要注意保持外生殖器的清洁，避免包皮垢刺激龟头。内裤应及时更换，换下的内裤应随即清洗，并在阳光下曝晒。

5. 遗精次数能自己控制吗

对于遗精次数多少算是正常的问题，恐怕很多男孩子不清楚，因为这是判断自己身体是否健康的一个重要依据。

对于青春期的男孩，一个月遗精2~3次属于正常现象，并不是什么见不得人的事，也不必为此感到羞愧和不安，只要做好遗精后的处理工作就好。但如果遗精次数过多以及在清醒状态下遗精，则属于不正常现象。不正常遗精常见于遗精者思想过分集中在性问题上，或有手淫的不良习惯。当然，有些身体因素也会导致遗精过多，比如包皮过长、尿道炎、前列腺炎以及身体虚弱，劳累过度等。

那么,如何才能自我控制遗精的次数呢?

首先,要懂得自我控制和节制,要有毅力。

其次,多转移注意力,培养正当的爱好和高尚的生活情操。除去正常的学习之外,业余时间可多参加文娱、体育活动,或到户外散散步,做些轻松的运动。

6."一滴精等于十滴血"的说法有道理吗

民间流传着一种错误的说法,把精液看得十分宝贵,认为"十滴髓生一滴血,十滴血生一滴精"、"损失精液,大伤元气",会使骨髓空虚,精髓枯竭,早夭短命。所以宣传只有藏而不泄,才能使人健康,延年益寿。

实际上,血液和精液之间毫无关系,排精液的损失并不大于唾液,两者都可以很快地由身体的有关腺体分泌出来。精液也并不是什么特殊宝贵的东西,除了精子,精液中的其他部分叫做精浆,精浆的成分与血浆相比没有太大差异,血浆里除90%左右是水分外,其他是极少量的蛋白质、糖、微量元素等物质,所以,"一滴精等于十滴血"的说法是不科学的。

（六）我怎么变成了"毛猴子"

有一天,放学后的王刚突然很伤心地问他妈妈:"为什么我长大了皮肤反而不好了,毛孔也粗大了? 今天我们班几个女孩子在讨论我们班哪个女孩的皮肤好,我就凑过去,结果被赶了出来。"王刚一脸委屈的样子。的确,小时候他的皮肤很好,水嫩嫩的,他妈妈总是夸他,为此,他还经常和别人比皮肤。

看着已经长大的儿子,王刚妈妈对他说:"你知道你的皮肤为什么粗糙了吗? 为什么胳膊上开始长出浓密的体毛了吗?"

王刚疑惑地看着妈妈。"这是因为你已经是一个真正的男子汉了,有更多值得你注意的事,而不是皮肤的好坏。"妈妈说。

王刚听完,似懂非懂。

1. 体毛的发育有何特点

体毛属于第二性征。在生殖器官发育的同时,男性第二性征也随之发育。所谓性征是指区别男女性别的一个特征。每一个人生下来便可以确定是男是女,是以生殖器官来区分的,而男女生殖器官的差异称为第一性征,也称作主性征。当步入青春发育期以后,男女除生殖器以外,在外观及体形上的差异称为第二性征,又称副性征。

在男性第二性征出现的过程中,最为明显的就是毛发的变化,其中最早出现的是阴毛,时间一般在 11～12 岁。在男孩的阴部,阴毛会有个生长的过程:先是于阴茎根部的两侧,以后逐渐向会阴部蔓延,颜色由浅变深,变得粗而卷。

当然,除了阴毛外,人体其他部位也会长出一些毛发。到了青春后期,男性腹部正中及胸部也可能会长出粗毛,而阴毛则从脐部以下至阴部呈菱形分布。

胡须的出现是在腋毛出现后一年左右，也可能更早一些。此时，额部的发际逐步后移，于两鬓角处凹入，成为特殊的男性发际。

2.过了年龄仍不长阴毛是怎么回事

阴毛稀少并不一定是病理问题，但如果男子到了十八岁后仍然不长阴毛，就可能存在发育不健全的问题了，对此，男孩必须引起重视，及时咨询并认真诊查。

男子不长阴毛是否属于病理性问题，并不能只看单一的某个方面，要综合看看睾丸大小、阴茎大小、胡须、喉结、声调等方面有无异常表现。如果男孩子只是其中某个部分有问题，并不能说明问题；如果有这一系列体征，则意味着内分泌系统或染色体可能出了毛病。

当阴毛生长受体有缺陷时，阴毛稀少、柔软，而生长受体缺乏或对雄性激素不敏感时，阴毛均不生长，这时很可能伴有腋毛和其他体毛稀少。这种单纯的体毛生长异常对整个身体健康和生殖健康并无影响，它只是一种生理变异而已，所以完全不必为此担忧。

3.怎样面对毛毛过多的问题

很多青春期男孩发育快，体毛也比别的男孩多，于是感觉很难看和尴尬，即使夏天也不敢穿短衣短裤，怕被同学和朋友取笑。

每个人都是不同的个体，在发育、生长方面也存在着差异。体毛多多半是由于内分泌激素调节的结果，想从根本上改变比较困难。

如果你比较爱美，体毛多已经影响到你的生活的话，你可以采取一点措施，比如选用外用的护肤产品，解决表面问题即可，但切不可一味追求内服药物，效果可能导致更严重的内分泌失调。而且，作为男孩，体毛是成熟男人的标志，因此无须过度在意美观问题。

第二章 青春期也可以很帅气,"面子"问题别担心

小伟:"爸妈,既然你们说青春期的到来,是我们长大的标志,慢慢成为一个真正的男子汉了,那为什么我长大了反而没以前好看了呢?"

父母:"怎么会呢,我们小伟从小到大都很好看啊。"

小伟:"我们班好多和我一般大的男孩都有青春痘,脸上一天油乎乎的,很烦人。对了,他们还打耳洞、染发,事实上,我觉得不是很好看。"

父母:"青春期有青春痘,这是再正常不过的事,你要知道,每个年龄段都有他的烦恼,就连我们都有。但有一点,你的观点很对,青春期本身就是一个美好的年纪,不需要太多外在的修饰,而且,你们正处于长身体的阶段,打耳洞、染发有害无利。自然的才是最美的。"

小伟:"爸妈说得对,我就认为自然最帅气,内在最美丽。"

父母:"我们的儿子是长大了,不用我们操心了。"

的确,青春期是每个男孩身心变化最为迅速而明显的时期,在这个时期,男孩的面貌逐渐成熟,并且,他们在世界观、人生观、价值观等方面也发生了变化,这些都在逐渐接近成人。

但青春期的到来,也给男孩们带来一些成长上的困惑和烦恼,比如青春痘、身高等一系列问题,这些都会使青春期男孩产生困扰、自卑、不安、焦虑等心理问题,甚至还会因此而产生一些不良行为,比如酗酒、沉迷网络等。

青春期是美好的,青春期的男孩本身就很帅气,男孩要尊重青春期身体发育的一些规律,对于青春期出现的一些"面子"问题,也不要心急,过了青春期有些问题就会自动消失。而对于一些不完美的地方,也不必太在意,真正的美来自于内在,充盈自己的知识才是青春期男孩应该关注的重点。

一 "面子" 问题怎么也不如意

爱美之心，人皆有之。追求美丽，也并不是女孩子的专利，男孩们同样也希望自己可以有美丽的外表。

小伟有个好朋友叫小帅，正跟他的名字一样，他长得很帅，很喜欢打扮自己，但随着年纪的增长，他发现自己脸上长出了很多青春痘，用了各种办法，但还是此起彼伏地长，这令他很头痛，而且，他最害怕的是痘痘会留下疤痕。

很多青春期的男孩都有和小帅一样的烦恼，那么，面对诸如此类的"面子"问题，男孩们该怎样对待呢？

1. 为什么痘痘偏爱青春期男孩

似乎痘痘总偏爱青春期的男孩女孩，这也是这些爱美的少男少女们最担心的问题。

根据医学统计，仅有 20% 的青少年幸免于痘痘的侵袭；有高达 50% 的青少年经历长达一年甚至更长时间的痘痘攻坚战；至于那剩余 30% 的高发人群，则终其青春期，青春痘都如影随形，挥之不去。

但实际上，我们很容易发现，痘痘更喜欢长在男孩脸上，这是什么原因呢？

青春痘，俗称粉刺，学名痤疮，是一种皮脂腺疾病，它的形成与雄性激素的分泌有关，因此男孩子长粉刺的明显比女孩子要多，所以说青春痘更偏爱男孩。

男性进入青春期后，皮肤新陈代谢很旺盛，在体内的雄性激素水平增高的情况下，皮脂腺发育致使分泌物增多，此时，这些分泌物如果堵塞在毛囊口，便很容易形成粉刺。另外，粉刺的形成还与胃肠道吸收不良、精神状态不稳所致的植物神经功能紊乱或维生素 B_1、维生素 B_2、维生素 B_6 等缺乏有关。

粉刺好发部位因人而异,就是同一个人,好发部位也在不断变化,常见发病部位有脸颊、前额、口角、下巴、颈部、后背、前胸等。

2.青春痘该如何预防

这是很多青春期男孩关注的问题,其实,适当注意生活习惯和饮食规律等问题,是可以起到一些预防作用的。比如:

(1)保持皮肤清洁。一般人在晨起、午休和晚睡前各清洁面部一次,而皮肤油性较大的男孩,则应当增加洗脸的次数。外出回家后应该及时洗脸,将脸上的灰尘和油垢洗掉,避免污物堵塞毛孔。有些男孩子为了图方便,用冷水洗脸,其实,这是错误的洗脸方法,温水洗脸才能疏通毛孔。另外,避免用碱性大的肥皂。

(2)洗脸效果以不油为宜。洗脸的效果以外观不显得油光满面为宜。至于清洁后的护肤品,油性皮肤的男孩选择具有油腻性质的护肤品无疑雪上加霜,很容易堵塞毛孔而产生粉刺和青春痘,所以皮肤油性较大的男孩适宜选用稀薄奶液状的护肤品,控油、清洁、祛痘,这样的祛痘产品才是最佳选择。

(3)千万不要忽略了枕巾、枕套的清洁卫生。枕巾应一两天换一次,枕套应当每周换洗一次。枕巾经常与脸部皮肤接触,如果光洗脸不换枕巾等于没洗脸。枕套因为直接接触面部,容易沾上螨虫、灰尘、头皮屑等脏东西,定期换洗非常必要。

(4)要注意合理饮食。多吃蔬菜和水果,少吃脂肪、糖类和辛辣等刺激性食物,保持大便通畅。

(5)劳逸结合,保持心情愉快,保证每天 8～10 小时的睡眠,拒绝熬夜,对痘痘的预防很有帮助。

这只是预防痘痘的几个方面。青春期男孩养成良好的生活作息习惯,注意卫生,就能从一定程度上预防痘痘!

3.留下痘痕怎么办

青春期长痘痘无所谓,留下痘痕才是很多青春期的男孩们担心的问题,那么,

痘痕是如何形成的呢?

皮肤有真皮和表皮两个层次,一般情况下,皮肤会不会留下痘痕,要看其真皮有没有受损伤,如果伤害的只是皮肤的表皮层,那即使留下一些疤痕,也是暂时的,随着时间的推移,会慢慢淡化并消失。

皮肤真皮层有没有受损伤,主要与感染有关,脸上长的痘痘如果没有被感染,那么痘痘好了以后也不会留下凹陷痕迹;如果痘痘发炎了,只要是在早期消退了炎症,也不会留下凹陷,但有可能会留下一点印痕,因为炎症会导致一些色素沉着,与其他皮肤颜色不同,但这种痘痕一般来说大约有三个月到一年的时间也会渐渐退去。

还有两种痘痕可以慢慢淡化,我们可以根据痘痕的颜色分辨:红色痘印或是黑色瘢痕,它们的形成机制也不一样。红色痘印是痘痘在发炎时引起血管扩张,痘痘消退后血管还没有马上收缩复原,因而形成一个一个比较平的、红红的暂时性红斑,这种红斑会随着温度或运动而变得更加红,但这种红斑不算是疤痕,一般半年左右会渐渐退去。黑色斑是由于痘痘发炎后的色素沉淀,使长过红痘痘的地方留下色素沉淀,形成了黑黑脏脏的色斑,这些黑色斑也会随着时间的推移而慢慢退去,只不过时间要更长一些。

以上两种痘痘瘢痕都属于假性瘢痕,并不是真正的瘢痕,一段时间后会随着皮肤细胞的新陈代谢而渐渐消失,但这个时间并不短,有可能几个月或是更长的时间,如果你进入了一个不断退去旧痘痘,又不断长出新痘痘的恶性循环,那么这个时间往往会延续几年甚至是十几年。

另外还有一种就是会伴随男孩终生的痘痕,这是由于严重的脓肿或脓包痘痘导致的,这些痘痘主要是因为伤害到了皮肤的真皮层。这样的痘疤往往要跟随你终生,或者是经过几十年的新陈代谢而逐渐有所好转,但一般都很难恢复到正常的肤质和肤色。

那么,当青春期的男孩们开始有痘痕的时候,该怎么办呢?

(1)找出你的痘痕属于哪种情况,然后找出具体的解决方案。

(2)保持好的生活习惯,保持愉快的心情。不吃辛辣刺激性食物,生活起居要正常,不熬夜,保证睡眠。即使痘痘不幸"光临",也不要自己用手挤压,结痂后更不能用手抠。

（3）使用具有淡化痘痕印功能的产品。

（4）听从医生建议，做激光除痘痕手术，但如果痘痕不明显，则不必要。

其实，只要注意预防痘痘产生，注意生活和作息习惯，留下痘痕的概率是很小的。

二 正确看待身体的不完美

小伟有个同学李飞，和小伟同年，被同学们称为"小不点"，当大家都开始长个的时候，他却不长，班上很多女同学都比他高，李飞很自卑。李飞的爸爸是有个有心人，看到儿子一天天愁眉苦脸的，才明白原来可爱的儿子担心的是身高的问题。

李飞："我被同学们取了个外号叫'小不点'，因为我长不高，其实，我不喜欢这个外号。"

爸爸："我能明白你的心情，你也是个男子汉了。你们班是不是有些女孩都比你高啊。"

李飞："爸爸，您怎么知道？"

爸爸："其实呢，这是比较正常的现象，青春期的男孩没有女孩高，并不说明以后身高就不增长了，男孩的发育一般要比女孩晚，可能半年或者一年以后，你就比她们高很多呢！"

李飞："是真的吗？"

爸爸："当然，爸爸怎么会骗你。这就是人们常说的'迟来的青春'，以后大家就不会叫你'小不点'了。"

的确，青春期的到来，也出现了很多令男孩们头疼的问题，尤其是身体上的不完美，但很多问题只是青春期独有的，随着年龄的增长和身体的发育成熟，它们会逐渐消失，所以，这种不完美也是暂时的。用平稳的心态接受这种暂时的不完美，不断充实自己的内在，会让你的青春期过得更充实、愉快！

1. 为什么会有狐臭，怎样解决

狐臭是一种体臭，味道较重容易令旁人感到不舒服。生活中，很多人对于狐臭总是闻之色变，令当事人尴尬无比。狐臭是怎么形成的呢？

首先，我们得了解人的汗腺机制。汗腺有两种，一种是小汗腺，也就是外分泌汗腺，它们分布于全身，分泌99%的水分和0.5%的盐分。另一种是大汗腺，又叫顶浆腺，位于皮肤真皮层，开口于毛根部，只分布在腋下或阴部和眉毛，大汗腺会分泌较浓稠的液体，含有油脂、蛋白质及铁分，再经由腋下的细菌分解分泌成汗，就形成了狐臭。

狐臭大都发生于青春期，这是因为，青春期受情绪及荷尔蒙影响，汗腺比较发达，大汗腺分泌物质相对于人体的其他时期都有所增加。

另外，狐臭会遗传，根据调查，双亲皆有狐臭的人有80%会有狐臭，若父母只有一方有狐臭，那么遗传的概率则为50%。

很多青春期男孩，在发现自己有狐臭后，会感到不安甚至羞愧，严重的还会有挫折感，形成一种社交障碍，人格发展也受到影响。其实，男孩不必为此担忧，只要积极的处理，减轻汗腺的分泌，便可以缓解狐臭，也可以采取一些医学方法解决。那么，治疗狐臭的方法有哪些呢？

（1）药物治疗。药物治疗主要是用止汗剂和除臭剂，表面上，能起到一定的抑制作用，但事实上效果有限，因为没有从根本上解决这一问题，只要一流汗，药剂就会流失。同时，男孩在用这种方法的时候，一定要特别注意药物的副作用。

（2）积极性治疗。这类方法能起到减轻症状的作用。男孩在日常生活中，要经常保持腋下部位的干爽，夏天应尽量少做高强度的运动。日常生活中，也不要急躁紧张。

（3）电烧疗法。这种治疗方法是：用极细的电烧针，选择性地插入毛囊及附近的顶浆腺，再通以高周波电流，破坏毛囊及顶浆腺。此法可减少少许气味，但也有其弊端，因毛囊及顶浆腺位置不易掌握，效果并不明确，而且必须花费相当多的时间，复发概率也相当大。

（4）手术切除。这种方法是指以手术方法将顶浆腺及外分泌腺及毛根在目视下全面切除。此法最彻底，常被整形外科使用。目前手术切除的做法是顺着腋窝皮肤的纹路，在局部麻醉下，做1~2道平行切口，约4cm，翻开皮肤，逐步减除或整片切除顶浆膜，再缝合皮肤，妥善包扎或固定。由于切开刀口非常小，不会留下明显疤痕，其最大的优点为可确实根除汗腺及顶浆腺，使狐臭、多汗永不复发，同时可

以去除毛根及其生长点,所以腋下不会再长出腋毛。因此,目前这种方法最受狐臭患者的欢迎。

这些都是治疗狐臭的方法,但实际上,青春期男孩只要注意好卫生习惯,经常更换衣物,是可以抑制狐臭的,最好等到青春期过后,再进行一些手术和药物治疗。

2. 白头发并不是老年人的专属

很多青春期男孩都有白头发,为此,这些男孩都觉得很奇怪,白头发不是老年人才有的吗? 为什么我们年纪轻轻也会长白头发?

其实,白头发并不是老年人的专属,决定头发颜色的也并不是年龄,而是头发中色素颗粒的多少,后者与发根乳头色素细胞的发育生长情况有关。头发由黑变白,一般是毛发的色素细胞功能衰退,当衰退到完全不能产生色素颗粒时,头发就完全变白了。正常人从 35 岁开始,毛发色素细胞开始衰退,而有的人 20 来岁就白了,这就是俗称的"少白头"。

少白头的发生原因比较复杂,既与遗传性、体质性因素有关,又与后天的各种因素有关,总结起来有:

(1)营养不良,如缺乏蛋白质、维生素以及某些微量元素(如铜)等,都会使头发变白;

(2)内分泌疾病,如脑垂体或甲状腺疾病,可影响色素细胞产生色素颗粒的能力而导致头发过早变白。

(3)某些慢性消耗性疾病如结核病等,因造成营养缺乏,头发也比一般人要白得早些。

(4)一些长期发热的病人,头发会黄脆甚至变白。

(5)脑炎、神经系统病变等也可使头发变白,白化病病人的皮肤、头发、眉毛都是白的。

(6)还有人认为,用脑越多,头发白得越早;有些年轻人在短时间内头发大量变白,则与过度焦虑、悲伤等严重精神创伤或精神过度疲劳有关。

那么,少白头的男孩一般有哪些表现呢?

(1)并没有什么其他症状。

（2）因为精神状况的好转头发由白变黑。

（3）白发在青少年时出现。

（4）一般情况下,并不会突然呈全白状,最初头发有稀疏散在的少数白发,大多数首先出现在头皮的后部或顶部,夹杂在黑发中呈花白状。

（5）患者在出现白发后,白发可逐渐或突然增多,但不会全部变白。有部分人长时间内白发维持而不增加。

所以,青春期的男孩一定要注意自己的营养状况,同时要缓解学习压力,并注意休息,减少白头的可能性。

3. 我的乳房难道也发育了

乳房是哺乳类动物的哺乳器官,也是人类特有的腺体。男女在出生乃至幼儿期,乳房上并没有明显差异,但随着身体的逐渐发育,尤其是到了青春发育期后,女性的乳房开始明显生长,在外形上也发生变化,并慢慢具有泌乳和哺乳的功能。而男性乳房则不是如此,男性乳房在青春期实际上也会出现稍微的增长与变硬,但青春期过后则会保持原样,并不随身体的发育而日见增大,也无任何分泌功能。如果男性乳房也宛如女性那样生长,那就是不正常的情况。

那么,为什么有的男孩子的乳房会像女性般莫名其妙地增大呢?

男性乳房发育分为生理性和病理性两类。

生理性男性乳房发育者多见于新生儿、青春期、更年期,多可自愈。大部分男孩在青春期都会有乳腺增大现象,这主要是由脑垂体控制的雌雄激素分泌比例波动造成的,一般几周或几个月就会消退,不必着急。

病理性的称为男性乳房发育症。该病多见于中老年男性,10岁左右男童也可发生。一般有以下一些症状:乳房肥大,单侧或双侧结块,有时伴有胀痛。这是由于体内促发乳房发育的雌性激素数量增加了。对于正常男性来说,体内雄性激素分泌量占着绝对优势,只是有少量的雌性激素,这是由肾上腺、睾丸等分泌的,而对于这些乳房发育异常的男性,则是由于身体受了某些因素影响,使雌性激素数量骤增而导致了乳房增大。

现代医学研究发现,造成男子体内性激素代谢紊乱和雌性激素水平升高的原

因有以下几种：

（1）肝脏疾病。身体里的性激素都应由肝脏加以处理，雌性激素也不例外。如果患了肝炎、肝硬化、肝癌等疾病，便无法很好地处理雌性激素。体内未经处理的雌性激素会逐渐增多，最终会导致乳房发育。

（2）睾丸疾病。睾丸是分泌雄性激素的主要器官，因其疾患，例如睾丸功能不佳、先天性睾丸发育不良、睾丸炎、睾丸损伤及睾丸肿瘤等，都可使雄性激素分泌量减少，而雌性激素水平相对增加，就可导致乳房发育。

（3）肾上腺疾病。肾上腺是男子雌性激素的一个重要"产地"，如果肾上腺长了肿瘤或有增生，雌性激素产量会异乎寻常地增多，也可导致乳房发育。

（4）药物影响。一些药物如孕激素、异烟肼、利血平、三环类抗抑郁剂、氯丙嗪、甲基多巴、安体舒通、苯丙胺、洋地黄等药物，可影响雌性激素的代谢而诱发乳房增大。

（5）下丘脑—垂体疾病。下丘脑—垂体会分泌一种促肾上腺皮质激素的物质，一旦脑垂体患上肿瘤等病变，这种物质分泌量会异常，并可盲目地促使肾上腺产生更多雌性激素，诱发乳房增大。

此外，还有一些疾病，如甲状腺病、糖尿病、慢性结肠炎等也可导致乳房发育不正常。总之，不论如何，一旦发生男性乳房发育症，首先得从以上几个方面考虑，如能排除生理性乳房发育，就要寻出病根，及早进行治疗。

4. 为什么我还不及女生高

很多青春期男孩有个困惑：为什么很多女孩比我还高？为什么我长不高？其实，这是由于大多数男孩发育都比女孩晚的缘故。

人体的身高和体重一样，有两个发育高峰期：一个是婴儿期，一个是青春期。

男孩、女孩进入青春期后，身体迅速生长，男女身体形态发生了显著变化，最后形成了真正的两性分化。其中，身高是一个重要指标。

这时候，无论男女，都会出现人体生长发育的第二个突增阶段。女孩身高增长，一般在9~11岁，男孩通常晚两年，为11~13岁。身高突增的幅度也不一样，男孩每年可增长7~9cm，最多可达10~12cm；女孩每年可增长5~7cm，最多可达9~10cm。

　　由于男孩青春期发育开始年龄比女孩晚两年左右,骨骼停止生长的时间也相应晚些,所以,增长的幅度也会大很多,到成年时男性的平均身高一般比女性高10cm 左右。

　　青春期,无论男孩女孩,身高突增的出现是进入青春期的信号。男孩们,比女孩矮是暂时的,你只不过是发育比女孩晚一点而已,最终,你会成为一个高大英俊的男子汉!

第三章　私密问题可以见光,男孩不要太羞涩

有一天,王刚找到他爸爸,很神秘地在房间窃窃私语。

王刚:"爸,我妈不在家吧?"

爸爸:"不在,怎么了?"

王刚:"我妈不在就好,我是有一些男人的问题要问你,我妈在我怎么好意思问呢?"

爸爸:"男人的问题? 什么问题啊?"

王刚:"我最近晚上老是做梦,梦到一些我不该梦到的事,我觉得很污秽。怎么会这样呢? 我是不是像电视上说的那样有了什么心理疾病啊?"

爸爸:"你能跟我说你的秘密,说明你很信任爸爸,我很高兴。其实呢,我知道你做的什么梦,爸爸像你这么年轻的时候也做过,你不必害羞。这也不是什么心理疾病,是青春期的正常生理现象。"

王刚:"是真的吗? 我这是正常的?"

爸爸:"是正常的,只不过你要记住,青春期是学习的时期,你需要做的是转移你的注意力,多努力学习、储备知识,等过了青春期,很多问题也就不是问题了。"

青春期是人的身体发育完成的时期。青春期以前,男孩身体的各个部分几乎"按兵不动"。然而一旦到达青春期,这些部分的发育又变得"势如破竹",十分迅猛。青春期的男孩们开始从调皮的小男孩变成一个真正的男子汉,但也开始有了一些不能说的秘密。比如,对性的冲动和幻想、对生殖过程的疑惑等。男孩也是羞涩的,其实,这些并不是秘密,大方对待,就可以让自己快乐、健康地度过青春期!

一 隐秘处的健康保护

王刚是一个不怎么爱干净的男孩，大大咧咧的，即使开始长大成人了还是这样。但突然有一天，一大早王刚妈妈就看见儿子在卫生间洗什么，儿子从来不自己洗衣服，妈妈准备推门进去，却被他挡在门外。

王刚出来后，对妈妈说："妈，以后衣服我自己来洗就好，老师说青春期要注意卫生，对身体才会好，我不会和以前一样邋遢了，您也不用那么累了。"

妈妈笑着说："嗯，我儿子终于长大了，青春期的确要讲卫生了，要注意保护自己，让自己健健康康的。"

"嗯，谢谢妈妈。"

看着比自己高一头的儿子，妈妈舒心地笑了。

1. 如何保持私处的卫生

男孩到了青春期，常把自己的私密部位看做是命根子，因为它关系到个人的生育能力和生殖健康。因为男性私密处凸露在外，往往很容易受到伤害，尤其是外界一些不洁的因素，那么男性如何做好私密部位的卫生工作呢？

男性私密处的卫生保健，重要的是保持生殖器官的清洁。很多男生平时很少每天清洗外阴，只有在洗澡的时候才清洗一下，其实这是很不够的。因为，包皮内会滋长一种像白色豆渣样的物质，叫"包皮垢"，最适宜细菌生长，从而使包皮和阴茎发炎，出现红肿、刺痒、疼痛，甚至粘连而使包皮不能上翻。所以，要养成每晚用温水清洗下身的习惯，尤其对包皮过长或包茎的男性来说更要做到这一点。清洗时，把包皮翻起用温水将污垢清洗干净，不让污垢堆积在里面。当然，包皮过长者最好进行包皮环切手术，这样有利于生殖健康。另外，经常清洗外阴，还可以保持肛门周围的清洁卫生，防止细菌在会阴部繁殖，同时还可以预防痔疮的发生。

2. 如何防止私处受伤

处于青春期的男孩,每天奔波于学校和家这两点一线中,学习压力大、生活节奏快,往往忽略了自己"重要部位"的保护工作,很多男孩在无意识中让自己的隐秘部位受伤。其实,对于每个男性来说,隐秘部位都是脆弱的,需要你们加倍的呵护。那么,青春期男孩们,如何防止自己的私密部位受伤呢?

(1)适量运动。男孩子喜欢运动是情理之中的事,但一定要注意私密处的安全,很多运动如山地自行车、足球等运动,动作激烈,都容易造成生殖器的损伤,一定要注意。

(2)要穿宽松的服装,不要压迫私密处。研究表明,近年来男性精子的数量和质量都有明显下降的趋势,事实上,这都与不良生活方式密切相关。例如久坐软沙发就会压迫私密处,使其动脉血液受到挤压,静脉血回流受阻,必将影响生殖系统的功能。

因此,建议男孩们在学习之余不要久坐在过软的沙发上看电视,不要穿过紧的衣服,多做一些适当的运动。

(3)让私密处痛快地呼吸。男性的内裤应质地柔软、透气性好,不宜穿过紧的内裤,最好不要穿牛仔裤,应多穿宽松的裤子,让"它"降降温、透透气。另外,不妨采用裸睡的方式睡觉,能使私密部位在安静的夜里享受难得的舒服感觉。

3. 私处受伤了怎么办

男孩其实也是脆弱的,男孩和女孩不一样,他的生殖器因为暴露在外,更容易受伤。生活中,如果男孩不注意保护自己,在激烈的运动中,比如踢足球时,被有力的足球击中就有可能被踢伤阴囊等。

那么,男孩私密处受伤了该怎么办呢?

(1)注意休息,尤其是受伤后的头两天。必要的时候要卧床休息,因为一运动就会加剧病情。如果一定要下床活动最好能佩戴一个布托带将阴囊托起,以减少阴囊的活动幅度,减轻疼痛。

(2)注意观察病情。在伤后的头两天内一定要多观察,看阴囊是否继续肿胀,

一旦发现阴晕迅速增大,且伴有大汗淋漓、四肢冰冷、面色苍白,或发现阴囊已经破裂或睾丸已经外露等情况,应立即送到医院急救。

(3)学会一些自疗措施。伤后 1~2 天,需用冷水或冰水冷敷阴囊部,以减少出血并达到止血。两天之后就应改用热敷,目的是加快阴囊部的血液循环,使积聚在阴囊里的淤血尽快被吸收。

总之,青春期是一个激昂又脆弱的年纪,男孩子之间的游戏必不可少,但运动不要太过火,一旦动作过大,很容易给亲密的同伴带来身体上的伤害。

二 大方面对"性"问题

性一直是人类生活不可分割的一部分。进入青春期后,很多男孩产生了对异性的了解与认识的强烈愿望,这是正常的性心理反应,不要产生任何心理压力。人到青春妙龄,进入了一生的黄金年华,性的成熟随之会给男孩们带来许多心理问题和令人困扰的事情,这也是正常的。一般随着性心理的发展,很多男孩会表现出一系列性心理行为,如对性知识的兴趣,对异性的好感,性欲望,性冲动,性幻想等,这些都是我们不容回避的事实。

1."晨勃"是怎么回事

男孩在青春期后,会出现清晨阴茎勃起的现象,对此,这些男孩很诧异,这是为什么呢? 这是因为:男孩在清晨醒来时最后一次夜间勃起尚未消退,或憋了一夜的尿液使膀胱充盈,充盈的膀胱内压力增大产生刺激作用。这是一种正常的生理现象,在医学上叫做"清晨勃起"。

清晨勃起在临床上是一种有意义的生理现象,清晨勃起现象可以作为男性健康状况的参考指标。

有医生专门研究过这种现象,发现男子在患病期间,清晨勃起会减弱或者消失;而身体康复之后,清晨勃起也会随之恢复。因此,有医生认为,清晨勃起的有无,也可以作为判断男子性功能状态的参考指标。

2. 自慰的危害知多少

伴随着身体发育的成熟,很多青春期男孩产生了性的冲动,于是,很多男孩采用自慰的方式发泄,也就是人们常说的手淫。手淫是释放男性性压力的一种方式。

什么是手淫呢? 手淫是一种异常的、变态的性满足方式,指通过自我抚弄或刺

激性器官而产生性兴奋或性高潮的一种行为。这种刺激可以通过手或是某种物体甚至两腿夹挤生殖器即可产生。手淫在青春期男、女均可发生,以男性更多见。

手淫是释放性能量、缓和性心理紧张的一种措施。当然,手淫过度也是不利的,长期过度手淫带来的最明显的恶果主要是精神上的。这些男孩子因为处于青春期,无法有正常的性生活,于是选择了以手淫的方式发泄,但同时又担惊受怕,害怕被周围的人看出来,于是,想方设法掩饰,尤其表现出对异性傲慢和不感兴趣的态度。当然,这些畸形的心理并非每个人都会发生,但是对于性格比较内向和脆弱的人,就容易出现这种倾向。

频繁、过度的手淫可引起疾病,像前列腺炎、遗精、早泄等,不育也是有可能的。因此,青春期男孩要戒除手淫。

3. 面对性幻想的干扰

性幻想是指人在清醒状态下对不能实现的与性有关事件的想象,是自编的带有性色彩的"连续故事",也称作白日梦。

进入青春期后,男孩性器官开始发育成熟,自然会对异性开始产生爱慕情绪,但是又不能发生性行为,只好以性幻想的形式发泄和满足自己的性欲望,于是,就会把自己曾经在电影、杂志或者书籍中看到的片段凑在一起,经过重新组合,虚构出自己与爱慕的异性在一起的情形。

当男孩开始性幻想后,会随着自己的幻想过程而逐渐进入角色,还伴有相应的情绪反应,可能激动万分,也可能伤心落泪。

一般情况下,男孩的性幻想会在闲暇时间或者上床后的刚开始一段时间出现。部分人可导致性兴奋,有些男孩甚至射精,有的还伴随有手淫出现。这种性幻想在中学生中大量存在。据国内调查,在19岁以下的青少年中,有性幻想的占68.8%。如果这种性幻想偶然出现,还是正常的、自然的;如果经常出现以幻觉代替现实的情形,则可能会导致病态,应当引起注意。

其实,性幻想并没有错,也不是什么可耻的事情,但要注意自我控制欲望。男孩在青春期应以学习为重,把精力放在学习上,就能转移性幻想对自己的困扰。另外,多参加公共活动,也是一种自我调节的有效方式。

4. 性冲动如何控制

男孩在步入青春期以后，性器官日趋成熟。在雄性激素的影响下，都会产生一些爱慕异性的情感，并且，在日常生活中，男孩子还会遇到一些性刺激，比如书籍、图像、电影等，这些都可能会让男孩产生性冲动。青春期男孩只要神经系统正常，大多会有正常的性欲，只是强弱不同而已。性紧张是客观存在的，有人偶尔发生，有人因性欲旺盛经常发生。但人是有理智的，在性要求非常强烈而出现性紧张时，也不能任意发泄，它必须受到社会道德观念和法制观念的制约。

那么，青春期男孩应该如何调节和控制性冲动呢？

（1）要有正常的生活和卫生习惯。男孩生殖器的清洗很重要。平时，男孩也应注意外生殖器的清洁，避免不洁之物刺激生殖器。另外，睡觉时要穿宽松的内衣，尽量避免对外生殖器的压迫和摩擦。

（2）转移注意力，减少性冲动的来源。日常生活中，男孩应该多参加一些积极健康的活动，远离那些黄色书刊和电影等，这样能有效减少性冲动的发生。

（3）懂得自我教育。青春期男孩要锻炼自己的意志，一旦出现性冲动、性紧张，可进行自我调节、自我控制，暗自告诫自己：要冷静，不要冲动。

5. 青春期性生活不可取

青春期是身体各个器官逐步发育成熟的时期，也开始有了性的萌动，很多男孩以为青春期就可以过性生活，其实，青春期，无论是男孩或女孩，性生活都为时尚早，对身心发展都很不利。

青春期身体各系统器官正处于生长发育阶段，尤其是内外生殖器还没有完全发育成熟，这时如有性生活，对身体十分有害。表现为以下几点：

（1）过早的性生活可造成生殖器官损伤及感染。处于青春期的男孩，生殖器官并没有发育成熟，生殖器都还很娇嫩，对性生活也还没有一定的保护措施，很容易引起感染，也很容易受伤。

（2）过早的性生活可严重影响心理健康。通常情况下，那些青春期少男少女的性行为都是在偷偷摸摸的情况下进行的，根本没有任何心理准备和生理准备，而

且,事后,男孩和女孩都会为此感到可耻,又因怕女孩怀孕、怕暴露而产生恐惧感、负罪感及悔恨情绪,久之还会使人发生心理变态,如厌恶异性,厌恶性生活,性欲减退,性敏感性降低和性冷淡等。

(3)过早的性生活可引起今后婚姻生活的不愉快。少男少女从相恋到以后的结婚是一个漫长的过程,男孩身上背负了更多的责任,但事实上,这期间,不能保证始终相好如初,分手的事也在所难免,伤害的不仅是自己,还有女孩。这以后,无论男孩女孩再与他人成婚,如不告诉对方,自己心里会产生歉疚,告诉了对方而得不到对方的谅解,那么两人的感情将会蒙上一层阴影,婚姻不会美满。即使从青少年时相恋起至成婚两人相好如初,新婚的甜蜜也会因此而黯然失色。

(4)过早的性生活可影响学习和生活。青春期是每个人人生的过渡期,也是知识的积累期。每个青春期的男孩子都要利用好这段时间学习,如果有性生活必然会影响学习和工作的精力,对本人、家庭和社会都不利,所以说青春期应忌性生活。青春期应十分珍惜自己的青春与身体,应把注意力和兴趣投入到学习、工作中去,这对于自身的健康成长、事业成就、生活幸福都有重要意义。

三 解开对"性"的困惑

放学后的王刚回到家里,放下书包,一脸疑惑的他找到爸爸。

"今天我们学校组织了一次性教育课,爸爸,讲的是女生是怎么有宝宝的,还讲到安全套怎么用,我们都不敢听不敢看,学校为什么还要给我们上这样的课呢?"

"青春期的少男少女们对于性一般都既好奇又害羞,学校给你们上这样的课,就是要让你们以正确的心态去对待'性'的问题,同时,让你们了解一点性知识。"

"今天我们看了女人生宝宝的光碟以后我才明白,一个新生命的降生是件很神奇的事,十月怀胎真不容易,所以,作为一个男人,一定要负责,您说我说的对吗?"

"你说得很对,一个真正的男子汉,就是要有责任心,看来,我的儿子真的很懂事了。"父子俩一起会心地笑了。

1. 什么叫性行为

青春期的男孩们都听过这个词。人们一般认为性行为就是性交,其实不然。

性科学研究按照性欲满足程度的分类标准,将人类性行为划分为三种类型:一是核心性性行为,即两性性行为;二是边缘性性行为,如接吻、拥抱、爱抚等;三是类性性行为。

性行为的含义要比性交广泛得多,一般说来它包括以下几种:

(1)目的性性行为。这就是人们通常说的性交。这是人们满足性欲的最直接、也是最通常的方式。一般说来,人们在性交以后,就满足了性的要求。

(2)过程性性行为。这是性交前的准备行为,目的是激发性欲,如接吻、爱抚等,如果性交后还要通过这样一些动作,使性欲逐渐消退,作为尾声,其也属于过程性性行为。

(3)边缘性性行为。这种性行为的范围很广泛。这种性行为的目的和性交无

关，它只是为了表达异性间的爱慕或者是一种示爱的方式。有时候，边缘性性行为表现得很隐晦，可以是一个表情、一个微笑或者是一个简单的动作等。至于拥抱、亲吻，如果是作为性交前的准备，那么是过程性性行为；如果只是爱情的自然流露，不以性交为目的，那么就是边缘性性行为。当然，边缘性性行为并没有一定的行为标准，比如，可能中国人认为的男女拥抱、亲吻属于边缘性性行为，但某些西方国家把这些作为一般的见面礼仪，那就同性行为完全无关。

2. 为什么梦里梦到她

男性青少年进入青春期后，身体便会表现出一系列男性所特有的性特征。许多刚刚进入青春期的男孩，对于青春期的一些正常心理和生理反应，比如性梦，常常感到困惑，有的甚至惶惶不安。

许多青春期男孩睡觉时偶尔会在梦中见到自己相识的女性或其乳房、颈、腿等部位，此时阴茎也会情不自禁地勃起，当达到极度兴奋时，就会遗精。许多男孩由此自责，觉得自己是个坏男孩，千方百计地去控制自己，可在梦中又不能自已。在医学上，这是一种性梦，是青春期性心理活动的重要内容之一，常发生在深睡或假寐时，以男青年居多。性梦和梦遗不是病态，而是一种不由人自控的潜意识性行为，有关专家指出，性梦是正常现象，不必大惊小怪。

那么，男孩性梦是怎样产生的呢？

青春期的到来和男孩生殖器官的发育成熟，让很多男孩对两性之间的很多问题产生很多困惑，寻求和揭示性的奥秘是很多男孩青春期所向往的事情，因此，当男孩接触到一些与性有关的事物的时候，他们都会产生很多性刺激和冲动，但是因为道德的束缚和繁忙的学习，他们的这种欲望一般都会被压制了，但熟睡以后，大脑的控制暂时消失，于是性的本能和欲望就会在梦中得到反映。所以，性梦大多是性刺激留下的痕迹所引起的一种自然的表露，遗精是男性性成熟的主要标志，性成熟可能是产生性梦重要的生理原因。

男孩因为常在性梦中射精，因而烦恼也就要多些，他们会为此感到害羞和害怕、精神紧张等，为此，白天他们精神不集中、萎靡，也或轻或重地影响了正常的学习和生活。因此，要想解除因性梦而产生的烦恼，青春期男孩一定要明白以下几点：

（1）性梦是一种正常的生理和心理现象，性梦与道德品质一点关系也没有，正常的男孩开始成年，就会做性梦，因此，男孩完全不必自寻烦恼。

（2）性梦中，男孩一般会遗精。

（3）性梦属于无意识行为，不受人的主观意识控制，这就是为什么男孩在白天不会做性梦的原因。

（4）性梦是人体对各种器官及系统的自我检查和维护。睡梦中的性高潮不仅能使人摆脱白天的精神压力，还是对现实生活中没有得到性满足的一种补偿。

男孩在青春期出现这些变化是客观存在的，在心理上产生性的疑问与困惑也是可以理解的，但一定要走出性困惑，顺利度过青春期。

3. 女性是怎样怀孕的

青春期到来，很多男孩开始对两性关系产生很多困惑，对异性更是充满了好奇，比如女性是怎么怀孕的。事实上，女性受孕发生的情况必须要有几个条件：

第一，夫妇双方都要具备生殖能力，也就是一定要具备正常的生殖细胞，生殖细胞就是男方要有很好的精子，女方要有很好的卵子。

第二，精子和卵子要能够结合，形成一个受精卵。

第三，这个受精卵要能够正常地进入子宫，然后到达子宫腔。同时，生理上各种因素对胚胎的发育也有很大的影响。

第四，性生活的时间要在排卵期，否则很难达到受孕。

排卵期是指如果女性月经周期是28天，那么从卵泡开始发育至成熟的时间为排卵期。在卵巢里成熟的卵细胞排出来，排到盆腔，再通过输卵管伞端吸附到达输卵管，此时如果有性生活，精子通过阴道、宫颈、子宫腔，先到达输卵管的精子进入卵细胞与卵子结合成受精卵。这个过程是非常精细的，择优性非常强。

在这一过程中，精子的活动度是非常重要的，假如精子活动度不强，到达输卵管的精子就不能很好地穿入卵细胞。经过几天时间，受精卵由输卵管慢慢地推向子宫腔，这时候子宫内膜要有充分的营养，才能达到受孕。

心理篇：
排解心事困扰，
青春期成长要安心

  青春期是每个男孩身心变化最为迅速而明显的时期，这个时期的男孩无论是从身体上还是心理上，都逐渐摆脱了儿童时的模样。和成人一样，这个时期的男孩也渴望爱情，属于开始情窦初开的时期。而同时，青春期又是一个负重时期，除了紧张的学习外，青春期的男孩还要面对社会、舆论、家庭的各种监督，在奔放与压抑之间，很多男孩选择了叛逆。

  青春期男孩开始成为男子汉，他们要逐渐担负一部分由成人担负的工作，这无疑加重了他们的负担，但这些负担是他们成熟所不可缺少的，否则他们日后便不可能成熟。

  所以，无论遇到什么问题，男孩一定要记住，青春期是积累人生财富的重要时期，产生爱的想法和叛逆的冲动，这些都情有可原，也是正常现象，但一定要学会自我调节和排解，为每一个新的一天准备一个好心情！

第四章　坦然面对情窦初开，男孩不要太烦恼

小伟还有个好朋友叫小志，由于父母离异，他从小性格内向，不爱说话，但学习成绩很好，一直是小伟学习的目标和对象。可是，学校沸沸扬扬地传出小志早恋的事。其实，小志早恋是事实，但传出这个消息的竟然是小志的妈妈！她是个只关心孩子成绩的母亲。得知这一切，大家都觉得很奇怪，小志怎么会早恋？

其实，什么样的男孩容易发生青春期恋情？就是像小志这样的男孩。他们和父母之间缺乏亲密感、内心深处感到孤独、缺乏安全感。那么，青春期男孩如何面对早恋这个问题呢？

青春期男女对异性产生爱慕是正常的生理和心理需求，可是，处于青春期的男孩对于爱情和婚姻还没有一个成熟的认识，而且，青春期是积累知识的年纪，是为理想和目标努力的年纪，过早的恋爱对他们的身心发展都不利。有着明确目标和坚定信念的男孩是很少发生恋情的，他知道自己想要什么，并为之付出最大的努力，即使发生也可以理智的控制情感。因此，青春期男孩一定要认识到早恋的危害，要对人生做认真的思考，明确目标，坚持不懈，直至成功。

青春期，男孩对异性的喜欢来得更直接，他不会和女孩一样把那份喜欢深深地埋藏在心里，他一般会直接告诉对方，并且难以自控，同时又为将心中的小秘密告诉不告诉对方而烦恼，不说自己心里很想念，说出来又怕对方不接受，于是辗转反侧，心烦意乱。但你要明白，即使对方接受了你的爱慕，青春期的恋情也是不现实的，所以，需要对这份感情进行冷处理，冰冻起来慢慢消解掉，而不是热情似火地去享受，其结果很可能是"飞蛾扑火"，带来很大的伤害。

我们作为家长，当知道孩子发生青春期恋情时，不要张扬，并且要考虑孩子的年纪，体会孩子的难处，尽量替儿子保密，不要不明情况就告诉

老师,否则会让男孩很难堪。而且,情窦初开的男孩,很容易陷入单恋的泥潭不能自拔。所以,我们做家长的要能够做孩子的知心朋友,陪伴孩子走过心灵的沼泽地,聆听孩子的心声,使他们在家长的支持和帮助下走出情感的旋涡。

人生是宝贵的,宝贵在它只有一次,而有许多有意义的事情等着青春期的你们去做。青春期的男孩要学会将这份不现实、不合时宜的感情升华,要学会尽最大的努力做最好的自己。为实现自己的理想目标努力!

一 说不清的初恋滋味

有一天,小伟和爸爸在一起看电视,播到一则新闻:某校初三男生赵强对本班一名女孩爱慕已久,在暗恋三年以后,他终于鼓起勇气给那名女孩写了封情书,但却被女孩拒绝,于是,男孩一气之下因爱生恨,将女孩毁容。

看到这里,小伟爸爸就试探性地问小伟:"你有没有喜欢的女孩子?"

"没有,即使有,也不能这样对人家女生,这是一种变态心理。"

"是啊,这个男孩的心理扭曲了。青春期情窦初开,心里有喜欢的女孩子很正常,但要正确地去处理这些事情。青春期恋情是不合时宜的,要学会跳出来看这份不成熟的感情,青春期恋情影响学习及目标的实现,其结果是梦中的甜蜜,梦醒后的苦涩!而当跳出这份感情,然后理性地分析看待青春期恋情时,就不至于盲目糊涂地去爱了。"

"可是,青春期就真的没有真爱吗?"小伟一脸疑惑。

"青春期的孩子对爱情并没有什么理性的认识,更缺乏稳定爱情观的支持,随着时间和空间的变化,他们可能就会'爱'上别人,因此,一般来说,青春期恋情多数是短命的,今天看你好,明天可能就不好;今天在这个环境喜欢这个,换一个环境又会有新的恋情。所以,我不能说绝对,但基本上青春期的爱情都是不成熟和欠考虑的,不是真正的爱。"

"哦,我明白,原来是这样。"

听完爸爸一番教导后的小伟,若有所思地回了房间。其实,爸爸知道,儿子也正处在情窦初开的年龄。

果然,过了一段时间,爸爸去学校开家长会,小伟的学习成绩上升了不少,他估计是那番话起了作用。

其实,青春期恋情没有那么可怕,"恋爱像出水痘,出得越早,危害越小",这句话是有道理的。恋爱是男孩们成长路上必经的一个过程,没有经过爱情的人是不成熟的,在恋爱的过程中了解异性、接触异性,也有助于男孩自身的完善和发展,这是他们心理成熟的过程,是成长的代价,他们会在情感挫折中越来越成熟。从变化的、发展的角度去看青春期恋

情,有时就不会那么如临大敌了,就可以平和应对和解决了。

但这并不意味着青春期的男孩就可以肆无忌惮地不顾学习而恋爱,努力学习,为目标奋斗始终才是青春期男孩的主要任务。同时,努力提高自己,让自己成熟起来,青春期男孩才能在成人之后发现真正适合自己的人生伴侣。

-----

1. 被退回的那一封情书

青春期的男孩正处于心理的断乳期,内心孤独寂寞,他们渴望被倾听、被理解,渴望心灵关怀和心灵慰藉。如果家长的教育理念落后,不了解孩子的身心发展特点和心理发展规律,很少或不与孩子进行心灵沟通;如果他们同学之间关系不融洽或缺少交往技巧;如果班主任或教师缺乏心理健康教育的意识和敏感性,他们的内心会更加孤独,更加寂寞。

一般情况下,青春期恋情的产生不是偶然的,若男孩与班上的某个女孩的共同话题较多,或者走得较近,放学回家的路上要共同经过一条小路,或者被班上的某些同学"调侃",于是,单纯的男孩就对爱情产生了某些幻想,认为自己与这个女孩有特殊的"缘分",并逐渐陷入自己的单相思中。于是,最为美丽的表达方式——情书就产生了。

写情书,是青春期男孩对女孩表达爱慕的最常见方式,情书相对隐蔽,因为他们怕老师、家长知道,也怕对方拒绝后自己很没面子。男孩做出"写情书"这一艰难的决定,"我喜欢你!"是青春期男孩情书中的心声,也由此带来了男孩成长中第一次"爱情的烦恼"。因为一般情况下,这一纸情书都会被无情地退回。

那么,面对这一封被退回的情书,男孩们该怎么办呢?

很多男孩当自己好不容易下定决心送出的情书被退回以后,心灰意冷,自我价值被否定,以为是世界末日来了,提不起精神学习,没有生活激情,更有偏激的男孩对异性报复打击,或者自我伤害。

青春期的感情是很单纯的,一旦认为自己喜欢上某个人,会钻牛角尖,怎么办?对此,青春期男孩要学会转移自己的视线,不要将眼光始终放在那个女孩身上,不妨改做一些有意义的事,去做自己喜欢的事情,做什么可以忘掉就去做什么,哪怕是暂时的。因为,青春期所谓的"喜欢"都是暂时的,而时间是治疗的良方,很多人随着时间的推移就淡化和遗忘了。比如踢足球就是很好的转移"失恋"带来的消极情绪的方法,踢球的过程可以发泄失恋带来的不良情绪。散步、慢跑后都可以愉悦心情,忘掉烦恼。

2.暗恋,那么甜美那么涩

有人说初恋是纯真的,其实,最美的还是暗恋。青春期性萌动,哪个少男不钟情? 暗恋,永远是那么甜美那么涩。

有个男孩在自己的日记中写道:"我感觉到我真的喜欢上一个女孩了,是一种我从未有过的感觉。那个女孩是隔壁班的,我确定,世界上真的有一见钟情存在,因为从我第一次看到她,我就喜欢上了她,可爱、纯真、活泼、美丽……我简直无法形容她的好,反正,我觉得她是世界上最漂亮的女孩,我开始每天都想见到她,我每天都被一种奇妙的感觉牵引着……我的情绪也开始被她影响着,她开心,我也开心;她忧郁,我也跟着难受。当我心情不好的时候,只要一见到她,心情马上就豁然开朗。总之,我的心情随她而变,我可以确定,我是爱上她了,可关键的是,我不敢说出口,因为她那么优秀,那么美丽,肯定不会看上我这样一个普通的男生。我该怎么办?"

事实上,大多数情况下,男孩心中的女孩也许并没有想象的那么完美。俗语说"情人眼里出西施",这些说法都说明喜欢一个人的感觉主观而片面,听不进他人的意见和建议,一定是他认为的好就是好,你说不好也听不进去,当家长持反对意见或者试图阻止时,他就产生逆反心理,不然就转入地下,这是最让家长感觉头疼的地方。青春期男孩可以说基本上都有自己心仪的女孩,但是由于各种原因很多男孩都只是暗恋,并不敢说出口,日记中的男孩就是这种心态。

其实无论是谁,喜欢上异性都是难以自控的,尤其是青春期男孩,更为将心中的小秘密告诉不告诉对方而烦恼,不说自己心里很想念,说出来又怕对方不接受,于是辗转反侧,心烦意乱。

但是,作为男孩一定要明白,青春期恋情多数要影响学习,是自己实现目标理

想道路上的岔道和障碍，因此，将小秘密埋藏在心里是明智的选择，让这份初恋的感情在心里发酵，随着时间的推移日久弥香。

3.面对她对你的追求

很多青春期男孩帅气大方，学习成绩优异，吸引了很多女孩的目光，于是，他们也会被女孩追，他们也会收到女孩写的情书：

"有一天，我翻开语文课本，突然发现里面有一封信。我吃了一惊，谁会写信给我呢？并且是夹在书里？我急忙拆开了信。'枫，也许你没有注意到我，但我却一直默默地喜欢着你……'我的脸马上涨得通红，心里也不免有些激动，脑海中浮现出有班花之称的丽丽那清秀的倩影和迷人的笑脸。我该怎么办呢？回绝她？会不会伤害她呢？不回绝？可是……现在我们都还是学生，并且学习压力这么大。我该如何面对这封情书呢？"

"情书"恐怕是很多男孩向女孩子表达爱意的方式，一般情况下，男生收到女孩情书的情况是少见的，但也不是说绝对没有，那些长相帅气、成绩优异的男孩，也会引起女孩子的注意，也可能会收到情书。一个情窦初开的男孩，当接到异性递来的"情书"时，脸红心跳是正常的心理现象，但一定要理智，不要抱有"有一个女生追求我，看我多有本事"的心理而四处炫耀，这是不负责任的，伤人也会伤己；也不能因为害怕伤害对方而犹豫不决，让彼此都无心学习；更不能不顾女孩子的脸面，不注意说话方式直接拒绝，甚至告诉周围的人。你可以给对方认真地回一封信，劝对方放弃这种念头，抓紧宝贵时光用心学习。如果对方一而再、再而三地穷追不舍，你可以写信告诉对方：如果再这样，就去告诉老师。只要你的态度坚决而明确，一般来说，对方也就会放弃了。

青春期对异性产生好感，甚至有与之交往的冲动，这是正常的，这都是成长过程中的必经过程。因此，进入青春期后异性同学之间交往是每个同学都要面对和学会处理的新课题。任何事情都一样，不能简单地划分"好"与"坏"，而是要学会驾驭"合理"与"失控"的分寸。

总之，青春期的男孩子，如果有女孩子追你，这表明你很有魅力。被追表明了你的魅力，的确值得高兴，但是过后一定要把情书收起，把那份美好埋在心底。你们正处在长知识、长身体的黄金时代，世界观还未形成，缺乏必要的社会知识与经验，如果过早地陷入爱情的漩涡中，势必会影响自己的学业和身心健康。你要做的是明确自己在青春期的奋斗目标，把精力重新投入学习中才是明智之举。

4.同学的流言要冷静处理

随着物质文化水平的提高，孩子成熟得越来越早，对男女关系的了解和关注也越来越多，恋爱低龄化、校园恋爱已经数见不鲜，与此同时，青春期的男孩女孩们还喜欢捕风捉影，妄加猜测周围同学之间的关系。对于此类的流言飞语，青春期男孩一定要学会淡定，因为"身正不怕影子斜"。

下面是一个男孩关于对学校传出的他和一位女同学的"暧昧情事"的苦恼。这件事越传越下流，让他备受打击：

"那天轮到我值日，下午放学，同学们都回去了，我和座位后面那个女孩子就一起留了下来。

我们干活的速度很快，一会儿整个教室就打扫好了，那会儿时间还早，我们就留在教室写作业，刚好她说她有几个问题要问我。于是我们就一前一后坐在座位上写作业……说来也奇怪，因为座位是前后座，那天，教室的门关不严，我们就半掩着，结果就被别班的同学看见了，然后就说我们俩在教室里做见不得人的事……现在我都不想去学校了，又不敢跟我爸妈说，心里好烦。"这名男生越说越激动，隐约还带点哭泣声。

这样的流言对于青春期的孩子来说是巨大的打击，平时，他们与异性说话都不好意思，即使真的喜欢某个女孩，也不希望周围的人知道，出了这种状况，即使成人也无法接受，更何况未成年的男孩子。

作为青春期男孩，要知道你是男子汉，"身正不怕影子斜"。因此，对于那些流言飞语也不必过于在意，你要勇敢地与传流言的同学当面对质，如果那些同学还是用"有色眼光"看你，就将此事告诉老师，让老师出面制止流言。对待这样的事情，只要自己表现得光明、大方，就会使传流言的人觉得无趣，听流言的人也会不相信；若是畏畏缩缩、独自伤心，只会让那些嚼舌根的人更加得意，间接增加流言的

"可信度"。

　　"走自己的路，让别人说去吧"，这是很多青春期少男少女的座右铭。的确，因为别人的讥笑而始终耿耿于怀，伤害的只是自己。

二 分清什么是 "爱"

有一天,王刚突然来找小伟,两人在房间嘀咕着什么,过了一会儿,两人从房间出来,在看电视的爸爸很好奇,就问了一下:"你们俩刚刚聊什么秘密呢?"

"叔叔,其实也没什么,就是我们班的崔浩和王丹丹居然谈恋爱了,还公开地在学校牵手呢,我们亲眼所见,胆子真是太大了。"王刚激动地说。

"现在的孩子成熟越来越早,这已经不是什么新闻了。"

"哇,叔叔,要是你们家小伟也谈恋爱,你不反对?"

"我相信,小伟能把握自己的人生,知道自己要的是什么。"

"我知道小伟为什么那么优秀了,是因为您和阿姨的正确教导。我们这个叛逆的年纪,就是需要理解。"

"理解万岁!"小伟说。

随着年龄的增长,身体发育的成熟,性心理的不断成熟发展,男孩子对异性会产生钦慕,这是成长期的必经过程。但青春期毕竟是进入成人阶段的前奏,价值观、爱情观都是波动的,对爱情的体验尚是浅陋而朦胧的,因而是不真实和幼稚的。

因此,青春期男孩,要明白青春期是积累人生储备和社会经验的时期,过早的恋爱会成为人生奋斗路上的绊脚石,只有全身心地投入学习,才会让自己的青春期过得充实、快乐。

1. 正确区分友情与爱情

这是很多青春期的男孩和女孩困惑的问题,到底友情与爱情有什么区别?

事实上,友情和爱情,都是属于广义的爱情的一种,爱情与友情有区别也有联系。友情是爱情的基础与前提,爱情是友情的发展和质变。友情可以发展为爱情,也可能永远发展不成爱情。

区分友情与爱情,有时的确很困难。日本一位心理学者提出了五个指标,可供

参考。这五个指标是：

第一，支柱不同。友情的支柱是"理解"，爱情则是"感情"。

第二，地位不同。友情的地位"平等"，爱情却要"一体化"。

朋友之间，有人格的共鸣，亦有剧烈的矛盾。爱情则不然，它具有一体感，身体虽二，心却为一，两者不是互相碰击，而是互相融合。

第三，体系不同。友情是"开放的"，爱情则是"关闭的"。

两个人有坚固的友情，当人生观与志趣相同的第三者、第四者想加入的话，大家都会欢迎。爱情则不然，两人在恋爱，如果第三者从旁加入，便会产生嫉妒心理和排除异己的行为。

第四，基础不同。友情的基础是"信赖"，爱情的基础则纠缠着"不安"。

有了信赖，友情就是真诚的，爱情则不然。一对相爱的男女，虽不是不信赖对方，但老是被种种不安所包围，比如"我深深地爱着她，她是否也深深地爱着我？""他是不是不爱我了，态度怎么变了？"等。

第五，心境不同。友情充满"充足感"，爱情则充满"欠缺感"。

当两个人是亲密的好朋友时，都会觉得很满足；而爱情则不然，当两个人成为情人时，虽然初期会有一时的充足感，但慢慢地，会对爱情的要求越来越高，总希望有更强烈的爱情保证。

一般来说，青春期的男孩子，如果你能准确地区分自己在以上五个指标上的定位，应该就能在爱情与友情的岔路口上做出正确的选择，找到自己的方向。

为了真挚的友情和纯洁的爱情，青春期男孩与异性交往的时候应该知道，现在这个年龄不适合恋爱，要保持清醒的头脑，对于女孩子的爱慕和追求，态度一定要庄重明朗，不能矫揉造作。

青春期的男孩还没有正确的爱情观，感情也是不稳定的，对爱情的涵义往往缺乏深入的了解，把异性同学在学习上、生活上给予的帮助和关照这种纯真的友情误认为是爱情从而产生心理错误，造成身心上的困扰。

因此，懂得爱情与友情的区别，能让男孩们对自己的情感有个更清楚的认识，以免在人生的岔路口走错了方向，也才能更好地处理与异性朋友之间的关系，全身心地投入学习。

2.可以爱慕,不可以爱恋

人世间有很多种情感,其中很重要的一种就是爱。爱分为很多种,大体来说,可以分为关爱和情爱,而情爱又可以分为两大类:一种是爱慕,另一种是爱恋。

虽然爱慕和爱恋的区别很明显,但却不容易区分,尤其是青春期的那些懵懂少年们,区分起来就更加不易。但男孩们,一定要记住,可以爱慕,但不可以爱恋。

爱慕与爱恋也是有很大区别的,爱慕是很容易产生的,那些给自己带来身心愉悦的异性,都会对其有爱慕的心理,比如,男孩在大街上看见一个美丽的女孩子,会忍不住多看几眼,这就是爱慕;而爱恋,则是在长期的交往和彼此的熟悉中产生的,是建立在对其人格、品质的了解之上的。

从爱慕与爱恋这两种爱的情感中,我们可以发现,男孩可以爱慕而不可以爱恋异性。青春期,对异性充满好奇心,产生爱慕的心理很正常,但不能把这种爱慕转化为爱恋,因为青春期的精力应该放在充实自己的内心世界上,青春期需要的情感应该是单纯美好的友谊,过早地爱恋一个人容易让男孩迷失自我,失去前进的方向。

的确,青春期的恋情是很微妙的,这种感觉是朦胧的,异性的一个表情或者动作都可能吸引你,或者是她身上有什么特殊的品质吸引了你等等,对于异性,处于青春期的你可以爱慕,但不能爱恋。

3.把"喜欢"写在日记里

对于爱情,谁都渴望,谁都希望自己能寻找到一段浪漫的爱情,一种刻骨铭心的感觉。因此,面对爱情,很多青春期男孩往往是不知所措但又欣喜若狂的……但男孩你要明白,青春期对于爱情还没有正确的认识,情感也很不稳定,可能今天认为不错到明天就认为不好了。并且,这个年纪是充实自己的大好时光,如若花费太多的时间在感情上,很明显,会耽误学习。

家长和老师一般比男孩更懂得这个道理,于是,在他们眼中,学生期恋爱总被当做洪水猛兽,或是被严令禁止,或是被棒打"鸳鸯",总之是被社会主流所否定的。其实,他们的担心不无道理,因此,当男孩"喜欢"上异性的时候,不妨把这种

喜欢埋藏在日记中,随着时间的酝酿,当你开始人生另一段旅途时,再翻开日记,这种喜欢可能只是一段美好的回忆。

青春期产生对异性爱慕的感觉,是青春期男孩生理和心理逐渐成熟过程中的自然现象。进入青春期,特别到了青春后期的阶段,男孩的生理和心理都有急剧发展,性心理发展更急剧,性冲动与性欲望就不断地产生,就会产生一种特殊的情感体验,心理学上称其为"异性期",即渴望相互交往,相互之间交流的情感体验期。所以就会自然地被异性同学吸引,心理上产生想和异性同学交往的欲望。由此可知,青春期恋爱行为是正常的,就像春天来了花儿要开放一样自然。普希金14岁时曾写下了自己的第一次爱情自白"一颗火热的心被征服了,我承认,我已坠入情网"。

但是,青春期的主要任务是学习,恋爱对于心智并不成熟的男孩而言必然耗费大量经历,影响你未来的发展。日记是最好的倾诉对象,写下你的喜欢和爱慕,释放绷紧的心弦,年少无知时的单纯会随着时间酝酿久远、芳香四溢!

4. 对老师的感觉是爱吗

有一个15岁的小男孩在给某心理咨询师的信中写道:"我确实长大了,我今年15岁了,一开始我问自己是不是疯了,真的觉得太不可思议了。现在我明白了,这是人生的必经之路,我不再迷茫了。经过反复思考,我发现我真的爱上她了。的确,我自己无法阻挡。她其实并不漂亮,不过我依然爱上了她,因为她有一颗善良的心。我是从初二开始发现的,我在黑暗里挣扎的时候,是她把我挽救了出来。在我没有信心的时候,是她给了我信心,她让我重新站了起来。在我有危险的时候,她会不顾一切地帮我。为了我,她付出了很多。一开始我只是感激她,之后我对她一点点产生了依赖感,我发现我离不开她了。可那时,我只把她当做我的姐姐。不过,现在我发现我不止把她当做姐姐,我爱上了她。"

一个15岁的男孩爱上了自己的老师,的确是有点不可思议,但首先说明的是,他成熟了,情窦初开,这是生理与心理成熟之后的必然结果。

但事实上,这并不一定是爱,很可能是崇拜。很多青春期男孩,对曾经帮助过自己的女老师都有类似的情感,以为这种情感就是爱,其实不一定,有时候,也可能是恋母情结的一种反映,潜意识里把她当做自己的母亲一般去爱。这并不是真的

爱情,而是一种崇拜和敬畏。那么,青春期男孩该怎样分清对老师的情感是爱还是崇拜呢? 这需要思考下面几个问题:

(1)爱一个人或许不需要理由,但必须知道爱她什么。

(2)爱情是双方的,只有互相接受的爱才能产生爱情,当你对老师产生爱恋的感觉时,你清楚老师被你"爱"的感受或意愿吗?

(3)爱是和责任联系在一起的。爱一个人就要对对方的一生负责,包括生老病死、包括贫穷与灾难。另外,你还必须做好被"抛弃"的心理准备,因为每个人都有选择爱的权利。

(4)爱要有一定的经济基础。请明确你是否与老师同处于一个人生舞台,否则那不算是双人舞!

青春期男孩,假若你能清楚地回答以上问题,就能明白自己对老师是崇拜还是爱了。

三 正确地与异性相处

阿文既是小伟的邻居,也是小他一岁的表弟,但这段时间,总是听到阿文的爸爸妈妈在家里吵闹,是为了阿文的事情。原来阿文在学校恋爱了,劝说无奈下的他们来找心理咨询师:

"我们夫妻两十几年以来辛辛苦苦经营一家小吃店,挣钱供儿子读书,现在这个社会不读书是没法生存的,我们不想让儿子跟我们一样将来开小饭店过日子。儿子小时候挺乖的,学习也不错,现在儿子已是初三学生,还有几个月就要中考了,可儿子突然对我们说他有一个很要好的朋友,一个很漂亮的女孩,是同班的一个女生,还说过年时想把她带回家玩。这对于我们夫妻来说真是晴天霹雳。儿子说他们只是普通朋友,可当儿子把女孩儿带回家看时,他们俨然是男女朋友,我们见到过很多孩子因早恋而荒废了学业,甚至离家出走,走上歧途的实例,怕儿子也会与他们一样因早恋而误了考大学的机会。现在我和他爸爸进退两难。同意吧,怕早恋影响学业;不同意吧,怕儿子产生逆反心理到社会上乱来,现在我们体会到教育独生子要比开饭店难多了。请问我们该怎么处理儿子早恋的问题?"

青春期的孩子恋爱已经属于一种普遍现象,尤其是青春期男孩,对于喜欢的女孩更是大胆追求,其实有时候连他们自己都不明白那是不是爱,对于和异性的关系也不知道怎么处理。那么,青春期男孩应该怎样和异性相处呢?

1.和异性相处,尊重是前提

随着性生理发育的不断成熟,很多男孩子开始对两性关系有了朦胧的意识,对异性产生兴趣。但同时,又怀揣一种羞怯的心理,特别是在周围的一些"闲言闲语"以及一些守旧的封建意识影响下,男女之间的正常接触更是难以实现。

那些不敢于与异性大胆接触的男孩子,总是表现出一种不健康的男女交往心态和行为,他们与异性交往的时候扭捏作态,表现出紧张、言语不顺畅等,这对男孩获得异性友谊存在很大的影响。正如德国医学家布洛赫指出的："完善的性教育是无害的"，这种教育认为，性的本能像别的事情一样，是光明正大的，完全自然的。受过教育的人把一切自然的东西都看成是理直气壮的，承认它们的作用和必要性，性的本能对他们来说是生存的条件和前提。性教育的目的是培养道德坚定性，从而克服两性关系中的不良现象，正确的性教育可以避免青少年生活中的很多过失、错误、痛苦和不幸，使他们的身心得以健康成长。

但这并不意味着男孩可以与女孩亲密接触，与异性相处，最重要的前提就是要尊重对方。在与异性的交往中要注意语言、动作，要保持一定的距离，男孩要有风度，有修养。特别要强调与女同学交往应坚持公开、不唯一的原则，只有这样，才能坦然、不失分寸地交往，才能建立起与异性同学之间纯洁的友谊。

青春期是男孩们学知识、长身体的黄金时期，也是发展友谊、收获友情的最好时期，正确地与异性相处，才能在友好的氛围里学习，在和谐的环境中生活，健康快乐地成长！

2. 青春期爱情游戏玩不起

青春期是一个过渡期，人生的第一个转折期悄悄来临。男孩们再也不是调皮捣蛋的顽童，而是可以担当一部分责任的男子汉，他们旧的人生体系开始瓦解，不得不全部放弃，而新的体系尚未完全建立。这时，一些男孩会不由自主地喜欢上身边的某个女孩子，一旦"得手"之后，他们会沉浸在这种爱情的美好感觉中不能自拔，甚至不愿意控制自己，做出一些青春期不宜做的事。于是，很多男孩在青春期玩了一场情感的游戏，伤害了自己，也伤害了女孩。

青春期是一个重要的人生知识储蓄期，青春期恋爱，危害多多。

首先，青春期男孩本身对爱情就没有清楚的认识。

很多男孩承认谈恋爱是跟着感觉走，他们认为恋爱是件浪漫的事情，认为中学生恋爱是比较普遍的现象，而对于心目中的"她"有什么标准，没有步入社会的男孩们也没有太多现实的考虑，可能很大一部分男孩认为"只要有感觉，两情相悦，自己高兴的"就行，很同意"不在乎天长地久，只在乎曾经拥有"的说法。

事实上，青春期的很多恋情不能称之为爱情。青春期的男孩们，很多都会有逆

反心理,在和父母无法沟通后,就会选择向自己的恋人倾诉,恋人是他们舒缓心理压力的主要渠道,其实,这种关系本身就是停留在朋友的层面,而不是爱情,在这种感情基础上的恋爱往往不会长久。

其次,青春期恋爱还会给男孩的心理带来创伤。

心理学家研究显示,在17岁前便谈情说爱的青少年,由于无法适当地应付初恋带来的情绪困扰,日后可能会患上精神疾病。因青春期恋爱引起的抑郁症,在15%~20%的青少年身上都会有早期症状,如日益孤独、睡眠增加、饮食或行为改变等,这些症状如持续出现两周以上,就需要看心理医生。

最后,青春期恋爱最明显的后果是对双方的学习成绩都会有所影响,当然,一般情况下都是下降。不少男孩在恋爱后成绩急剧下降或呈下降趋势,冷落了周围的朋友和亲人。种种原因导致的失恋使许多男孩感到迷惘与彷徨、痛苦与失望,他们受到感情的困扰和挫折,甚至出现行为偏差,以致悔恨终身。

因此,青春期的感情游戏玩不起,男孩们一定要慎重。

3. 大方地与她相处

与异性同学间的友谊是青春期男孩和异性之间最为敏感的话题,同性间的友情是可以公开的,但对某个女孩的好感却是隐秘的,在口头上是坚决不承认的,这恰好反映出男孩的矛盾心理。这一时期的男孩对异性会有一些兴趣,会关注她们的言谈举止,这种好感是朦胧的、短暂的、不稳定的,所以当他在对某个女孩产生兴趣的这段日子里,他非常反感别人来刺探他的想法,更讨厌别人干涉他的做法,当家长、老师问及这方面的事时,他一般予以否认,仅说是普通同学关系。事实上,这一时期孩子的情感正处于朦胧期、矛盾期,他自己也很难说清楚。为此,很多父母很担忧。

其实,青春期男孩和女孩之间交往的后果,并没有如很多父母想象的那么严重,甚至有一些良性的。当青少年进入青春期后,由于生理和心理发育的急剧变化,从而使情绪易于波动,因此,更希望倾诉,更希望独立,可是因为想法、思维的差距等多种因素,他们无法和父母顺利地沟通,于是,与人交往,包括与异性交往,就成为他们倾诉的一种方式。这些都属于正常现象,而非"恋爱"。

事实上,男女生交往好处多多,能从多个方面进行互补。男生往往比较刚强、勇敢、不畏艰难、更具独立性;而女生则更具细腻、温柔、严谨、韧性等特点——因此,从心理学角度看,男女同学正常的交往活动可以促使双方互补,对性格发育和智力发育都有益。

进入青春期的男女同学都有同样的心理,都希望自己能够成为受到异性关注和欢迎的人,为此,他们会尽力地改变自己、完善自己,这也是一个自我发展、自我评价、自我完善的最佳心理环境,是克服自身缺点及弱点的好机会。从小培养男孩与异性建立健康的情感,使他们能够理解异性、尊重异性,与异性发展自然的、友爱的关系,会为他们今后顺利地进入恋爱和婚姻关系奠定良好的基础。

而同时,单就青春期这一阶段来说,男女同学共同学习,相互帮助,友好相处,这是很有必要的。但与异性相处,一定要大方面对。那么,这个交往的原则应当如何把握呢?

进入青春期,男孩的生理、心理都产生很大的变化,性意识也随之觉醒。他们乐意与异性同学交往,尤其希望引起某些异性同学的注意,但有些男孩却不能正确处理与异性同学之间的关系。有的男孩在异性同学面前过分夸张地表现自己,以引起异性同学对自己的注意;有的男孩不能很好地控制自己对异性同学的好感,陷入感情的旋涡;有的男孩为自己性意识的产生感到困惑,甚至以为自己变坏了,因而忧心忡忡……这些情况都会对男孩的身心发展造成不利的影响。

青春期男孩与女孩交往,需要注意以下三个问题:

(1)要有良好的交往动机,以促进双方共同进步为前提进行交往。以良好动机为指引下的男女同学共同的学习、活动,才会不断产生新的健康的内容,产生不断向前迈进的动力。

(2)要把握语言和行为的分寸。交往要大方、要尊重异性,并且要开朗、热情,同时要与异性同学互帮互助,真正体现异性间的友谊。

(3)扩大交往的范围,尽量不单独与某一异性相处。积极主动参与集体活动,努力使自己成为集体中活跃的一员,保持男女同学之间正常的友谊,不要让友谊专注在某一个人身上。尽量不要单独与某一异性同学相处。

4.正确理解异性相吸的含义

很多青春期男孩以为,异性相吸单指男女关系,其实不然,与异性交往,对提高自己有积极的作用,这才是异性相吸的真正内涵。

(1)有利于男孩实现个性完善。人与人交往,本身就是一种关系方式。青春期男孩还处在一种对异性封闭的阶段,而男女个性差异比较大,与女孩交往,通过相互间的交流,能使他们在个性发展上更丰富、更全面。要知道,男孩以后也将成为社会中的一分子,交往范围越广泛,和周围生活的人联系越多样化、越深刻,自己的精神世界也就越丰富,个人发展也越全面。

(2)有利于丰富男孩的思维类型。性别不同,思维习惯和类型也不同。虽然男女生智力水平基本无差异,但在思维方面,女孩更擅长于形象思维,凭直觉观察事物;而男孩更擅长左脑思维,即逻辑思维,常常用抽象、逻辑推演去处理事情。因此,通过与女孩的交流,男孩可以实现思维类型和习惯的补充。

(3)有利于男孩实现和异性之间的情感交流。青春期男孩和女孩的相互接触,有利于情感的健全。从情感差异方面看,女生情感较丰富、敏感,富有同情心,情感体验深刻、细腻、含蓄;而男生则比较外露、粗浅。女生比男生更为稳固、持久。因此,青春期男孩和女孩的交流,能更加健全男孩的情感思维。

(4)有利于性别角色的社会化。无论男女,其性别角色的实现,都要体现在与异性的交往活动中,同样,男孩只有从女孩的眼里才能读出社会对男性的期望。

人的一生注定要在两性的世界中度过,要适应相应的社会规范,因此,青春期男孩也应与异性大方地交往而非隔离。

5.和女生试着做"哥们"

有人说,男女之间不存在绝对纯真的友谊,其实,这种观点是错误的。人类的情感有很多种,爱,是最美好的情感,从这个角度来说,青春期学会如何与异性交往,就是一种"爱的修炼"。

男孩进入青春期,渴望与异性交往,是男孩身心健康发展的重要标志。异性之间的关系有很多种类,比如同学、朋友、师生等等,并不一定是恋人关系。青春期的男孩如果懂得正确地与异性相处，完善自己的社会角色和修炼自己，是对未来婚姻家庭的准备，也是对未来事业发展和社会人际关系适应的必要准备。只要男孩有清醒的认识，把握好自己，也可以尝试着和女生做"哥们儿"。

青春期男孩要把正常的交往与约会区别开来。一般来说，在公共场合的讨论和交谈，或者集体举行一些有意义的活动都属于正常的举动。因为这样的交往，是有利于身心健康的，可以培养良好的道德情操和美好的品质；而如果男孩在青春期就过早地约会，会产生厌学情绪或者沉溺于自己的小世界中，本来十分感兴趣的事物，却感到冷漠暗淡，使心灵过早老化。

当然，可能会有很多异性对男孩产生好感，男孩也有自己欣赏的异性，这都是正常的心理现象，关键看男孩能否把握好自己。毕竟，青春期的主要任务是学习，男孩要把握好尺度，尽量避免和异性谈及情感问题，学会把你们的关系向友谊上引导。

总之，青春期男孩可以尝试和女生做无话不谈的朋友，也就是"哥们儿"。异性间应建立良好的友谊，互帮互助，促进身心健康的发展，但应注意度的把握，尽量避免"一对一"地与异性相处。

四 对女孩的小秘密别好奇

王刚是小伟所在班级有名的"花心大萝卜"，喜欢在女生背后议论她们，周雅雅就是被王刚选出来的初三年级的"级花"，但最近学校居然传出一个消息：周雅雅做过整容手术！这个消息轰动了整个校园，放学后，王刚来到小伟家，两人开始"八卦"起来。

"你说，周雅雅真整过容吗？"王刚问。

"不知道，我小学的时候和她同班，她那时候是有点丑，头发黄黄的，皮肤也很黑，还特别矮呢。不过人还蛮好，经常借东西给我。"

"那肯定整过，你看她现在多好看，她要是长大了参加海选，一准能成大明星呢！"

"我想也是。"小伟应和着。

这时候，王刚妈妈来喊王刚回家，刚好听到这一段话，就对他们说："有人说，女孩小时候长得好看，长大就不好看，相反，小时候不好看，长大就好看了。这没有什么科学根据，但女大十八变，越变越好看，这是肯定的。那个周雅雅的妈妈和我是一个单位的，她经常来单位玩，是我看着长大的，可没做过什么整容手术，以后可别在同学背后议论人，知道了吗？"

"妈，这么神奇啊，女孩还会变，我们怎么不变，总感觉那些女生一天天神神秘秘的，她们还有什么秘密啊？"

"女孩子的成长状况和你们是不一样的，但她们是娇贵的，需要你们的保护，知道吗？"

"知道了，我们是男子汉嘛。"

青春期男孩女孩的成熟都是以性成熟为主要内容的，但女孩和男孩的成长过程有很大不同，这就构成了通常意义上男孩们口中的"秘密"。

1. 女孩子的身体发育过程

男孩子眼中同龄的女孩是神秘的，那她们的发育过程到底是怎样的呢？

（1）身体快速增长。女孩在乳房发育前，身高就开始迅速增长。此时，女孩的身高平均每年增长 8cm，甚者达 10 ~ 13cm；同时体重也相应增加 5 ~ 6kg，多者达

10kg。此后，生长速度开始下降，月经初潮后继续长高的潜能有限，一般每年只有3～5cm。从骤长开始到生长停止，女孩平均身高增长约25cm。在短短的几年时间，女孩就会慢慢发育成熟。

（2）性的发育，包括性腺（卵巢）、内外生殖器官和第二性征的发育。当女孩13岁左右时，女孩的卵巢开始生长，月经初潮来临，但一般还不规律，在头一两年内，卵巢功能尚未完善或成熟到足以排卵的程度；随后，其他一些性器官也开始逐渐发育并成熟，比如，子宫、阴道和外生殖器。但上述这些变化一般是隐藏着的，往往不易引起人们的注意。

但是，女孩的第二性征的发育却是隐藏不了的，比如说乳房，10～11岁时，乳房开始发育，这是少女第一次显示的第二性征，是青春期萌动的标志；11岁时，阴毛出现；12～13岁时，乳头乳晕继续增大，但仍与整个乳房轮廓浑然一体，同时阴毛继续增多，并向阴阜及腹壁中部发展，由细变粗，色素渐渐沉着。

（3）性器官发育成熟。性器官是人体诸器官中发育最晚者。一旦性器官发育成熟，就标志着体内各器官系统均已经成熟。

总之，女孩和男孩一样，一旦青春期开始，就会逐渐成熟起来！

2. 为什么她每月都会肚子疼

女孩子每月都有几天肚子痛，这是女孩来月经了。

月经初潮一般在乳房开始发育一年后出现，通常在11～14岁之间，但也有早到9岁迟至15～17岁才开始来月经的。平均来说，月经周期是28天，每次持续4天左右。月经周期在23～35天，每次持续2～7天都属于正常范围。在月经初潮后的1～2年内，痛经不多见，但可在青春后期出现。初潮后的1～2年内可以很没有规律，甚至可以一个月到几个月没有月经。

青春期女孩在月经初潮后，来月经时都会稍微出现腹痛、腰酸的现象，或是有点犯困，这些都是正常的生理反应。月经期间发生剧烈的小肚子痛，月经过后自然消失的现象，就叫做痛经。多数痛经出现在月经时，部分人发生在月经前几天。月经来潮后腹痛加重，月经后一切正常。腹痛的特点是其与月经的关系十分密切，不来月经就不发生腹痛。因此，与月经无关的腹痛不是痛经。

痛经按原因的不同,可以分为原发性痛经和继发性痛经。一般来讲,原发性痛经是因为子宫本身因素所造成,也就是由于子宫基层或是子宫内膜的前列腺素分泌过度所引起的。至于继发性痛经,是指源于骨盆腔的月经疼痛,一般以子宫内膜异位症、子宫肌腺瘤、子宫肌瘤等疾病所造成的居多。只要是可以找到确切原因的痛经,都称之为继发性痛经。

3. 女孩子的处女膜是什么

可能很多男孩听过处女膜这个词,但却又不得而知处女膜到底是什么,于是,产生了强烈的好奇心,那么,女孩子的处女膜到底是什么呢?

处女膜是掩盖在女子阴道外口的一层中心有孔的薄膜,位于阴道和阴道前庭的分界处。薄膜的正反两面都呈粉红色,表面湿润。

青春期少女的处女膜较小和厚,随着女子身体的发育成熟,处女膜会逐渐变得大而薄,并有相当的韧性。成年女子的处女膜大约厚 1～2cm,其间含有结缔组织、微血管和神经末梢。在处女膜的中央,有一直径为 1～1.5cm 的小孔,医学上称之为"处女膜孔",月经就是通过这一小孔排出体外的。这个小孔的形状各人不尽相同,根据开孔的形状,处女膜孔可分为圆形、椭圆形 、环形、筛形、伞形、分叶形、星形、中隔分离形、月牙形、半月形、唇形等30余种。一般常见的处女膜孔为圆形和椭圆形。

通常,处女膜孔能使一个手指头徐徐插入,但也有例外,有的女孩可能先天就没有处女膜孔,正如有的人有某种先天性缺陷一样。在一些电影小说中,常以布单上流着许多血为女子失贞的印记,这给人们的印象是女性在第一次性生活后处女膜破裂会大量出血,但从医学角度看,这是不太确切的。其实,处女膜破裂时,并不会像大血管破裂时那样血流如注,出血量大多较少,只有几滴或几十滴血,有的女子甚至可能没有一滴血。处女膜在性交后破裂,四周不规则,但质地仍保持柔软,疤痕也不明显。妇女分娩时由于胎儿的娩出,处女膜进一步破损,以后便留下几个较小的隆起痕迹,这种痕迹称为"处女膜痕"。

4. 女大十八变,越变越好看

10～18 岁,女性正在或者已经步入人生的一个崭新阶段——青春期。青春期女孩的身体会出现很大的变化，这就是人们常说的"女大十八变"。女孩的性成熟一般比男孩早两年，青春期发育的开始也有早有晚，可以早到8岁，也可以晚至14岁，整个过程通常在2~6年内完成。女孩的身体从10~11岁开始明显地不断长高，一直要持续到15~16岁才停止。从10~11岁开始，乳房开始发育。女孩的乳房开始发育可以早到8岁，也可以晚至14~15岁。一侧乳房也许会比另一侧发育得早。与乳房发育差不多同时，阴毛开始长出。腋毛和腿上的毛出现一般比阴毛要晚1~2年。毛色、多少和毛的分布因人而异，差别很大。

脑垂体分泌的生长激素、肾上腺与卵巢分泌的性激素、甲状腺分泌的甲状腺激素等，都对骨骼的发育成熟和身高的增长，具有独特而又相互配合的作用。这些内分泌激素综合协调的结果，赋予了少女一副匀称的身材。

乳房、子宫、阴部的发育，骨盆软骨细胞的增殖，入口增宽，臀部变大，体内脂肪细胞增殖，皮下脂肪堆积等都是雌性激素的作用。

女性体内也有少量的雄性激素，主要来自肾上腺，少部分由卵巢分泌，它促进着腋毛、阴毛生长和阴部发育。脑垂体的活动还要受下丘脑与靶腺器官的影响。当然，脑垂体激素及靶腺激素的水平也反过来影响着下丘脑和垂体的分泌功能。下丘脑—垂体—靶腺（主要是卵巢）构成了青春期"十八变"的控制轴系，它们相互依赖、相互制约，使得女孩血中激素浓度保持相对稳定，恰当地满足"女大十八变"对激素的需要。

男孩知晓了女孩子青春期发育的"秘密"，就知道为什么女孩会"女大十八变，越变越漂亮"了。

5. 女孩子那"娇气"的地方

很多男孩认为，男孩有娇气的地方伤不得，其实，女孩也有，那就是她们的乳房。每一个处于青春期的女孩子也会因为乳房的悄悄长大而烦恼。一对乳房从开始时的平坦变得隆起而丰满，乳头乳晕部形成了一个小鼓包，以后会逐渐变得更大，总之，一切同以前都不一样了。

通常情况下，女孩的乳房发育分为五个不同的阶段。

第一阶段：童年时，乳房是扁平的，胸部平坦，只有乳头突起。

第二阶段:乳房萌芽。乳腺和脂肪组织形成一个纽扣大小的隆起,乳头开始变大,乳晕扩展形成乳晕肿。乳头和乳晕颜色加深。

第三阶段:乳房和乳晕开始发育。此时乳头及乳晕肿下乳腺管向外突出,乳房会比以前更圆。乳晕的范围更宽广,颜色更深。在这个时期,乳头周围出现胀疼的硬块,如果不小心碰一下,乳头部位就会疼痛。此时为乳晕期,乳房呈锥形。

第四阶段:乳头和乳晕从乳房上微微突出,胸部隆起已依稀可见,乳房逐渐呈半球状。

第五阶段:乳头、乳晕与乳房其他部位发育成完全成熟的乳房形状。乳房丰满,乳头上出现小孔,便于以后排乳汁。

乳房的发育因人而异,发育速度、发育大小、发育早晚人人不同。青春期的乳房发育标志着少女开始成熟,是正常的生理现象。隆起的乳房也体现了女性体形所特有的曲线美,更重要的是为日后哺乳准备了条件。

女孩的乳房是"娇气"的,尤其是开始发育后,需要精心呵护,使其避免一切外来伤害。

第五章　学习压力会调节，男孩不要太焦躁

　　小伟的成绩一直很好，但三年下来很少拿到第一名，因为第一名总是让一个叫"韩博士"的男孩拿走。但最近这几个月，小伟居然稳拿了几次第一。

　　为了奖励小伟，小伟爸爸决定开一次"学习心得交流会"，没想到，小伟却说："那个'韩博士'退学了。"

　　"为什么？"

　　"'韩博士'从小父母就出国了，把他丢给了爷爷奶奶，爷爷奶奶对他关怀备至，让他衣食无忧，还生怕他在小伙伴中吃亏，所以他与同龄人的接触机会被剥夺了。同学们都说他太自私，不愿与他来往。他自己也将自己封闭在小圈子里，一心向学。上初三后，他的心变得不安起来，看到班上的同学三五成群在一起聊天、说笑以及讨论问题，他感觉到更加孤独，他逐渐觉得自己读书不快乐，于是试着走近伙伴们，但他们却不太理他，他自己感觉怎么也融不进去。渐渐地，他为上学发愁，看书更添烦恼，上课不认真听讲，沉默寡言心事重重，几乎不再拿书本，学习成绩在全年级由第一变成倒数。前不久，他爸妈回来了，给他办了退学，估计是去另外的学校了。"说完以后，小伟长叹了一口气。

　　"韩博士"之所以学习成绩下降，是由于失去了学习的动力，找不到学习的乐趣。青春期是男孩长身体、长知识、长智慧的时期，也是其道德品质与世界观逐步形成的时期。他们面临着生理与心理上的急剧变化，加之每天周而复始的学习生活，很容易产生心理上的"变异"，一般表现在三个方面：第一，不认真上课，注意力不集中，思维涣散，或者打瞌睡，或者做小动作，严重的还会干扰其他同学听课；第二，课下不愿意自主学习或者根本就不学习，对于老师布置的作业或者练习，也是草草了事或者根本就不予理睬，对考试、测验无所谓，只勾几道选择题应付了事，不管耕

耘,更不管收获;第三,逃学,这是厌学最突出的表现,也是最严重的表现,这些学生总是找理由旷课,然后外出闲逛、玩游戏等,严重者,甚至跌进少年犯罪的泥潭。

当然,男孩产生这种情绪的原因还有很多,诸如不能正确评估自己的能力、目标设立得不切实际、师长否定过多等等。在每一个人学习、成长的过程中都有可能产生这种情绪,这是一个人在其成长过程中,自我动态失衡、和谐度不稳定的表现。青春期男孩要学会正确看待自己,发现自己的长处,取长补短并制定切实可行的目标,经常运用体育锻炼、文化娱乐活动、兴趣爱好调节身心、情志,慢慢地,这种情绪是可以消除的。同时,男孩还应该多发掘自己的优点,培养自信,不轻易因别人的不良评价而动摇自信心。

一 找到学习的真正动力

有一天,小伟和王刚在家里玩游戏,那天,刚好是周六,两人居然玩了一整天,当小伟的爸爸妈妈回来时,还在"战斗"中,小伟爸爸有点生气,但出于教育孩子,他还是语重心长地跟他们进行了交谈。

"小伟,你以后的理想是什么?"

"当然是做建筑工程师了,盖摩天大楼。"小伟毫不含糊地回答。

"那你知道你现在的学习目标了?"

"当然喽,我中考要考上省里最好的高中,然后进实验班。"

"那刚子,你呢?"小伟爸爸转过来问。

"我还不知道呢,走一步算一步吧。"

"那你学习是为了什么,你知道吗?"

"为了我爸妈啊,我考好了,他们在单位同事面前就很有面子了。"王刚得意地回答着。

"刚子,你这么想就不对了,我们学习都是为了自己,爸妈在同事面前夸你,是因为他们高兴,最终受益的是我们,知道吗?"小伟纠正道。

"小伟说的对,刚子,你这种想法可不对。谁都希望子女比自己强,辛辛苦苦地供孩子读书,也是希望孩子以后能有好的生活。"小伟爸爸补充着。

"怪不得我平时老不爱学习,是因为我没有学习动力,是吗,叔叔?"

"是啊,给自己确立一个目标,努力朝目标奋斗,你会看到,成功将离你越来越近。"

经过这一番谈话后,王刚来找小伟的次数明显少多了。原来,他是躲进书房学习去了,在接连几次的月考中,王刚的成绩提升得很快。

的确,青春期男孩正处于身心发展时期,也正是学习发展的绝佳时期。而男孩学习没有动力,是由于缺乏学习动机造成的。

任何人做事都有动机,学生学习也是如此,只有找到自己学习是为了什么,才会为之付诸行动,才有学习的动力。缺乏学习动力的男孩,一般都有以下表现:讨厌学习,上课开小差,思想不集中,不能按质按量地完成作业,学习活动、学习时间少,学习不努力,总是为自

己的学习寻找借口，拖延时间，用其他活动来取代学习活动，占用学习时间。

那么，造成男孩缺乏学习动力的原因是什么呢？这其中有很多种因素的影响，包括其自身需求、家庭因素、学校的教育模式等。比如，作为父母，都希望自己的儿子以后能飞黄腾达，为自己争面子，而这种"自私"的想法，就很容易让男孩产生逆反心理，认为自己学习是为了父母的面子。另外，中国的学校都以升学率为教学目标，这种单一化的教育目的不符合学生的心理需求，也会影响学生的学习动机。此外，社会上的一些拜金主义、读书无用论等价值观念，都会影响到学生的价值取向，进而影响学生的学习动机以及学习的积极性。

因此，青春期男孩一定要明确学习的目标，找到学习的动力，要清楚学习是为了谁，在学习上不要从众，也不要受周围环境的干扰，独立、自主是获得学习动机的首要条件。总之，有了学习动力和目标，学习起来才会精神抖擞，朝目标迈进！

1. 我在为谁学习

王刚和小伟说："从小就是妈妈管我学习，所以我一直认为学习就是为了妈妈。记得有一次妈妈对我说做完20道题就可以出去玩儿，说完妈妈就去厨房帮爸爸准备晚饭去了，留下我一个人对付那20道题。好像都是数学应用题，反正挺多的，大概有三四页。我一看这么多，啥时候才能做完出去玩儿啊！等到做完了天不都黑了吗？于是我灵机一动，计上心来，我先做了前面五道题，正好赶上翻到下一页，我就空着中间的一页题，把最后的五道题也做了，然后合上本子，跑到厨房，跟妈妈说：'妈妈我做完了，我出去玩儿啦！'妈妈一听挺高兴，说'这么快，那好，去玩儿吧！'

"感觉就玩了一小会儿，天就要黑了。我很不情愿地跟我的朋友告别，说好明天还一起玩儿，就回家了。

"一到家，我就觉得什么地方不对，只见妈妈沉着脸叫我进屋，问我：'题都做完了吗？'我心虚地说：'做完了。'妈妈生气了，问：'真的吗？'我不敢说话，闷闷地站着。妈妈更生气了，说：'你为什么要撒谎？你以为你学习是为了谁？'我还是不说话。只见妈妈一下子冲到桌子面前，呼啦一下把我桌子上的笔、本子和书全都扫到地上，然后气呼呼地转身走了。

"我吓坏了，妈妈尽管对我比较严厉，但是从来没有发过这么大的火，就算是她打了我，我也没有这么害怕过，因为每次妈妈打完我还是要最后过来哄哄我的。我一个人呆呆地站在那里，不敢动也不敢说话，心想：要是以后妈妈再也不管我学习了可怎么办？屋子里渐渐暗下来，妈妈没有来，也没有别人来叫我去吃饭。

"就这样不知道过了多久，我收拾好散落一地的书、本子和笔，鼓足勇气走到妈妈面前，对妈妈说：'妈妈，我错了，我不该骗您，以后我不这样了。'妈妈当然马上就原谅了我。

"虽然那次妈妈没有打我，但是真把我吓坏了，而且从那以后，我再也没有骗过妈妈。但是，学习究竟是为了谁呢？

"到今天，我听了小伟和叔叔的话，我才明白，学习是为了自己，而不是父母。相信我，我以后会向小伟看齐的。"

青春期，很多男孩对自己的人生路途比较迷茫，不明白自己为谁读书，为谁学习，更多的则认为是为父母学习，为了给父母争面子，而这种学习态度直接导致了这些男孩对待学习和生活冷漠，没有热情，对什么都没有兴趣，觉得整个世界都是没有意义的，整个精神状态看起来都无精打采，对什么都不在乎。

其实，读书是为了自己，年幼的时候，可能不懂得为什么父母要你好好读书，但父母的社会经验告诉你们，在这样一个竞争十分激烈的社会中，没有知识，就等于没有生存的本领，每个人都在用知识为自己的未来打拼。寒窗苦读的过程的确很辛苦，但这是一个男子汉立于世的必经过程。

保持这样的心态，当你在学习过程中遇到很大压力让你喘不过气来时，可以选择适当的方式发泄一下。不管怎么样，不要去抱怨父母什么，尽快调整自己的心态，自己的未来掌握在自己的手中，需要你努力加油去实现！

2. 学习靠小聪明行吗

小伟是个学习态度较好的男孩，但有时候也会犯糊涂。

有一天，当同学们来喊他出去玩的时候，他却躲在家里抄课文，同学们问他怎么了，他说这是在惩罚自己，让自己记住教训。好不容易，他被同学们劝出去了，没一会儿又回来了。他主动对爸爸说："昨天下课的时候，老师让我们回家默写第一课的第五自然段，我想，默写多麻烦啊！老师又看不到，抄吧！说抄就抄，哈！太高

兴了，不一会儿我就抄完了，等着吃饭，然后我就出去玩了。我昨天还打了一个多小时的球呢！可是今天早上，老师不但检查作业，而且还要背诵课文。这下完了。当背课文时，我就像霜打的茄子一样垂下了头。当时，我特别后悔。这下子我明白了：不仅是学习，无论做什么事，都不要耍小聪明、投机取巧，要不然自己会吃亏。"

"你能明白就好，青春期学习的任何知识都将受用一辈子，是马虎不得的，更别说耍小聪明了。"爸爸语重心长地说。

"我知道了，下次再也不会了。"

和小伟一样，很多青春期男孩都会犯这样的错，在学习上吃了心浮气躁的亏。

青春期是一个比较容易追求速度和完美的年龄。但在真正做时却往往把完美忘记了，只剩下速度。于是连走路都像飞一样，还没踩实，另一只脚就抬了起来。一次可以，两次可以，多次就难免会摔跟头。但如果你们脚踏实地地走，虽然比"飞"的人慢一些，却永远不会摔倒。"飞"一样的人多次地摔倒后，就会发现"脚踏实地"的人已经比自己快了，已经走到自己前面了。

课堂上，老师也教育男孩："学过的知识好比一个脚印，想记牢就再踏上一只脚，踩实了。"其实意思十分简单，就是要脚踏实地地学习，不可以耍小聪明。说一句脚踏实地的话很简单，但做起来难。在开始时，有多少男孩信誓旦旦地承诺自己要脚踏实地走好每一步，可真正走起来，就忘了承诺。有更多的人羡慕别人的速度，其实光有速度不行，要有成果才行。学习与走路是一样的，人生之路是自己走的，要一步一个脚印地走。自己的路自己走，踩实或踩轻都是自己的，有时一步走错也可能让你悔恨终生。

青春期只有一次，人生不可以重来，学习的机会也只有一次，有人大喊"论成败，人生豪迈，大不了从头再来"。可是真的可以从头再来吗？世界上没有后悔药，从头再来也会浪费时间。所以为什么不从一开始就选择脚踏实地利用好时间学习呢？

学习道路上不会一帆风顺，会有许多荆棘，但只要脚踏实地地走下去，真正地去寻找"脚踏实地"的感觉，才能享受成功的快乐。

3. 不喜欢这个老师的课怎么办

小伟的同桌叫蒋亮，一次数学测验，下课铃响了，蒋亮还在埋头答题，数学老师催了几次，他都跟没听见一样，仍在做题。老师发火了，走过去夺卷子，蒋亮用手一按，卷子撕破了，数学老师怒气冲冲地拿着卷子走了。蒋亮在当天的日记里写道："我恨死数学老师了，今后，我上课不听她的课了，在路上遇到她，我也不和她讲话！"于是，就这样，蒋亮的数学成绩一路滑坡，由原来的尖子生沦落为差等生了。

其实，有很多和蒋亮一样的男孩，因为不喜欢某位老师而不愿意上那位老师的课，作业不爱做，勉强应付，结果师生关系日益恶化，学习成绩严重滑坡。

青春期男孩学习的兴趣和动力很大一部分原因在于老师。和老师搞好关系是每一个青春期男孩的心理需要，如果能够和老师处理好关系，那么学习起来就会劲头十足，而且能够跟老师处理好关系的孩子在心理上会有一种优越感，感觉自己在学校的生活是快乐的。但事实上，有很多原因导致了男孩们不喜欢某一个老师，这些原因有：

（1）没有得到老师的"重视"。老师没有给他一定的工作任务，比如当干部、课堂上很少提问他、没有将目光投在他身上、不找他谈心等。

（2）对某学科提不起兴趣。兴趣是最好的老师，这是有一定根据的，男孩如果对某一学科根本不感兴趣，就对该科的老师印象不好，学习成绩就不好，老师就更不愿意重视他，这样，恶性循环就形成了。

（3）被老师批评过多。对于那些影响其他同学学习或者不遵守纪律的学生，老师一般都会出面制止并给予批评，一旦某个男孩被老师批评的次数多了，在老师面前缺少成功、愉悦的心理体验，也会造成感情上的隔阂。

（4）与老师有某些"过节"或者误会，比如，被老师冤枉过，老师又没有承认自己的错误等。老师教育、批评学生时，难免出现错误，有的孩子被冤枉了，耿耿于怀，产生委屈甚至怨恨情绪，与老师感情疏远。

进入青春期的男孩，在情感上应该有自己独立的见解。知道学习知识的重要性，就要认真学习，即使你不喜欢某个老师，也要认真上课，要知道学习是自己的事，老师不可能适应每个学生去上课，把握好学习的心态，才会有学习的劲头。另外，你也可以主动和老师交谈，打开自己的心结，这也是增进师生关系的好办法。

4. 寻找适合自己的学习方法

小伟、王刚和李波三个人被称为班上的"三剑客"，因为他们很要好，几乎是形

影不离。然而,他们三个人中,李波的学习成绩最差,是班上有名的后进生,学习成绩在班级第 10～24 名波动。上初中跌到班级第 29 名,但实际上李波学习很努力,有时候爸妈看着都很心疼。面临中考,他经常加班加点,做很多练习题,可是成绩就是上不去,父母担心李波最后连普通高中都考不上,就来学校找老师。

老师说:"李波是个很努力的男孩,可是似乎他在死读书,我平时教的学习方法他都没用。要知道,学习的努力程度与学习成绩并不一定成正比的。"李波爸妈这才知道儿子的症结所在。

回家后,小伟爸妈找来小伟,让小伟开导开导李波,李波一直以小伟为榜样,听了小伟的话,才知道原来自己一直是学习方法用错了,努力加正确的学习方法才会有好的学习效果。于是,在接下来的几次月考中,李波奋起直追,成绩上升很多,分数一次比一次高。

李波的这种情况,很多青春期男孩都遇到过,努力学习却没有预期的学习效果,一般这种情况就是学习方法不正确的原因。当然,学习方法因人而异,但正确的学习方法应该遵循以下几个原则:

(1)注重基础,一步一个脚印——学习不是能一蹴而就的,基础牢靠,才能讲求技巧,任何投机取巧、好高骛远的学习态度都是不正确的,只有一步一个脚印,打好基础,学好每个知识点,才会有成效。

(2)多思考,帮助记忆——很多学生不知道自己为什么总是记不住某个公式或者某个英语句式,这是因为你没有真正理解,记忆与理解是密切联系、相辅相成的。只有理解透彻,才能记得住;也只有多读、多记,多思考,才能帮助理解,这也就是理解记忆。

(3)充分发挥学习的主动性和积极性——学习是主动的,任何强制性的学习都不会有好成果。

(4)将书本知识转化成实践活动——就是要根据认识与实践的辩证关系,把学习和实践结合起来。

5. 要自信不要自负

蒋亮和小伟在数学这门课上都是尖子,小伟稍微比蒋亮更拔尖一点,被同学称为"数学天才"。

一天，教室里静悄悄的，只听得见时钟"滴滴"的声音，同学们都屏住呼吸……怎么回事？

原来，数学老师在发数学的月考试卷。"蒋亮，100分！"数学老师喊到。蒋亮？同学们都认为自己的耳朵出了问题，不一直是小伟拿满分吗？

听到老师喊自己的名字，蒋亮便趾高气扬地走上去接了试卷，再看看数学天才小伟，也许是改错了题，老师居然在他的试卷上打了个鲜红的"79"！

下课后，蒋亮边得意地向小伟显摆他的分数边对小伟说："哈哈！你这个大笨蛋，这次的试卷这么简单，你居然才考79分，还称作数学天才，简直就是数学蠢材，哈哈哈！"

终于，在蒋亮的各种讽刺下，小伟心里想：为什么？为什么我只考了79分？

从此，每次放学后，他都到数学老师那补习功课，蒋亮看到后，心想：再补也追不上我。但小伟就跟没看见他一样，照样认真地听着数学老师的讲解，而蒋亮却去球场尽情地玩耍。

一次，刚好是星期天，小伟特地来教室写作业，蒋亮却把球踢进教室，还玩得大汗淋淋，并且边玩边对小伟喊"喂，你别再做作业了！快点来玩吧，很好玩的!"可小伟正在专心地做着作业，哪听得见呢？过了几天，小伟的学习效果突飞猛进。

一个月过去了，又是新一次的月考。小伟沉着冷静地走进了考场，蒋亮也若无其事地跟了上去。"铃声一响"，考试结束了，小伟自信地走出了考场，而蒋亮走出考场时差点哭了，因为他有一大半张的试卷不会做，这次他还能得100分吗？当然不能，天上哪会有掉馅饼的事情呢？考试成绩出来了，这次小伟变成了100分，蒋亮却变成了79分。下课后，小伟对蒋亮说："学习不能骄傲，一骄傲，成绩肯定会下降。"听了小伟的话，蒋亮惭愧地低下了头。

青春期是一个感性的年纪，行为处事不会有太多的考虑，很多男孩取得一点点成就就沾沾自喜，这就是自负，而当自己失败的时候就抬不起头，这都是不正确的。青春期，应该自信而不自负。自信与自负是两个不同的概念，但它们之间只有一步之遥，太过于自信就成了自负。你要经常在成功时告诉自己——不要骄傲，我的成功不是理所当然的，是自己付出努力的回馈，别人没有成功，只是他们付出的不够

而已！没有自信，就不能奋进，不能成功；而不从自信中剔除自负，抑或让自负代替了自信，奋进就有了累赘，成功了还可能失败。"水惟善下能成海，山不矜高自极天"，青春期的男孩应该以这句话自勉。

二　认清考试的真正意义

有一天，小伟的表弟小雷拿着他新的游戏机来找小伟玩，小伟一看，这台游戏机价格应该很高。果然，小雷对小伟说："我这台游戏机价值 2000 块呢，很高级哦，等一下给你试试看。"

小伟很纳闷，表弟怎么会有这么贵的游戏机？小雷看出了哥哥的疑惑，就主动把事情的原委说了一下："是这样的，我跟爸妈打赌，说我一定能拿满分。他们不信，许诺要是拿了满分就用价值 2000 元的游戏机作为奖励。于是我就在考试的前一天弄到了考卷的答案，并用一夜时间背熟，轻轻松松地拿了 100 分，自然，就得到了妈妈的奖励。对了，哥，这事不能跟我爸妈说啊，要知道我是弄到了考题才拿满分的，他们肯定饶不了我。"

小伟听到弟弟的叙说以后，感觉真是不可思议，他知道弟弟这种做法不对，可是也不知道怎么跟他说。他突然感到，其实自己也不知道考试是为了什么，难道真是为了得到父母的奖励吗？

事实上，很多青春期的男孩都不明白考试的意义所在，他们只是随大流地学习、考试，然后学习，于是为了拿到高分，甚至有些男孩不惜抄袭、改分。其实，这些都是错误的。常听人戏言："考考考，老师的法宝；分分分，学生的命根。"此话虽不能当真，但从另外一个角度也可以看出，在学校里特别是中学阶段，考试对于男孩们乃至所有学生的重要性。所以如何面对考试，如何调整自己对于考试的心态，对青春期男孩而言有着重要的意义。那么，考试究竟是为了什么？是为了家长的奖励？是为了同学们羡慕的目光？是为了老师的表扬？显然都不是，考试只是为了检测学习效果，是为了告诉学生应该如何冷静地面对成功，进而能更好地准备迎接下次挑战！

青春期男孩用正确的心态面对考试和分数，才能用积极的态度去学习，也才能真正学到知识，而不是为了分数而学习，为了分数而考试！

1. 做好平时的积累

新一轮的月考又来了。这一天放学回家，王刚没有来找小伟打球，小伟觉得奇

怪，就去王刚家找他。没想到，王刚正趴在桌子上背单词，还一本正经的样子，小伟一看，扑哧一声笑了，而王刚居然都没看见小伟，等回过神来，对小伟说："今天我们的球免了啊，明天就要考英语了，好多单词还不会背呢，听说这次试卷大部分都是单词部分的考察，你平时那么努力，肯定能考好，哪像我，哎！"

"这会儿知道平时积累的重要性了吧，做好积累，考试前心里就有底，不仅有实力，还有信心，这自然能考好。"

"我知道了，不管这次考得怎么样，我以后都会好好学习，不然整个初三，大考小考那么多次，要是每次都像现在这样，我岂不是要被折磨死了。"

"是啊，哈哈，以后做好积累就行了。"

有句话说："平时不努力，临时抱佛脚。"很多男孩一面对考试就紧张万分，担心考不好，临考前仍然"开夜车"、"搞题海战术"等，如此会使大脑负荷过重，导致考试时大脑兴奋与抑制失调，影响水平的正常发挥。所以在平时的学习中，一定要做好积累，才能在考前心安理得地合理安排学习和休息，不对自己求全责备。这样，既会学习，又会放松，有张有弛，才能保持身心的平衡。

那么，青春期男孩在平时的学习中，应该怎么样做好知识的积累呢？

（1）认真完成老师布置的作业。做作业是为了什么？是为了获得老师的表扬？有的男孩平时总想得到老师的表扬，因为得到表扬之后家长会给他很多奖赏，可他却又总是得不到。于是，每次做作业之前，他都会去找学习好的同学借作业，然后一阵狂抄。这样，第二天，作业全优的他就会得到表扬，自然回到家就可以领取梦寐以求的奖赏。

也有一些男孩做作业是为了应付老师的任务。下午回家之后，有的同学想玩电脑，不想写作业。可是不写作业就会被老师批评，于是，胡乱写几笔了事，也不管做的是对是错。

更有一些男孩做作业是为了同学们的羡慕。一些爱慕虚荣的男孩最喜欢被其他同学羡慕，于是，他们每天四处寻找作业答案，问问这个，又找找那个。经过一番"努力"之后，第二天作业全对的他们望着同学们羡慕的眼神，心里别提有多高兴了。

其实，做好老师布置的作业，是为了巩固自己的知识，让每一个知识点了然于心,考试的题目也不过就是日常学习中某些习题和知识点的再次回顾。

（2）多思考。一些男孩很想得到老师的表扬,于是他就每天一大早到教室假装读书,可只是"小和尚念经,有口无心",实际上,这是在欺骗自己。其实,思考的目的在于更好地理解知识,万变不离其宗,只要你真正理解了,你就能应付所有同类知识。同时,思考还能让你学习到更多新知识,了解更多新东西,接受更多新事物!

（3）认真复习。复习是考前准备的重要部分,也属于平时积累不可小觑的环节。考前复习,可以根据考试大纲的要求进行全面细致地复习,不要过多地抠偏题难题。要注意知识之间的联系,避免孤立地强记硬背。复习充分全面,就会增强自信,减轻考前心理压力。

2. 考试是手段不是目的

学习是学生的天职,每一个青春期的男孩都对自己的学习成绩尤其是考试分数很在意,毕竟这从一定程度上反映了学习效果。但男孩要明白,考试只是一种检验学习状况的手段,而不是目的,老师让学生们考试也不是为了把学生考倒,也没有哪一个老师希望看到学生一蹶不振的样子,所以,青春期男孩一定要摆正考试的心态,才能轻松应对,这就要求男孩做到:

（1）理性看待分数。的确,学生很在意分数,毕竟这是学习效果的一个重要体现,但这不是唯一的体现。如果考试成绩较好,自然值得高兴,但如果考试成绩不佳,也没有必要自责或者伤心,毕竟,学习成绩不是判定一个人智力或者能力的唯一标准。

（2）正确面对父母。现在,很多孩子都是独生子女,因此,只要孩子好好学习,父母是孩子要什么给什么,对孩子的照顾更是无微不至,于是,那些懂事的男孩,很想考到好成绩来报答父母。因为考不好而有所内疚,是可以理解的,但是长时间郁郁寡欢并不代表对父母的孝敬,没有哪个父母会希望自己的孩子因为一次考试失误而丧失信心。所以,即使考不好,也可以与父母好好谈谈,他们一般都会理解你的。

（3）无论考试失败还是成功,都要善于总结经验和教训。如果考试失利,不要简单地把原因归结于粗心或者其他某个单一的原因,而应该认真分析,在下一次的

考试中要规避类似的问题再次出现,找到了不同的原因才能对症下药。

用这样的心态面对考试,即使考试失利,男孩也一定能投入到新的学习生活中去,争取下一次的成功。

3.以平常心对待考试失利

蒋亮是个得失心很重的男孩,他和小伟虽然是同桌和好朋友,但在学习上却明争暗斗,如果考试成绩比小伟好,就沾沾自喜、自鸣得意,如果成绩比小伟差,就情绪低落。正是因为每次都想着要超过小伟,蒋亮经常发挥失常,考试失利,而失利后,他也没有反省自己,总是找外在原因,比如老师偏心、小伟抄袭、自己身体不舒服等。

像蒋亮这样的男孩,生活中是很多的,他们平时学习不错,往往考试时由于发挥失常而考砸了,这些男孩会在一段时间内情绪低落,以致影响正常的生活和学习。那么,青春期男孩该如何面对考试的失利呢?

(1)调整心态。老师让学生考试,并不是为了把学生考倒,而是要检测某一阶段学生的学习情况。如果你考试失利了,正说明你还有不足的地方,应该庆幸自己及时发现了这一点;而如果考试成功了,也说明你在近阶段学习状况不错。总之,考试是一把尺子,这只是用来衡量我们平时学习的工具,应该以平常心来对待。

(2)总结经验教训。考试失利并不可怕,可怕的是你停留在那个成绩上不肯总结经验教训,从而得不到进步。要知道,一次失利并不代表次次失利,只要你从这次考试中找到自己失利的原因,你就能在下次考试中规避类似问题,避免再出错,也自然会取得好成绩。

(3)学会调节情绪。考试失利后,你要及时从坏情绪中走出来,不然会影响到下一阶段的学习,甚至可能造成恶性循环。

(4)制订可行的弥补计划。“亡羊补牢,未为晚也”。当你考试失利后,要及时调整好心态,然后以饱满的热情投入以后的学习中,但同时,你要做的是,根据自己的具体情况制订一个可行的计划。在制订计划时不能急于求成,一步登天,要有短期目标,能使自己有成功的体验,从而增强学习的信心。同时,也要注意不要把目标确定得太高或太低,否则就会失去目标与计划的实际意义。

4.减轻压力,轻装上阵

"明天进行单元测试!"张老师严肃地说,"请大家认真复习!"蒋亮已经参加了无数次这样的考试,感觉已经麻木了,但他还是告诉自己:"我一定要考好! 一定要得100分!"

一下课,蒋亮就拿着圆珠笔飞奔到小志那儿,而小志正在辛苦地演算习题,蒋亮笑着对小志说:"本天才我今天大发慈悲,告诉你考试秘诀!"蒋亮低下头,悄悄地说:"考试秘诀是考前必玩! 大考大玩,小考小玩,不考还要玩!""明白了,也就是考前要狂玩,要放松心态,快乐地考试,这样一定能考好!"……

自习课上,同学们都在复习数学习题,小志却拿出一本漫画来看,而蒋亮却还是努力地背单词,搞得紧张兮兮的。

很快,试卷发下来了,蒋亮一看,好简单,就奋笔疾书起来! 写着写着,他就卡壳了,这一题好像在哪儿见过,在哪儿呢? 就是想不起来……

"李志100分!""蒋亮85分!"张老师喊着。什么? 85分? 不是那个红彤彤的100分吗? 怎么会这样? 蒋亮不敢相信自己的眼睛,自己把考试秘诀告诉了小志,自己却只得了85分,蒋亮后悔极了,那次考试就这样成了他最后悔的事。他明白了,只是语言上的放松心态是不管用的,真正的"大考大玩、小考小玩"指的是心态上的放松,学会自我减压。

那么,怎样才能克服考前焦虑,实现自我减压呢?

(1)分散注意力法。一般情况下,一到考试,可能你的脑子里满是"考试"、"考不好了不得了",心理高度紧张。这时的正确做法是理智地调整自己的心理,你可以尝试分散自己的注意力,以减轻自己的心理压力。比如说,坚持有意识地、适当地参加一些有意义的活动,如打篮球、踢足球、跳舞、游泳,或帮助周围遇到困难的人等。通过这些活动,过分地指向和集中到"考试"上的注意力便会被分散开一些,你的心理紧张也会有效地得到缓解。

(2)倾诉法。压力大时,如果你闷在心里,压力就会积压下来,形成心理疾病,因此,对于这些"心理垃圾",你必须清理干净,你可以找你信任的人,向他们尽情吐露,这样可以放松紧张的情绪。

（3）自我暗示法。应考前的紧张心理还来源于"怕考不好"的思想顾虑，其实，这是没有自信的表现。一个自信的人一般都相信自己能考好，自然不会有那些顾虑，因此，你也可以采用自我暗示的方法鼓励自己，告诉自己你可以做到。通过自我暗示，可以调节自己的心境、情绪、感情、爱好、意志乃至能力，起到非常积极的作用。面临紧张的考试，可反复在心里告诫自己"沉着、沉着"，在这种自我暗示的作用下，心中的杂念自会消除，从而消除焦虑，放松身心。进行自我暗示时，必须牢记要从正面暗示，才会起到积极的效果。

（4）适当降低自己的目标。应考前的紧张从某种意义上还可理解为个人自定的目标过高，"只能考好不能考坏"，这些自定的目标给自己产生了无形的压力。像邓亚萍打球一样，持一颗平常心，一分一分地抠，一场一场地考，到最后，无为即有为，考试的结果一定是超水平的发挥。

三 学会释放内心的压力

升入初三的小伟明显比以前学习压力大了，他在球场上的时间越来越少，有做不完的习题和看不完的书，离中考的时间也一步步近了。

紧张的临战气氛和来自老师、家长和学校等多方面的压力，让小伟觉得喘不过气来。小伟爸爸是个细心的人，他看出来儿子最近的变化，找来儿子，开始帮助儿子解压。在一个周末，父子俩一起去爬山，爬到山顶的时候，爸爸对小伟说："当心理状态不佳时，你可以暂时停止学习，放松一下，有一些小窍门会起到立竿见影的效果，如深呼吸、绷紧肌肉然后放松、回忆美好的经历、想象大自然的美景等。考前一定要注意劳逸结合，学习之余可以去上网、爬山、聊天、听广播、看电视甚至蒙头大睡，这样既可以暂时转移注意力，也可以缓解大脑的缺氧状态，提高记忆力。这些方法都可以释放内心的压力，记住，劳逸结合，学会缓解才能学习得更好。"

"谢谢爸爸，我知道该怎么做了。"

果然，小伟又和以前一样，什么时候都精力充沛，学习上又有更足的劲头儿了。

学习压力对于青春期的男孩来说，表现在两个方面：一方面是适当的压力会激励男孩，另一方面是过高的压力会使人崩溃，所以减压显得非常重要。和小伟一样，很多男孩的学习是紧张的，但精神状态又必须是放松的。只有辩证地处理好这一矛盾，才能达到理想的学习效果。而要使学习过程轻松，就要有轻松的学习心态；没有过重的心理负担，才能运转自如地学习。如果男孩总是瞻前顾后，心事重重，担心考分，担心名次，每天都背着沉重的心理负担去学习，他能条理清晰地分析和认识学习中碰到的一些复杂的题目吗？答案是否定的。只有解除心理负担，轻装上阵，学习和考试才能达到理想的效果。

1. 我的压力从何而来

压力存在于社会生活的各个方面。而对于处于青春期的男孩来说，压力一般情况下都和学习有关，压力是一个普遍现象，几乎每个男孩都会觉得学习有压力。

随着年级的不断升高和升学考试的临近，这种压力也越来越大，而随着压力产生的种种问题也就成为困扰男孩学习的最主要的心理问题。

任何现象的产生，总是有其原因的，男孩的压力从何而来？分析起来，其来源可归纳为两方面：一是外来因素，一是内在因素。

（1）外来因素又包括以下几个方面。

①来自学习的压力。学习压力无疑是青春期男孩心理压力的主要来源。进入青春期以后，除了身体变化以外，学习负担加重，表现为科目增加，课程加深，对学生的自学能力要求越来越高。一些男孩从一开始没有很好地加以调整，以适应这一急转弯时期，就会感到压力很大。尤其是那些原本基础就差的男孩，底子薄，接受能力较差，心理压力就更大。

②来自考试的压力。很多学习认真的男孩，平时表现很好，可一到考试就紧张，甚至吃不下、睡不着，严重的还怯场，这都是由于考试压力造成的。

③来自家庭的压力。小伟所在班上有个贫困生，长时间的心理压力让他不得不去看心理医生。他在心理咨询中说道："我的家庭十分拮据，父母挣钱很艰难，但他们都极力支持我读书，并说只要我考上大学，倾家荡产、贷款也要供我读书。回到家里，不管有多么繁忙，他们也不让我做家务，因为我的任务就是学习。在别人看来，我是一个多么幸福的孩子，可哪里知道，在这'幸福'里，我背负了多么沉重的心理压力，我怕考试，我怕自己成绩考差了，对不住全家人。"

小伟这位同学的压力就来自于家庭，父母供他读书不容易，对他期望太高。因此，一旦考试失利，就很容易产生负罪感，父母的期许成了他的负担。

④来自同学的竞争压力。小伟的同学蒋亮就是这样。他学习成绩很好，平时测验总是名列前茅，但他却十分担心别的同学超过他，整天争分夺秒地学习。由于长期处于紧张状态，且时时害怕别人超过自己，焦虑过度，渐渐地，思想不集中，不能正常思维，满脑子都是"有人超过，自己怎么办"，导致心理压力很大。

蒋亮的学习压力就是来自于和同学间的竞争，因为学习成绩一直优良，他会担心有人超过自己，于是产生焦虑感。

（2）内在因素。学业、考试等方面对学习固然造成了很大的压力，但是在同样的压力下，个人所感受到的压力程度却不同，有的甚至产生截然不同的效果，这与个人的特质有关。

①个人追求成就目标过高。适度的压力能使男孩情绪处于兴奋状态，活跃思维能力，增强反应速度，对学习是有益的，产生正面效应。如果完全没有压力，身心处于一种松散或不紧张状态，个人的潜力就无法发挥。然而压力过大也会带来许多负面影响，产生负面效应。长时间的学习压力，不进行排解与释放的话，会让青春期的男孩产生一些心理问题：压力越来越大，造成精神萎靡不振，从而导致食欲不振、失眠、神经衰弱、记忆力下降、思维迟缓等。

②耐压力差。厌学、考试焦虑等，这些问题已经不仅仅是青春期男孩独有的，很多出于高压下的学生都会产生。只是有些人能学会自我调节，达到减压，而有些人在高压下很容易被打垮。

青春期男孩，当你感到学习上有无法承担的压力时，一定要找出自己压力的来源，然后进行适当的排解和调整，让自己以全新的心态面对新一天的学习！

2. 给自己的内心松绑

不可否认，青春期男孩身上的学习压力很大一部分来自外界，比如父母、老师、同学之间的，但压力终究是自身的一种精神状态，也是可以自我解除的，正所谓"日出东海下西山，愁也一天，喜也一天；遇事不钻牛角尖，人也舒坦，心也舒坦"。很多时候，"烦恼"都是自找的。学习也好，日常生活也罢，没那么多大不了的，有什么事正面去面对，解决好，总会过去的。

因此，青春期男孩要明白，只有轻松自如地学习，学习才有乐趣，才会更有效率，这就需要你们积极进行自我调控，一旦产生障碍、形成压力时，就要适当放松自己，放过自己的内心，那么，有哪些方法可以让自己的内心平衡起来呢？

（1）自我鼓励。无论做什么事，自信对于一个人来说，都是极其重要的，这关系到一个人的潜能是否能被挖掘出来。很多的科学研究都证明，人的潜力是很大的，但大多数人并没有有效地开发这种潜力，假如你有了这种自信力，你就有了一种必胜的信念，而且能使你很快摆脱失败的阴影。相反，一个人如果失掉了自信，那他就会一事无成，而且很容易陷入永远的自卑之中。

男孩在学校的学习活动中或在家庭生活中，常常会遇到不愉快的事情。可以

使用自我命令、自我暗示、自我鼓励的方法控制紧张的情绪反应，比如多看一些名人事迹，摘抄一些格言警句等。

（2）适度发泄。负面的消极情绪一旦产生，切莫闷在心里。尤其是性格内向的学生，要设法宣泄出来。如找人倾诉、记日记或者运动，也可以大哭一场。总之，不能闷在心里。

（3）寻求补偿。补偿是指自己在某一方面有缺陷，选择其他方面的成功来弥补的方法。如有的男孩在学习方面受挫，却在音乐方面有专长，青春期男孩应该善于发现自己的优点和长处，这样，心理不适和挫折感就减轻了，也会实现心理平衡。

3. 学会劳逸结合

生活中，不乏这样的青春期男孩，面对繁重的学习负担，为了不落后于其他同学或者想稳坐学习尖子的宝座，他们学习极其用功，在学校学，回家也学，不时还熬夜，题做得数不胜数，效果却不甚明显。面对这样的情况，他们十分焦急，本来，有付出就应该有回报，而且，付出的多就应该回报很多，这是天经地义的事，但实际的情况却并非如此。

这里就存在一个效率的问题。效率指什么呢？好比学一样东西，有人练十次就会了，而有人则需练一百次，这其中就存在一个效率问题。如何提高学习效率呢？重要的一条就是劳逸结合。

学习效率的提高最需要的是要保持清醒敏捷的头脑，所以适当的休息、娱乐不仅仅是有好处的，更是必要的，是提高各项学习效率的基础。

英国教育家斯宾认为"健康的人格寓于健康的身体"，只有保持身体健康才会保证心理健康。有许多精神紧张、压抑者通过体育锻炼，出一身汗，精神就轻松多了。科学研究证明，一些呼吸性的锻炼，例如散步、慢跑、游泳等，可使人信心倍增，精力充沛。因为这些活动让人肌体彻底放松，从而消除紧张和焦虑的情绪。

在学习上亦是如此。每个男孩都曾经有过这样的体会，某一天自己的精神饱满而且情绪高涨，在学习一样东西时就会感到很轻松，学得也很快，其实这正是学习效率高的时候。因此，保持自我情绪的良好是十分重要的。

在日常生活中，男孩应当有较为开朗的心境，不要过多地去想那些不顺心的事,而且要以一种热情向上的乐观生活态度去对待周围的人和事,因为这样无论对别人还是对自己都是很有好处的。这样,就能在自己的周围营造一个十分轻松的氛围,学习起来也就感到格外的有精神。讲究劳逸结合,保持乐观心境,这样在同样的时间内,就能掌握到比别人更多的知识。劳逸结合的途径大致有以下几种:

(1)每天保证8小时睡眠。晚上不要开夜车,只有休息好,才能学习好,保持良好的作息习惯,每天定时就寝;中午坚持午睡。充足的睡眠、饱满的精神是提高效率的基本要求。

(2)多参加体育活动。身体是学习的本钱。现代社会,很多青少年都处于亚健康状态,根本原因就是不注重体育锻炼。因而,学习再繁忙也不可忽视锻炼。一味追求学习成绩而忽视体育运动,身体越来越弱,你会感到学习越来越力不从心。这样怎么能提高学习效率呢?

(3)学习时要集中精力。玩的时候痛快玩,学的时候认真学,这才是最佳也是最有效率的学习方式。一天到晚埋头苦读,并不一定会有良好的学习效果,因为面不离书,并不一定是用心读书,学习时,一定要全身心地投入,手脑并用。

(4)积极主动地学习。只有积极主动地学习,才能感受到其中的乐趣,才能激发自己的学习欲望,这样才会提高学习效率。而有些男孩子,底子本来就薄,还不愿意向老师、同学请教,认为这会失了面子,结果成绩越来越差,这又从何谈起提高学习效率? 这时,唯一的方法是向人请教,不懂的地方一定要弄懂,一点一滴地积累,才能进步。

(5)保持愉快的心情,和同学融洽相处。轻松愉快的氛围是提高学习效率的前提。每天有个好心情,做事干净利落,学习积极投入,效率自然高。另一方面,把个人和集体结合起来,和同学保持互助关系,团结进取,也能提高学习效率。

当今社会已经不是一个"头悬梁锥刺股"就能成功的社会,学习上也是,时间加汗水,加班加点,牺牲休息时间,完全不顾自己的身体,这些做法有损身体健康,又没有效率,往往事与愿违。青春期男孩应结合自己的生理承受力,科学地安排作息时间,即使学习紧张,也要有松弛,劳逸结合,这样才符合人的心理规律。学习之余,打打球、唱唱歌、去郊游等,使紧张的心情得以放松,压力自然也就得到缓解。同时,广泛地培养兴趣,做一些使自己舒心的事,也有利于减轻压力。

4.多阅读增加内涵

妈妈："刚子,吃饭了!"

王刚："知道了,马上就来。"

王刚嘴上应着,却还是迟迟不出房门。这时,王刚妈妈推开房门,却看见儿子捧着一本小说在看,当时就气炸了,正准备骂王刚的时候,王刚爸爸过来说:"你告诉我们,为什么在这么紧张的备考阶段你还看小说呢?"

"爸妈,你听我解释,正是因为这段时间学习太紧张了,我想找个方式减轻一下压力。我们老师说看书很好,于是,我就在图书馆找了一本小小说回来,每晚抽点时间看看。"王刚解释着。

"看来,我们是误会儿子了,紧张的学习情况下,儿子知道自我调节,这是好事啊,我们支持,不过还是要注意饮食哦,吃饭时间也可以放松嘛!"

日常生活和学习中,每个人都有自己的解压方式。青春期的男孩,当你疲惫不堪时,你会做什么来放松心情? 听音乐、散步还是喝茶? 英国一项研究表明,所有放松活动中,阅读舒缓心情的效果最佳。

精神健康专家路易斯·阿普尔比说:"当人们听到阅读'有好处'时,也许认为这是因为它能够增长知识,但是轻松的阅读同样能够使人精神焕发,帮人逃离每天的压力,放缓大脑的工作节奏。"

知名神经科医师苏珊·格林菲尔德也说:"读小说能让人们从日常生活的压力中暂时逃脱……看杂志甚至菜谱能令人感到安慰。我们的大脑时刻受到各种信息'轰炸',阅读是一种放松的好办法。心理学家认为,阅读时人们的思绪会集中在文字上,进入文学世界,紧张的身心可以因此得到放松。"

同时,通过阅读,青春期男孩能丰富自身内涵,从而从一定程度上提升自己的心理素质,这也是自我减压的根本方法。

5. 找个适当的宣泄方法

经济的快速增长,生活节奏的加快,使得人们精神压力增大。对于青春期男孩来说,面临着未来激烈竞争的压力,面临着学习的压力、升学的压力,这些压力都给男孩的身心上了重重的枷锁。适当的压力是必需的，但如果长期被不良情绪控制，那么你就会越来越不顺利。因此，学会保持健康愉快的情绪很重要。青春期男孩该怎样看待学习压力？如何释放过重的心理压力，以使自身形成一种自我完善、释放心理压力的正确观念？

长期的心理压力不仅会导致心理疾病，还可能会由此导致一些生理疾病的侵入，因此，生活中的那些"心理垃圾"，必须及时予以清理。那么如何释放心理压力呢？不妨试试下列这些心理调节措施：

（1）语言排放。当你遇到不开心或者不幸的事时，不要把它憋在心里，有了心事，就应该告知他人，可能别人会"一语惊醒梦中人"，这些人可以是你的朋友、老师或者亲人，有时自言自语也行。

（2）回归自然。当一个人心理不平衡、有苦恼时，可以让自己的身体回归大自然，尤其是那些山清水秀的地方，更是排放心理压力的好去处，在神奇的自然面前，你的一些烦恼事都会烟消云散。

（3）阅读。古人云："书中自有黄金屋，书中自有颜如玉"，这句话是有道理的，一旦我们对某本书产生兴趣，就会投入进去、爱不释手，那么，一切烦恼都会被抛到脑后。

（4）音乐放松法。音乐是人类最美好的语言。那些轻松愉快的音乐会使你将那些不愉快的事情抛到九霄云外。

（5）运动。这里的运动，包括很多种，可以是力量型的运动，比如长跑、打球、健身等，也可以是智力型的运动，包括下棋、绘画、钓鱼等。从事你喜欢的运动时，不平衡的心理也会自然地逐渐得到平衡。

（6）与人为善。在别人需要帮助时，伸出你的手，施一份关心给人。仁慈是最好的品质，你不可能去爱每一个人，但你应尽可能和每个人友好相处。从自己做起，与人为善，这样才会有朋友，心情也会愉快。

总之，青春期男孩如果有压力，一定要学会宣泄，但宣泄的方法一定要适当，这样才会起到释放压力的作用。

四 正确对待师长的教诲

小伟家对门住着一个叫小林的男孩儿，他和小伟在一个学校。小林是一个可爱的初一男孩，一次英语课上，老师叫他起来读句型，他努力地去读，可是有个单词发音不准，读出来像是在出怪声，引得全班同学哄堂大笑，结果老师批评了他，他感到很委屈，就当面和老师顶撞起来，从此，英语老师上课再也没叫他起来回答问题过。小林也渐渐地不喜欢上英语了。面对老师的不喜欢，小林难过极了，在小学，他一直是老师喜欢的学生，可现在，如果这样下去，初中三年可怎么过呀？

小林的情况恐怕很多青春期男孩都遇到过，像小林这样一个初一的学生，面对全新的校园，全新的老师，全新的同学和全新的书本，他们除了要学好新的知识，更重要的是要结识一些新朋友，使自己很快融入新的集体中。而这又是一个叛逆的青春期，虽然还没步入那种复杂的社会关系中，但是在这个阶段，对人际关系也会产生这样那样的心理困惑。比如不知如何对待师生关系，如何和父母相处等。

而对于老师和家长的教诲，青春期男孩一定要正确对待，并予以理解，如果老师对你说了不该说的话，你要明白，凡事都是有原因的。从心理学的观点看，每个人都有自己的烦恼和压抑，经常处于烦恼与压抑的心理状态之中，人往往难以保持心理的平衡，会产生烦躁情绪，易发怒，甚至出口伤人。但要记住，无论是老师还是家长，也无论说了什么话，他们都是爱你的，都希望你能够成功成材，从这个角度看问题，多一分沟通，多一分理解，多一分尊重，多一分关爱，你就能处理好和师长之间的关系。

1. 避免与老师正面冲突

小伟班上有一个同学叫刘宏，因为和体育老师的一次冲撞而被迫退学。

那是一个晴朗的下午，在第6节课的上课铃响之后，陆陆续续地只有20位左右的学生到了运动场上集合。体育教师面对这种情况，就叫体育委员回教室通知没到的学生来上课，同时他又吩咐几位班干部去学校体育室扛抬棉垫以及其他用来跳高的工具，剩余的学生便在教师的默许下在运动场上自由活动。几分钟过后，在教室里被体育委员叫来的学生和拿体育用具的学生都到了运动场。老师便吹哨子集合，在其周边的学生已缓慢集合成队，但刘宏还在远处的沙池边上跳远。体育老师用力吹了几下哨子，刘宏才小跑过来。

在刘宏快要站回队伍时，体育老师喝道："站住！"并用眼神狠狠地盯着刘宏。

"你没听到老师吹哨子吗？为什么还慢慢地、大摇大摆地过来？"老师问。刘宏没有回答。

看到刘宏没反应，体育老师一下子火就上来了，打了刘宏一巴掌，这下子刘宏也被激怒了，居然也要动手，旁边的学生见状，迅速上前把刘宏拉开。

可以说，刘宏和老师的冲突的确是两人都有错，教师向学生发火，有他不对的一面，但学生自己也有过错，学生肯定是在某方面不合乎老师的要求才会惹老师发火，当然，老师的要求不一定都合理，但是自己的行为是否符合一个学生应有的准则呢？很显然，刘宏是不符合的。

男孩正处于青春期的叛逆阶段，以自我为中心，这可以理解，但若因此导致师生关系僵持就不好了。作为学生，男孩不妨换位思考一下：面对犯错误的学生，假如我是老师该怎么办？懂得换位思考，就不至于一受到老师的批评就生气，毕竟老师不会无缘无故地批评你；其次，当学生觉得老师对你的批评与事实不符时，要心平气和地提出来，不可蛮横，那样只会使事情愈发不可收拾。

我们知道，老师的压力是很大的，他们负担着繁重的教学工作，需要对全班几十名学生的成长负责，并要使他们走上成材的道路，担子可谓不轻，遇到不听话的学生，常有"恨铁不成钢"的心理。另外，老师也是人，他们也有常人所有的生活烦恼。当然这不能成为老师对学生犯小小的过错就大发雷霆的理由，但老师心中的烦恼也可由此而知了。若是你自己处在这样的情景中，或许早向别人大喊一通了。人们常说"理解万岁"，理解不仅可以避免双方互相伤害，并且通过理解，也可以消除对方心里的郁闷情绪。对老师来说，学生的理解对他是莫大的安慰。

处于青春期的男孩，要知道，人在受到挫折和打击以后，往往容易变得消极回避，或对对方产生抵触情绪，甚至产生逆反心理。譬如，觉得批评过自己的老师一

无是处,对他教的科目也提不起兴趣等等。你们要随时分析自己的心理状态,如果一旦发现这种抵触情绪,就要设法消除;否则,不但于事无补,反而有害于自己。

消除这种抵触情绪的方法主要靠理解,不仅要理解老师,也要告诉老师自己对他这种行为的感受,让老师理解自己,改变他的态度。同时也要坚持自己的正当行为和要求,不受老师的情绪影响,干自己该干的事,学好所学的全部课程等。

总之,青春期男孩,已经有一定的自制力了,对于自己与老师之间所存在的某种误会以及老师对自己的判断失误,一定要冷静地加以对待,不要直接与教师发生正面冲突,可以在适当时心平气和地向老师作出解释,以求得对方的谅解。即使与老师产生矛盾,双方观点不同或老师对自己的批评欠妥,也不应当直接顶撞老师,尤其是不应该当众顶撞老师。

2. 老师的批评是对你的爱

青春期是个叛逆的年纪,尤其是男孩,表面上看是长大了,但实际上心灵也是脆弱的,于是,在很多"赏识"教育的提倡下,很多男孩忘记了要想成材,同样需要批评。

的确,没有批评的教育是不完整的教育,没有批评的教育是一种虚弱的、脆弱的、不负责任的教育。教育不能没有批评。因此,青春期男孩要明白,当你犯了错误时,老师对你进行的批评是老师对你的爱,是为了你能发现自己的错误,也只有如此,你才能更深刻地认识自己的错误并承担相应的责任,你才能形成对一件事情的真实、完整的体验,也才能形成完整的人格。所有这些对一个成长期的男孩来说都是大有裨益的。

教育学生,无疑是每一名教师的天职。一般而言,每一位教师对其学生所进行的批评、教诲,无一不是出自善意。仅仅就此而论,男孩就应当虚心接受。

那么,青春期男孩,如果被老师批评,应该怎样面对呢?

（1）找出老师批评你的原因。青春期是生理和心理发生较大变化的关键时期,有着情绪的多变性、情感的冲动性、行为的难控性、思想的波动性等特点。男孩有时是出于好奇、有时是一时糊涂,才做出不当举动的。因此,男孩要分析自己犯错误的根源,然后加以改正。

（2）正确对待老师的错误批评。所谓"批评错了"，可能是批评与事实有出入，或者是事情的性质、程度与老师所说的有差别，也可能是方法错了，如使用了讽刺、挖苦的语言等。但不管是哪一种情况，男孩可能都一时无法接受，遂感到委屈，产生不满情绪。如果老师对你"批评错了"，你也要始终保持尊师的态度，"有则改之，无则加勉"，莫与老师产生对立情绪。当然，你也可在适当的时候向老师讲清事实的真相，消除误会，使师生关系更融洽，因为即使老师的批评是错误的，但出发点都是好的。

（3）接受老师的批评。要勇于承认错误，并做到"从哪儿跌倒，从哪儿爬起"，认真改正错误，更好地完善自己。

3. 努力取得老师的支持

王刚从小调皮捣蛋，不怎么受老师喜欢，但他很聪明，因此成绩一直也不错。上初中以后，老师把王刚的座位和李小凡放在了一起，因为李小凡是个安静、听话的男孩。而王刚就不喜欢和这样的人玩，回家后，他一直抱怨，对妈妈说："您说，那李小凡也并不是什么学习尖子，老师怎么就那么喜欢他呢？"

"傻儿子，你要知道，在学校，取得老师的支持，让老师喜欢你，对你的学习是很有帮助的，老师是不是经常单独给李小凡补课？"

"您怎么知道？"

"我当然知道，这就是因为老师喜欢他。你也可以做到。"

"那我怎么做？"

"后天不是教师节了吗？自己动手做个小礼物，写上你想对老师说的话，你们之间的关系肯定能拉近一步。"

"我知道啦，谢谢妈妈。"

教师节那天，王刚亲手给每位老师送上自己做的卡片，还附上了信件。老师们都笑了。

青春期，很多男孩由于教师对自己的不理解、不信任而产生了心理上的对抗。其实，每个男孩都希望能成为老师眼中的优秀者，希望老师喜欢自己，在学校里，师生之间关系和谐、友好、亲密，就能使师生团结合作，提高教育活动的效果，因此，那

些对抗也只是表面的,教师仍然是男孩的理想目标、公正代表,他们希望得到教师的关心、理解与爱。那么,青春期的男孩们,该怎样努力取得老师的支持呢?

(1)尊敬老师。尊敬师长,是每个学生必须做到的,老师辛勤地工作,希望每个学生都能成人成材,但教师也是人,难免有缺点、有错误,如果因为教师工作中有缺点、有错误就不尊敬他们,那是不对的。男孩们,你应该体谅老师的苦心,更要尊敬老师。有了尊敬,才能建立良好的师生感情。

(2)努力学习,用成绩回报老师。老师希望每个学生都取得好成绩,因此,对那些学习用功、成绩优异的学生,老师总是格外关注,因为他们是老师教学成果的最好证明。因此,要想获得老师的支持,成绩是最好的武器,学习成绩的上升,会让老师看到你的努力,自然会喜欢你。

(3)主动关心老师。比如在某个节日的时候,你可以精心地制作一个礼物,并写上你想对老师说的话,如:在给班主任老师的贺卡上写道:"亲爱的老师:这一年来给您添麻烦了,感谢您的辛勤培育。在新的一年里,我打算把各科成绩都提高一个层次,请您继续关注我,帮我一把,好吗?"相信任何一个老师看了这张贺卡,都会被你的上进心所打动的。

4.试着和父母做朋友

在每年的社会三好家庭评选中,小伟家总是当选,而当街坊邻居问小伟与父母相处的秘诀时,小伟总是说:"因为我和爸妈不仅是亲人,还是朋友,他们是我最贴心的朋友。无论在生活上,还是学习上,他们总是给我最大的帮助,每次和爸妈的交谈都是一次享受,我总是获益匪浅,人生的很多问题我不再困惑。"听到这番话,很多人夸小伟懂事。

但是,现实生活中,有很多青春期男孩和小伟却不是一样的想法,身边总有男孩抱怨:"哎,跟父母谈不拢了,有代沟了。"所以有什么事情,最不想告诉的是父母,最晚知道的也是父母,更谈不上谈心了。面对这样一种局面,实在让人感到既悲哀又无奈。静下心来认真想想,青春期男孩为什么就不能尝试着与父母交朋友、谈谈心呢?

首先,全天下最无私的就是父母了,正如那句话说的:"可怜天下父母心",他们常常甘心为自己的子女奉献一切。其实，亲人才是最真挚的朋友啊！

其次，人与人之间，只有加强沟通，消除隔阂，才能建立和深化感情。你与父母之间存在沟通障碍，是因为你没努力尝试去沟通，天下的大多数父母都是明理的，虽然刚开始交流可能会有些困难，但随着交流次数的增多，你们的情感、思想自然而然地贴近，沟通会变得越来越容易。当父母看见儿子愿意与自己坐下来谈心，并能交换意见的时候，就会认为你懂事了，长大了，久而久之，你与父母的关系就亲近了，家庭关系和谐了，这对于你的学习和生活都是有利而无害的。

再次，父母总是过来人，他们积累了大量丰富的经验，而这些经验对于青春期涉世未深的你是十分宝贵的。与父母交心，能学习到很多你没有接触过的知识，这些知识在学校是无法学习到的。

总而言之，试着跟父母做朋友吧，你会受益无穷的！

5.和父母适当地争论

小志从小是由爷爷奶奶带大的，父母不在身边，他自小因为身体不好，更得爷爷奶奶加倍地爱护。升入初三以后，小志的爸妈专门回国照顾儿子，学习上、生活上事无巨细都被他们包揽下来。因为他们总是认为小志还是个小男孩，永远都长不大。可自从那天晚上后，小志的爸妈开始对小志刮目相看了。

这天晚上，小志正在看莫言的《檀香刑》，边看边愤怒地嘟囔着，小志的爸爸很奇怪儿子今天怎么这么激动，因为平日里看书总是悄无声息的，于是便问小志："有什么值得你这样激动的？说出来让爸爸见识见识。"

小志便把《檀香刑》那种旧社会非人的惩罚方法讲给爸爸听，不想爸爸听后很不以为然，并对小志说："以后不要再看这种书了，这会影响你学习的积极性，你还是好好上你的课吧。"不料一向乖巧的小志却说："爸爸，我认为你这么说不对，我知道我最需要做的事就是把学习搞好，考上一所好大学，可并不能因此就放弃我所有的业余爱好吧，而且我们老师也说，适度地看看小说，有利于放松身心，再者，看了这部小说，我真的很震撼。"

小志没有再说话，只是撇撇嘴又回到房间里继续看《檀香刑》了。而小志的爸爸妈妈却一时平静不下来了，小志的爸爸说："真没想到这孩子还挺有一套自己的

想法,看来我们是太忽视他这一点了,总认为他还是那个不懂事的小男孩呢。"妈妈也接着说:"是啊,我们总是一副居高临下的姿态,平时也不注意与他交流,所以今天才吓了我们一跳,以后我们可得注意了。"

从那以后,小志的父母对他再也不像以前那样漠然视之了。

青春期的到来,男孩们有了更多自己的想法,认为自己是个大人了,凡事要求独立,可是,在父母眼里,这些男孩即使长大了,也永远是个孩子,对他们的这些想法更是不屑一顾。面对如此"霸道"的父母,有些男孩恐怕束手无策,只能以拒绝沟通来熄灭与父母之间的战争,其实,这种逃避的方法是很不好的。哪怕与父母沟通时会不可避免地发生争议,也不要回避,因为适当的争论才能使父母了解,乃至重新认识你。若只是一味地以沉默来抗拒,丝毫不会改善你与父母之间僵硬的关系,还会让代沟越来越深。

另外,有些男孩认为父母都是为自己好,于是,对于父母的任何话,都是言听计从,其实,这是一种愚孝的态度。只有适当地争论才可以让父母更加了解你,知道你在想什么,需要什么,更会促进家庭和谐,但要注意千万不要让争论升级为争吵。

所以,青春期男孩,应该像小志一样,积极地说出自己的想法,不要总以为父母不会理解而懒得去说,父母永远会为你着想,即使当时他们不会理解,事后也会重新考虑的。

第六章　梳理心情有妙招,男孩不要太叛逆

校长办公室里,有位家长正在诉苦:"我的儿子今年14岁,是学校三年级的学生了,过去他是一个十分听话的孩子,学习成绩也一直不错,也一直是父母的骄傲。可现在越来越不听话了,自己想干什么就干什么,根本就不听家长的劝。最近又迷上了网络游戏,学习完全被放在一边。我们试图强力制止,把他关在家里,把网线也拔了,可没想到,他竟然离家出走了。给他打手机他不接,给他发短信,他回答说:如果能够答应今后不要管他,他才同意回家。为了能让他回来,我们答应了他的要求。可他回来第一件事就是上网。对这样的孩子我真不知道该怎么办才好!"

青春期,这样叛逆的男孩其实并不少见,多大的孩子最难养?很多父母认为2岁宝宝让人伤神,而英国近日出炉的一项调查结果显示,14岁女孩与15岁男孩才是最难"伺候"的一群。青少年叛逆,甚至离家出走已成为世界性的普遍现象。

所谓逆反心理不是一种异常现象。它是由于父辈和子辈之间价值观的不一致而产生的正常的心理过程。一般来说男孩在发育的过程中会有两个逆反期。

第一逆反期是在三四岁的时候,这个时候由于儿童自我意识的发展,说话、运动、认识事物能力的发展,他会感到有些事情自己可以做了,所以跟父母亲的教育观点就会产生冲突。

第二逆反期就是在青春期前后。从心理发育的角度来说,这都是男孩正常的心理发育,但对父母亲来说,会觉得孩子在对抗自己。

青春期是花季,也是雨季,处在人生花季中的男孩,同样也会出现各种各样的问题,比如,最容易和父母发生冲突,这时候的男孩,觉得自己已经长大,可以独立了,并未成熟的他们会处在反抗期内。青春期的他们对世界的确已经形成了自己最初的体验和认识,但同时也有了很多无法排

解的心事,比如课业压力,对性的懵懂,渴求独立,同龄人带来的压力,希望迅速长大,激素分泌旺盛,感到无聊,处于青春发育期,无法与家长顺利交流,出现皮肤问题等,并因此开始对父母的管教感到反感。当然,父母也有苦衷:孩子正在人生的十字路口,不多说两句行吗?

另一方面,青春期的男孩处于由鞭养期向放养期转变的时期。在鞭养期,男孩很多的行为处于强制执行之中,父母强制的程度越大,男孩渴望放养的要求也就越高,他们本身对大人的依赖越来越弱,因此,更容易叛逆。

同时,现代社会,人们把更多的商机投入青春期孩子身上,这些都激发了男孩追求独立和个性的欲望,而社会和家庭传统教育的一些弊端,阻碍了他们自身发展的需求、成了叛逆心理产生的源头。于是,这些就成了叛逆心理产生的"沃土"。

青春期男孩叛逆,有很大一部分原因是父母和老师带来的,但不可否定的是,男孩自身才是叛逆的"最终执行者",他们面对自身的变化常常感到不知所措,从而产生了浮躁心态和对抗情绪,但毕竟不是所有青春期男孩都是叛逆的。因此,男孩们,青春期的一些烦恼,要学着合理的梳理,将不良的心绪理好,用平和的心态去面对每一天的新生活,才会健康、快乐地度过青春期!

一 情绪出现波动怎么处理

青春期在心理学上被称做"急风暴雨期"或"怒涛期",情感变化非常大,活泼的小男孩可能会突然变得孤僻,沉默的小男孩也可能突然变得开朗起来。

处在青春期的男孩,至少面临着三方面的压力和挑战:身体发育趋于成熟的同时,也给男孩们带来很大的困扰,比如对异性开始关注和好奇,容易过度兴奋;学习上压力大,不得不面对激烈的竞争;随着年龄的增长,他们更希望获得他人的理解,更渴望交流,可与此同时,他们却与父母之间的距离越来越远……这些都使他们需要处理的问题越来越多,越来越复杂。

而这些问题,常常交织在一起,矛盾此起彼伏,男孩们虽然开始慢慢成熟,但毕竟和成人不同,他们的接受能力也是有限的,而这时,处于青春期的男孩正在经历"心理断乳期",往往认为自己已经成人,事事想自己做主而又无法做主,所以会出现苦闷、寂寞等情绪。他们大脑的神经机制并没有发育健全,调节能力还比较差,因此面对各种压力和刺激,便很容易产生心理不平衡。青少年又不像成年人那样善于控制和调节自己的情绪,常常喜怒皆形于色,便显得情绪忽高忽低,特别不稳定了。

青春期,男孩已经开始慢慢长大,也应该学会用智慧调节自己的情绪,要理解自己的感情,学会情绪调控,理解他人的情绪,承受挫折,很好地处理人际关系。

1. 一件事情反复做——青春期强迫症

最近,小伟班上有个男孩一直没来上学,后来,听他邻居说,他爸妈带他去看心理医生了。在心理医生咨询室,他对医生说:"我也不知道怎么说,我觉得我好像得了青春期强迫症,真的很痛苦,有时候我在看电视,看到一个很平常的东西,就非要分析好久,而且有时候一个很小很小的事情我就把它看得很复杂,要慢慢分析好久。有时候,明明我确定我已经关好门了,可是,我偏偏还要关一次,确定关好了,

我还是不放手，总是觉得不安全。我不像以前那样，变得絮絮叨叨，真的很痛苦。我也想顺其自然，但我做不到，什么都没兴趣！我的问题真的很严重吗？"

这个男孩的症状的确是青春期强迫症的表现。那么，什么是强迫症呢？

所谓强迫症，是一种以强迫观念和强迫动作为特征的神经官能性疾病，包括强迫观念和强迫行为，强迫观念属于一种情绪障碍；强迫动作则是在这种情绪支配下表现出的外表行为。患有强迫症的男孩，在同龄人中发病率不到0.5%，但在10～12岁的青春早期少年中相对多见。男孩的强迫动作发生率高于女孩，所有患强迫症的男孩，都有以下两个特点：

（1）对于自己所做出的某些行为和观念有清楚的认识，认为没必要，但自己无法加以控制。

（2）为这些症状常苦恼窘迫，"求"治十分心切。

那么，青春期男孩患强迫症的原因是什么呢？

青少年的强迫症大多源自儿童时期，与自幼养成的个性特征有关。

个性使然，一般来说，患强迫症的男孩胆小谨慎、做事优柔寡断，不爱说话，少年老成，同时，做事不善于创新，比较古板，甚至遇事爱钻牛角尖，适应陌生环境较慢等。另外，家庭生活环境与强迫动作的发生与发展也有一定关系，例如，有些家庭生活环境较为严肃，日常生活中缺少乐趣，或者父母对于男孩的要求很高，再或者某些父母喜欢体罚孩子等。强迫观念则往往是各种生活事件持久影响的结果。亲人亡故、父母离婚、长期住院、或抚养者本身多年境遇不顺、家庭生活环境抑郁等，都会给青少年带来持久的心理紧张和适应不良，引发各种强迫观念的习惯化。

不过与成年强迫症患者相比，由于青春期很多精神因素都处于可塑期，一般来说，情况都会轻得多，因而治愈的可能性更大。

对已存在强迫症的青春期男孩来说，应通过正确的方法来对强迫观念或强迫行为进行矫治。具体措施有：

首先，懂得自我认知，正视自己的心理。男孩要让自己明白，强迫症属于神经官能症的一种，不是精神有问题，更不要为此焦虑和紧张。

其次，愉悦身心，充实自己的生活。其办法之一是发展一些生活兴趣，比如培养自己在某些方面的特长并加以发扬,另外,也可以从生活小事做起,如养小动物等,使生活多彩化、乐趣化,逐步使原有的强迫观念与行为淡化。

再者,努力扩大自己交往的圈子。青春期阶段,男孩们都渴望交往,以倾吐自己的心事,因此,患了强迫症的男孩,可以鼓励自己多和同伴交往,尤其要积极参加各种集体活动,使自己有模仿、学习榜样行为的机会。这就是为什么很多患强迫症的病人不药而愈的原因。

青春期是人生中美好而又危险的阶段,说其美好是因为青春期是阳光灿烂的,说其危险主要是因为处于青春期的男孩很容易出现心理问题,如不加控制可能引发各种疾病,青春期强迫症就是能够将他们推入绝境的疾病之一。因此,青春期男孩一定要学会自我控制和调节自己的情绪,学会排解内心的不快,才会健康、快乐地过好每一天!

2.做事精神不集中——青春期焦虑症

随着中考的临近,小伟班上好多学生出现了一些情绪问题,这些日子,到心理医生那儿的人越来越多。有个男孩子这样叙述自己的状况:

"从初中三年级开始,我就出现了心理问题,主要表现为每到复习考试临近期间,就紧张焦虑,还伴有较严重的睡眠障碍。

我原来不在这所中学读书,父亲在市里工作,母亲是县里的小学教师,有一个妹妹和母亲住在一起。平时我在市里读书和父亲生活在一起,假期回县城与母亲和妹妹团聚。上初一时父亲因病去世,为了让我有更好的学习条件,母亲让我坚持在市里的重点中学学习,我自幼有良好的学习习惯,记忆力也很强,遵守纪律,尊敬师长,因而深受老师的器重。

因为老师器重我,所以只要市里、区里或学校里有竞赛活动,不管是什么竞赛,老师都要选派我去参加。为此,我的学习负担十分沉重,我感到精神压力很大,简直不堪重负。老师当然是一片好心,我也认为应当对得起老师,因而深恐竞赛失利,对各科的学习都抓得很紧很紧。但在心底深处我对这种竞赛性的考试很反感,对数理化的竞赛更是头疼至极。而老师却总是对我说,这是莫大的荣誉,是学校和老师对我的重视。我也只好硬着头皮强记、强学、强练。每逢竞考,'战前'的几天

都要死记硬背、苦练苦算到深夜。

有一天晚上，我正在背书，强记第二天竞赛科目的内容，恰逢邻居在请客喝酒，猜拳行令的声音很大，吵得我无法看书。我又急又气，心中烦躁至极。就是从那个时刻，我心里产生了强烈的怨恨：一恨老师总让我参加各种竞考，使我疲惫不堪；二恨隔壁的人整夜吵闹，扰乱了自己的复习；三恨母亲不该让我留在市里读这个使人疲惫的重点中学。在这种焦虑怨恨的情绪状态下，我一夜没睡，第二天在考场上打了败仗。而且从此就经常失眠、多梦，梦中总是在做数理竞赛题，要不就是梦见在竞赛时交了白卷。我开始上课集中不了精神，总是开小差，考试成绩也一次比一次差，为此，我很苦恼，我该怎么办？我还要参加中考呢！"

这个男孩的这种情况便属于青春期焦虑症，全称为焦虑性神经病。焦虑症是指持续性精神紧张或发作性惊恐状态，常伴有头晕、胸闷、心悸、呼吸困难、口干、尿频、尿急、出汗、震颤和运动性不安等症状。焦虑症在临床上可分为急性焦虑症和广泛性焦虑症两种类型。

一般来说，患焦虑症的病人，在病前的性格多为胆小怕事、自卑、多疑，做事拿不定主意，发病的原因多是遭遇某些突发事件等精神性因素。

青春期焦虑症会危害男孩的身心健康，影响青春期男孩正常的学习和生活，严重的还会诱发神经衰弱症。那么，青春期男孩应该怎样自我调节这种病态情绪呢？此处介绍几种自我疗法。

（1）积极暗示疗法。这是治疗青春期焦虑症的必要前提。患上青春期焦虑症的男孩，首先应慢慢地树立起信心，正确认识自己，坚信自己能战胜遇到的困难，能将手上的各种突发事件处理好，并相信自己可以恢复到身心健康的状态，可以战胜焦虑症。通过暗示，每多一点自信，焦虑程度就会降低一些，同时又反过来使自己变得更自信，这个良性循环将帮助你摆脱焦虑症的纠缠。

（2）对症下药疗法。每种情绪的产生都是有原因的，病症也是如此。青春期焦虑症是情绪体验的一种。有些男孩成天忧心忡忡、痛苦焦虑，不知如何是好。此时，你应分析产生焦虑的原因，或通过心理医生的协助，把深藏于潜意识中的"病根"挖掘出来，必要时可进行发泄，这样症状一般都可消失。

（3）刺激疗法。焦虑症男孩发病时脑中总是胡思乱想、坐立不安、痛苦不堪，此时患者可采用自我刺激的方法，转移注意力。如在胡思乱想时，找一本有趣的、能吸引人的书来读，或从事自己喜爱的娱乐活动，或进行紧张的体力劳动和体育运动等，以忘却其苦。

（4）自我放松疗法。放松恰好是与焦虑相反的一种情绪体验，如果你能够学会自我深度松弛，必定是有利于治疗焦虑症的。自我深度松弛对焦虑症有显著疗效，如你在深度松弛的情况下去想象紧张情境，首先出现最弱的情境，重复进行，慢慢便会在想象出的任何紧张情境或整个事件过程中，都不再有焦虑感。

3. 面对挫折很消沉——青春期挫折症

小伟所在的班级有一些住校生，其中有个叫高飞的男孩，由于家庭贫困，住在郊区的平房内，他不得不住校，同时，他还很内向，觉得自己如果学习不好就对不起自己的父母，因为父母为了让自己上学付出了很多，但让他不能接受的是，他的成绩在班上只能算中等水平。他每天花费很多时间在学习上，晚上学校熄灯之后仍打着手电筒学习，但学习成绩仍然不见提高。他感到很悲观，甚至对自己的智力开始怀疑。

高飞有这样的情绪，是一种挫败感的表现，出于青春期的男孩，受到的压力随着年龄增长越来越大，他们处于人生的转折点，不能避免许多失败、许多不顺利，所以心理问题也就随之而来，青春期挫折症就是其中"发病率"较高的一种。

青春期挫折症的主要症状表现如下：

①抑郁：常郁郁寡欢、打不起精神，对什么都没有兴趣。

②感到孤独、寂寞。

③疑病：不仅对身边的朋友、同学疑心重重，更是怀疑自己得了什么疾病。

④社交障碍：交往不大方、自然，行为拘谨。

⑤性敏感：对异性谨慎小心、心理上对异性有狂热的向往。

⑥逃逸行为：指逃学、出走，甚至自杀行为。

⑦妄想：喜欢幻想，所想之事与现实生活不符。

青春期男孩之所以产生青春期挫折症，主要有以下几个方面的原因：

（1）学习挫折。学习挫折是指由于学习上的失败或偶尔失败给男孩造成的心

理障碍,这种障碍使男孩倍感挫折和苦恼。

学生的挫折多半与学习有关,这一点,在那些学习成绩优异的男孩身上表现得更为明显,他们是老师眼中的乖孩子,是同学们眼中的佼佼者,更受到家长的宠爱。时间长了,他们形成“只能好不能差”的思维定式,对失败缺乏必要的心理准备,一旦某次考试出现失误,便会感到心理压力增大,产生强烈的挫折感;同时,也有一些男孩子,因为长期学习成绩欠佳,也被周围的同学歧视、老师不重视、家长打击,那挫折感就如影随形。因学习上遇到挫折而产生苦闷是正常的,关键在于自己能否振奋精神,正视自己的失败,找到问题的症结所在,从而获得战胜挫折的力量。俗话讲“失败是成功之母”,就是这个道理。

(2)交往挫折。青春期,一颗懵懂的心很渴望交流,恰当的交流对男孩的身心发展是很有利的。但是有些男孩却在人际交往中感到不适、惶恐、害怕与人接触。有些男孩在交往中遇到问题时,常常认为是自己缺乏能力所致,久而久之,对自己失去信心。其实交往障碍的实质是不安、恐惧心理的一种自我强化,并不是因为自己“无能”。

(3)情感挫折。青春期是每个人的性格、人格和价值观以及情感观的形成期,对亲情、爱情、友情都很重视,但却因为各种原因,他们在这些方面受到挫折,心理学上把感情受到刺激或打击后产生的情绪状态叫做情感挫折。

情感挫折一般有三类情况:

①亲情上的挫折:如父母离异、亲人死亡等。

②爱情上的挫折:如早恋、单相思、失恋等。

③朋友聚散带来的情感挫折:因为朋友的变故而造成情绪、情感波动的情况时有发生。每个人都在不断地付出着,同时也在不断地等待着情感上的回报。当朋友欺骗了自己,或是背叛了自己的时候,多数男孩会感到伤心、愤怒亦或仇恨。

事实上,生活中,谁都会遇到这些情况,这只是一种主观感受,只是每个人对挫折的承受能力不同,那些心理承受力较弱的人对挫折的感受较为剧烈,甚至难以承受。而心理承受力较强的人,可能不会有太大的震动,能较为平静地对待。所以,青春期男孩,要始终记住,你是个男子汉,不能被小小的挫折打倒,战胜挫折是你提高自身心理承受力的必要手段。挫折从反面丰富了人生的经历,让人醒悟更多,能力更强。

另外,你可以从以下几个方面减轻自己的挫败感:

(1)做好迎接挫折的心理准备。你要明白,没有人的一生会是一帆风顺的,谁都有可能遇到挫折,没有挫折的人生是不完整的,只要你做好随时迎接挫折的准备,就没有什么可怕的。

(2)培养坚强的意志。贝多芬曾经说过:"卓越的人一大优点是:在不利与艰难的遭遇里百折不挠。"意志力是一种重要的品质,每个男孩在成长的过程中都应该有意的培养,尤其是抗挫折的意志力。有了坚强的意志,就能按照理智的要求,控制自己,冷静、全面地看待生活中的挫折,增强对挫折的承受力。

(3)懂得倾诉。人在遇到挫折时,往往会出现消沉、苦闷、焦虑等情绪状态,建议你此时向父母、老师或知心朋友倾诉衷肠,这样做一方面会缓解自己沉重的心理压力,另一方面你从中会获取应对挫折的勇气和方法。

挫折,既能锻炼一个人,激励一个人,也能摧毁一个人,关键在于你如何对待它。遇到挫折后,逃避是消极的反应,只要你积极地面对挫折,将挫折视为通往成功的必经之路,你就能战胜挫折,将挫折踩在脚下。

4. 为什么他比我强——嫉妒心理

一年一度的学生年度表彰大会又来了,为了加强老师和家长的交流,学校要求所有的家长都要参加。

在会上,第一项自然是表彰学习成绩优秀、品性良好的学生。小伟是其中的一员,他的同桌蒋亮也受到了褒奖。

"瞧他那风光样!德行!"王刚终于忍不住开始攻击,他一直看不惯蒋亮。

小志则说:"唉!什么时候,我也能站在那个位置上发一下言,风光一下该多好啊!"

"人家成绩好,普通话好……"

这些对话都被家长听到了,王刚爸爸说:"你们这些孩子,这么小,就学会嫉妒人了……"

嫉妒并不是女孩的专利,男孩也会产生嫉妒心理:主要表现为对学习优秀者、

对外貌俊美者的嫉妒、怨恨，甚至刻意拆台或报复，以达到心理平衡。

青春期的男孩，生活在一定的人际范围内，不自觉地常常喜欢与他人作比较，当发现自己在才能、体貌或家庭条件等方面不如别人时，就会产生一种羡慕、崇拜、奋力追赶的心情，这是上进心的表现。但有时也会产生羞愧、消沉、怨恨等不愉快的情绪，后者就是人的嫉妒心理。当这些男孩开始顾虑到自己的专长，注意起同学的成绩以及别人对自己的评价时，嫉妒就会特别敏感地表现出来。这主要是因为青春期男孩心理发展尚未成熟，对自己各方面的能力还认识不足，遇上比自己能力强的人时就会感到不安所致。

黑格尔曾经说过："有嫉妒心理的人，自己不能完成伟大的事业，乃尽量低估他人的强大，通过贬低他人而使自己与之相齐。"由此可以看出，嫉妒是一种不良的心理状态，对青春期男孩的健康发展同样是极为不利的。

青春期的男孩要想到，男子汉应该有宽大的胸怀，应该努力证明自己，而不是嫉妒、怨恨比自己优秀的人。心理学家艾里克逊特别强调指出，青少年心理自我调节的重要任务就是了解自己，建立起正确的自我认同和坚强独立的自我意识。对于嫉妒心理，青春期男孩应该这样自我调节：

（1）自我反省，观察自己和他人。青春期的男孩们，已经逐步有自己的价值观和人生观，对待周围的事物，也会慢慢有自己的见解，这是他们观察的结果，而同样，对待自己，你也要进行一定的观察，观察自己就是反省。反省过程中要注意，要多思考，无论遇到什么事，都能静下心来好好想想，然后心平气和地进行分析，包括自己的现状、自己与人相处的状况、自己的一些优点和缺陷、自己整个的人生理想等。当然，在反省中要避免情绪化，不要为一点小事钻牛角尖，也不要因过于自信变得骄傲，要不偏不倚、尽量用客观的眼光看待自己，接纳自己偶尔产生的矛盾心理和孤独感，不需要过多地担忧，并时常提醒自己尽力克服自卑和嫉妒心理。

（2）与人友善。随着男孩们要求独立的愿望越来越强烈，他们也渴望与人交往，这在青春期男孩的心理健康发展中占有非常重要的位置。脱离人际交往的人是不可能使自己健全成长的。一个懂得关爱他人、懂得付出的男孩一般都会有较好的人际关系。通过两性的人际交往，男孩可以更好地明了自己在别人心目中的位置，及时改正不足之处，这样可以形成更为完整的自我形象。这对排解男孩内心的矛盾心理和孤独感也非常有利。

（3）接纳和完善自己。首先，男孩要懂得"人无完人"的道理，没有人是十全十美的，但同时，任何人都有自己的优点。明白这个辩证的道理，有利于男孩接纳自己。接纳自己就是指不仅仅看到自己的优点，从而更自信地去学习和生活，而且还指能意识到自己的缺点和不足之处，不是去否定它，而是通过接纳然后想办法改进它们，这就是要完善自己，这里的关键是要求青春期男孩相信自己是有价值的人，从而全力以赴地去实现自己的价值。

5. 不想和人交流——孤僻心理

进入青春期的男孩都有这样一种体验：觉得自己是大人了，成熟了，可是师长眼里的自己却永远是不懂事的孩子，于是，似乎一切事情在一夜之间都变了：父母的关爱和呵护不再像过去那样让你感动，反而觉得唠叨刺耳；老师也不像以前那样对我们总是和蔼可亲，好像觉得自己干什么他们都不能理解，就连平时挺要好的同学，现在也不是那么亲密无间、无话不谈了，自己一肚子的心事，不知道该和谁谈。于是这些男孩们总要感叹"没人理解我！""我好孤独！"为什么青春期的男孩会觉得特别孤独呢？

因为青春期这个阶段是儿童向成人转变的过渡阶段，一切都充满着不稳定的因素。在这个阶段，人生观、价值观、生活目标等，都必须由这些不成熟的男孩子们自己去确定，而同时，有关自己和社会的各种信息纷至沓来，更需要这些男孩子们自己去筛选。这些都使得男孩子们感到迷茫，他们往往不知道自己想干什么，能干什么，自己是一个什么样的人。社会赋予男孩的角色一下子增多了：他们是学生，是子女，是未来的社会人……他们想被人接纳和喜爱，他们希望得到成年人的尊重和信任。要在不同的环境中"扮演"好相应的角色，对于尚未成熟的他们还不是一件轻松的事情，可是他们又想表现得独立和成熟，于是他们一方面特别需要和别人探讨和交流，一方面又不愿意敞开心扉，正如德国心理学家斯普兰格所说："没有谁比青年人从他们孤独的小房里，更加用憧憬的目光眺望窗外的世界了，没有谁比青年在深沉的寂寞中更加渴望接触和理解外部世界了。"

另外，步入青春期的男孩不再满足于父母的关心与爱护，他们认为这是自己不

成熟的表现。因此,他们产生了更多与人交往的需要,希望有志向、情趣相投的朋友,若不然,就会无法诉说自己的快乐与痛苦,这样常常带来莫名的惆怅感,时日久远的孤独还会使男孩产生挫折感,变得自我封闭、自我中心化,这就会影响他们人格的健全发展。

这种孤独感正是男孩自我意识发展的一种表现,随着他们年龄的增长、社会生活经验的丰富和自我探索的深入,他们会逐渐获得一种熟悉自己、对自己有信心、有把握的感觉。这时,他们既能够独立思考,也会乐于与人交流了。

青春期男孩孤独感有以下几个方面的表现:

(1)行为偏激。很多未成年男孩一遇上不顺心的事,就采取过激行为,这就是内心孤独的表现。一般来说,正常的行为应该是积极、主动和富有建设性的。

(2)自我控制情绪的能力差。青春期的男孩,情绪控制能力低于其他任何时期。实际生活中,因和老师怄气而轻率选择逃课的男孩屡见不鲜,是因为他们在成长过程中忽略了对良好情绪反应能力的培养。而理想的心理状态应该是情感表现乐观而稳定,而不是莽撞和冲动。

(3)缺乏良好的意志品质。意志品质良好的人,具有一定的独立性、自控力和抗打击能力,能经得起挫折的考验,做事果断,绝不优柔寡断。

(4)对某些人和事的依赖性过强。心理健康的人应该表现出独立自主的思想和行为特征,不拒绝帮助但也不纵容自己的依赖心理。现在很多男孩事事依赖老师、家长,还有孩子对电子游戏、网络等有严重依赖,其生活的大部分乐趣来自现实之外的虚幻世界。

以上这些症状都是青春期男孩心理孤独的外在表现,青春期的成长离不开孤独,孤独是一把双刃剑。适当的短期内的孤独可以让人思考醒悟,成熟的过程中少不了孤独的思考,但长期孤独则会对青春期男孩的身心健康造成不利的影响。长期处于孤独状态的男孩涉世浅、经验少、社会适应能力差、受到挫折易烦躁郁闷,若不及时疏导就会造成心理封闭,积郁成疾,性格改变,产生精神障碍。

那么,男孩该怎样疏导自己的情绪,摆脱内心的孤独呢?

首先,要主动去接近别人,要改变自我,使别人愿意接近自己。最好的方法就是关心、帮助、尊重别人。

其次,要多和父母、老师沟通。他们都是善意的,只有让别人了解自己才能得到别人的理解。

最后,要对自己有信心,相信自己能超越自我,超越困境,在积极的思考和行动中你会获得充实感与快乐。

二 有了心事该怎么办

一天，小志妈妈和王刚妈妈在社区碰到，两个母亲聊起了自己的儿子，小志妈妈叹着气说："孩子大了最让家长操心，小时候就算打他一顿也一会儿就没事了，现在说他几句就和你赌气几天。我都不知道我儿子具体是什么时候开始突然变得古怪，平时稍微说点什么吧，他就斜视你说：'我都这么大了，你唠叨什么呀！让我清静点不行吗？'小时候叽叽喳喳地说个没完，现在长大了却难得听他说点关于学习和生活上的事。我们做家长的试图跟他讨论点什么吧，他就牛唇不对马嘴地敷衍几句。他对他最好的几个朋友也不像以前那么热情友好了。放学回家就把自己反锁在房间里听音乐，一待就是几个小时。他经常听首老歌，歌词大概是'我醉了，因为我寂寞，我寂寞，有谁来安慰我……'问他为什么总是沉默不语地不理会人，他就没好气地回答：'我想安静，沉默说明我在思考问题，我已经长大了，需要把很多事情考虑清楚。'哎，小志今年也14岁了，根本就是小孩子。我们单位的同事说他们的孩子也有这种情况，真不知道儿子怎么了。"

"我们家刚子还好，不过最近也开始有脾气了，感觉也有什么心事，不过，我发现他有点自卑，因为和小伟是好朋友，他总是觉得自己不如小伟，其实吧，孩子在我们眼中，都是优秀的。你说呢？"

"是啊，我也希望儿子能敞开心扉，跟我们把心里的事情说说，憋在心里会憋出病来的。"

"是啊，多希望孩子也可以像小伟一样，和父母做朋友，自己也可以减轻心理压力，我们也放心。"

青春期是男孩从孩童过渡到成人的时期，这决定了男孩们必须摒弃孩童阶段的各种不成熟的观念、习惯和行为模式等，从而逐渐接受一些成人世界的更为成熟的、更符合社会规范的各种思维形式和观念等。而同时，青春期毕竟是个背负着很多压力与负担的时期，他们更渴望独立，但身上还时不时透露着孩子气；他们渴望与人交流，但父母和老师偏偏不予以理解；他们渴望与异性交往，但周围的人总是投来"怀疑是早恋"的眼光；他们也很想学习成绩优异，但偏偏怎么也学不好……因此，这个时期的男孩开始变得不再依赖父母和老师,而变得心事重重,即使无法解决的问题也自己闷在心里,其实,有心事闷在心里对于身心发展都是不利的,善于与周围的人沟通,这才是排解心事的正确方法。

1. 有了心事不要自己硬扛

处在青春期的男孩情绪变化快,常常处在不稳定的状态中,刚才还阳光灿烂,一会儿就"晴转多云",甚至电闪雷鸣、暴雨倾盆了,确实,情绪的强烈和不稳定,正是处于青春发育期的男孩普遍存在的现象,也是青春期男孩的心理特点之一。但如果男孩闷闷不乐,把心事闷在心里,反而对男孩的成长不利。

青春期男孩,当你有心事时,要学会和别人分享,不要自己硬扛,缺少有效的沟通,会造成很多心理压力和心理疾病,比如抑郁症、焦虑症、强迫症等。造成这些心灵创伤的原因多半来自于不能释放自己的情绪,当内心的情绪被锁定在生命中无法释放时,生命的动力、创造力、智慧、人际关系都会被压抑在其中。

生活中很多男孩,似乎总是与世隔绝,放学后一回到家中,便大门不出、二门不迈,也只有网络能将他们与世界接连上,而这些男孩们,也似乎只有在网络世界里才可以找到听懂他的话、了解他的人,这就是为什么很多青春期的孩子们迷恋网吧的原因。更为严重的,有些男孩,感到自己孤独,他们发泄心事的方式更为偏激,有的通过身体,有的通过沉默,有的通过幻想,从而形成了诸如多动症、抑郁症等多种疾病,更有甚者通过打架、行凶、吸毒来释放。其实这一切的表现都来自于人需要释放的本能,这些男孩当自己发泄完后,也发现自己的行为过火了,也很后悔,但却找不到控制自己的办法,然后就又寻求其他方式发泄自己的内心感受,如此循环,却始终找不到排泄内心能量的出口。

其实,男孩需要的是有效地沟通,沟通是什么? 沟通的目的在于达到人与人之间的互相理解,是达到彼此内心世界的一把钥匙。有了沟通,有了倾诉,再刚硬的人,他的内心也会被融化;有了沟通,有了倾诉,再叛逆的孩子也会被父母原谅。

当男孩有心事的时候,不妨和父母沟通。生活中,男孩与父母之间的代沟,不仅仅是父母工作忙、没时间的原因,也和男孩的拒绝沟通有关。在以往的生活体验中,很多男孩都有过这样的经历,很多事情选择独自承受,不愿意和父母分享。当

他们有话不能讲、不愿讲时，距离就产生了，这是人为制造出来的距离。

我们都知道，父母毕竟是过来人，人生阅历比你深，你遇到的一些心事，也许父母能给你解决的方法，敞开心扉交谈，远比你一个人扛好得多。

再者，老师和朋友也是很好的倾诉对象，你的心事只不过是老师遇到的一个个案而已，他能为你提供最好的解决办法，而当你无法和师长沟通时，或许同龄人可以理解你，因为他们会有同样的体会。总之，青春期男孩，你有一定的承受能力，但别让心事压垮自己，学会倾诉，学会沟通，心事才会随风而去，你才会快乐。

2. 换位思考互相理解

青春期是一个过渡期，青春期的男孩们开始和成人一样，除了和老师、家长打交道外，需要有自己的人际关系圈，但在交往的时候，很容易与对方产生矛盾。其实，无论和谁，发生了什么样的事情，只要你们学会换位思考，就都会得到很好地解决。这是人与人和谐相处的基础。只有学会换位思考，才能站在他人的立场上，客观地看待整个事件，而非主观地陈述个人的一面之词。多为他人考虑，理解他人，你心中的不快很快就能消除。

从青春期男孩的生活范围看，男孩一般会被这三种关系困扰：

（1）师生关系。师生之间，换位思考尤为重要。作为学生的你，不妨从老师的角度想想看，每个老师都希望自己的学生取得良好的成绩，能有一个美好的未来，老师所做一切的出发点，都是为了学生好，可能在实现这一意愿的时候，方法上有所失误，但老师也是人，也有情绪，如果你只一味坚持自己的观点，认为师生关系恶化的责任多在于对方，这样的较量是不可能分出胜负的。你只有想对方所想、思对方所思，才能与其相处得更为融洽，成为真正的朋友。

很多青春期男孩，因为老师的一次批评，因为被老师忽视，就对老师产生意见，甚至拒绝认真学习，其实这种做法是不对的。青春期男孩，你不妨从老师的角度看，老师为什么批评你？老师当天的心情是不是不好？老师也是人，也会遇到生活中很多不快的事，为什么我们要如此苛刻地要求老师呢？

当然，理解是互相的，老师也要多理解学生。只有大家都学会换位思考，生活才会更加和谐。

（2）亲子关系。青春期的男孩，对事开始有了一定的个人见解，但又缺乏一定理性思考，于是，很容易与父母产生意见分歧，长此以往，便形成了所谓的"代沟"。矛盾激化后，男孩的叛逆性就会尽显出来。

其实，当你们要求"理解万岁"时候，有没有想到，父母也是需要理解的？理解永远都是双向的，别一味让父母理解你，别一味地怪罪父母忽略了你的情绪和感情，这是不公平的。你希望别人能认同、理解自己，但父母也需要理解，工作的辛苦、生活的压力已经不允许他们和你一样激情高昂，他们也曾年轻过，他们身上有更多的责任，你理解过他们吗？

事实上，父母不管做什么，其初衷都是为了下一代好，生活、社会经验丰富的父母往往看的比你远，多听听父母的劝告，对你的成长很有帮助，但很多时候，父母也有不对的地方，这时候，你不妨先放低姿态，然后和父母好好交谈，表示你自己理解他们的一片苦心，在得到他们的认同后，再心平气和地把自己的想法说出来。

（3）朋友关系。青春期男孩的交往面还并不太广，朋友大都是自己以前或者现在的同学，所以与同学交往是否顺利对一个男孩来说尤为重要。人们常常说的人缘，在学生时代，也主要指与同学相处得怎样，人缘好的男孩往往比较开朗、活泼，好像每天都很开心，而人缘差的男孩往往比较忧郁，性格也逐渐变得更内向，也因为这样，与他交往的同学也会越来越少，最后结果是他把自己封锁在个人世界里。久而久之，他的心灵也会蒙上一层阴影而导致心理失调。

但一般情况下，青春期的男孩们，谁没有几个铁哥们儿？谁没有几个成天腻在一起的好朋友，矛盾的产生也就在所难免，但青春期的那股倔劲儿，会让男孩被友谊所伤，事实上，你的朋友也需要理解，你需要尊重他人的意见，多从他人的角度想想，他为什么会这么做，要是换了你呢？你们之间是不是有什么误会？你不妨给他一个机会解释，也不妨主动示好，别把烦恼放在心里，朋友之间也没什么大不了的事。

3. 发现自己的优点

青春期男孩大部分时间都生活在集体中，自然很容易把自己和周围的朋友、同学相比，当自己的某一方面不如他们的时候，自卑感便会油然而生，有的男孩甚至

不愿意与朋友、同学相处。

也有一些男孩，因为遇到一些小小的挫折，就有强烈的挫败感，一蹶不振，自暴自弃，贬低自我。其实，每个人身上都有无法代替的优点和潜能，只要你善于发现，并发挥出来，你就能自信起来。你不妨尝试从以下几个方面开始：

（1）多思。挫折的确会挫伤人的积极性，但挫折的最终意义不在于此，你不妨从另外一个角度想想看，挫折和失败同时也是对人的意志、决心和勇气的锻炼。人是在经过了千锤百炼后才成熟起来的，重要的是吸取教训，不犯或少犯重复性的错误。

（2）多比较。你要这样想，我虽说比上不足，但比下有余，及时调整心态，以保持心理平衡。不因小败而失去信心，不因小挫折而伤掉锐气。

（3）多放松。当你产生心结的时候，不要闷在心里，要及时地宣泄出来，其中一个很好的宣泄通道就是多和自然接触，到野外郊游，到深山大川走走，散散心，极目绿野，回归自然，荡涤一下胸中的烦恼，清理一下浑浊的思绪，净化一下心灵的尘埃，换回失去的理智和信心。

当然，想想开心的事、可笑的事，或拿本有趣的书，读几段令人开怀大笑的文字，或者畅快地唱一首歌，心情便会好很多。总之，只有你善于发现自己的优点，挖掘自己的与众不同之处，及时排解心中的不快，你的青春期才会遍布阳光！

4. 发火前长吁三口气

青春期是一个负重期，随着时代的发展，尤其是男孩，他们的压力也越来越重，他们至少面临着三方面的压力和挑战：

一方面，身体发育速度加快，能量的积蓄让他们容易产生情绪；

另一方面，学习上的任务加重，升学压力大，竞争激烈；

再一方面，要求交流的意愿和渴望独立的想法日益强烈。

这三方面的压力常常交织在一起，矛盾此起彼伏，而青春期的男孩并没有心智发育完全，毕竟，他们还是一群大孩子，也不懂得如何权衡这些压力，日常生活中很容易受到一些刺激，青春期的他们把什么都挂在脸上，不像成年人那样善于控制或掩饰自己，常常喜怒皆形于色，发火就成了常有的事。美国的一位心理专家说："我们的恼怒有80%是自己造成的。"而他把防止激动的方法归结为这样的话:"请冷静下来! 要承认生活是不公正的,任何人都不是完美的,任何事情都不会按计划进行。"

所以,青春期男孩要告诉自己:"发火前长吁三口气",事实上,很多事情都没有想象的那么严重。如果不学着去控制自己的情绪,任着性子大发脾气,不仅解决不了问题,还会伤了和气。

当然,心中不快,想要发火是需要发泄的,不能把这种不快的情绪一直郁结在心中,但不能把这种情绪传染给别人。你可以通过读小说、听音乐、看电影、找朋友谈心等方式来宣泄自己的这种情绪,也可以大哭一场。不要以为哭只是脆弱的表现,大哭一场可以宣泄我们心中的苦闷,找回心理平衡。如果压抑的情绪一直没有得到宣泄和疏导,对身心的危害将会更大。

男孩天生是运动健儿,你还可以通过运动锻炼来缓解自己想发火的情绪。科学家认为,有氧运动,如散步、慢跑、游泳和骑自行车等,可以使人信心倍增,精力充沛,因为这些活动能使人的身体得到彻底的放松,从而摆脱不良情绪。

三 摆脱青春期的无助感

小伟他们班有一个男孩离家出走了，而奇怪的是，这个男孩是个品学兼优的好学生，并没有什么不良记录，老师们还总把他当成骄傲，同学朋友更是以他为榜样，他还有一个弟弟，当听到哥哥好几天没回家后，才知道哥哥离家出走了，还带走了家里的1000块钱。

在找寻未果的情况下，他的父母不得不报警。半个月后，警察在邻城的一个网吧找到了他，当父母看到自己的儿子后，完全不敢相信自己的眼睛，以前那个很乖的儿子现在俨然是一个邋遢的社会小混混：一头红色的头发、一身嘻哈风格的衣服、好像很久没有洗澡的样子。警察劝他回家，他却说："我终于解脱了，做坏孩子比做好孩子轻松得多。"听到这些话，他的父母觉得很诧异，这是自己引以为傲的儿子吗？终于，在警察的引导下，他吞吞吐吐地道出了自己的苦楚："无论我考的多么好，无论我怎么努力，你们总是板着个脸，我每天看书到深夜，你们知道我有多么害怕吗？我害怕我下次考试要是考不好怎么办？我很无助，我甚至想去一个你们永远也找不到的地方，一个没有考试的地方。"

在场的每一位听完这话后，都深深地吸了一口气，现在的孩子都怎么了？一个警察叔叔对男孩说："你知道吗？爸妈为什么对你严格要求？因为他们希望你以后比他们幸福，现在社会竞争多强烈，你应该知道，他们辛辛苦苦地挣钱，对你的学业更是丝毫不放松，他们也很累，但是，你每次取得的好成绩，是他们辛苦后的安慰，你压力大、有无助感，你需要发泄，可是你想过没有，你出走的这些天，你的爸妈操了多少心？你这样做，只是逃避，能解决什么问题吗？你是个男子汉吗？真正的症结在你的心里，无助的时候，多沟通、多寻求老师、同学、父母的帮助，你会发现，这些人都是爱你的，你还有什么可担心的呢？"

警察的一番话打动了男孩，最终他乖乖地跟父母回了家。自那以后，他学习比以前更努力了。

随着年龄的增长和社会阅历的增加，处于青春期的男孩越来越向往自己的自由空间，越来越想摆脱原来循规蹈矩的学习生活，越来越不想在父母、老师的指点下生活，同时，紧张的学习、敏感的亲子关系都让男孩充满了无助感。

青春期的男孩已经不再是小孩子了，旧的人生价值体系开始瓦解，不得不全部放弃，而新的体系尚未完全建立。但这时,男孩需要明白,放松不能放纵,青春期只有一个,时光不可能倒流,梳理好自己的心情,努力充实自己,为今后的人生做好积淀,你的未来才会大放光彩!

1. 想放松做个坏男孩

放眼看现在的网吧、酒吧都是青少年,其中不乏一些已长成"男子汉"的青春期男孩。这些放纵自己的男孩,多半都有一些共同的经历:学习压力大,和父母、老师关系处不好,没有可以交心的朋友,喜欢上了一个女孩却被拒绝,这些都让男孩想学坏。

其实,每个男孩都想成为同龄人中的佼佼者,成为父母、老师的骄傲,可事实上,不是每一个男孩都能做到,于是,他们感到自己被人忽视了,干脆沉沦堕落;也有一些男孩,成绩优秀,但每一次优秀成绩的取得,都经历了心灵的煎熬,正因为他们备受瞩目,所以他们很累,于是,想放纵的想法就在心里蠢蠢欲动,他们更羡慕那些不用考试、不用面对老师和家长严肃面孔的男孩,很快,他们尝试着抛开一切,放松学习,放纵自己。

青春期有这些想法很正常,尤其是男孩,他们明白,自己未来要承担更多的责任和义务,但厚重的压力压得自己喘不过气来,无助感油然而生。其实,既然无助,就需要找人倾诉,让周围的亲人、朋友、老师来感受自己的心情,理解自己,帮助自己排解不快,不然,长期的放纵会让自己荒废学业、荒废青春。青春只有一次,努力地充实自己,才会有精彩的人生和光明的未来,再者,放松自己并不是真正让自己快乐的方法,真正的快乐,是心灵的释放,是解开心灵的枷锁。

2. 逃避不能解决问题

青春期是每个男孩趋于成熟的年纪,的确,每个青春期男孩可以拒绝任何东西,但绝对不可以拒绝成熟。成长是痛苦的,而实际上,很多男孩总是逃避问题、逃避痛苦。规避问题和逃避痛苦的趋向,是人类心理疾病的根源,不及时处理,你就会为此付出沉重的代价。青春期是一个各种问题交织的年纪,直面问题,你们的心智就会逐渐成熟;逃避问题,心灵就会永远停滞不前。然而,在我们的现实生活中,

逃避问题的男孩比比皆是。

处在青春期的男孩们，总是对反叛情有独钟，活在别人的眼光里，活在自己的借口里，不得不承认的是：父母不希望做的，做起来特别带劲；能够表现自己与众不同的，比学习、睡觉、吃饭都重要……即使在父母眼里什么正事都没做，但在自己，着实对生活抱着极大的热情，尤其对自己不了解的，自己不能触及的生活，总是持有一份任性和坚定——父母控制上网，每天借用一切机会上网去等待那些 QQ 上的留言；老师控制课堂纪律，每次上课总会精心准备各种话题写了小纸条在班上传递；社会不允许早恋，每天用心去追逐自己喜欢的女孩，攀比着谁的手机、ipod 最流行，每天做着这些努力……

其实，这些男孩们，何尝不是在逃避问题呢？他们怠慢了学习、怠慢了体会、怠慢了努力……

青春期的男孩们，事实上已经可以独当一面了，一些心事应该找个恰当的方法宣泄，而不是依然幼稚地拒绝交流、拒绝沟通、拒绝师长的帮助，与他们对抗着，难道就是真的长大了吗？成熟的标志之一是，懂得用正确的方法处理自己的问题。因此，青春期男孩们，不要逃避青春期的各种问题，成长是一个漫长的过程，但需要自己面对。

3. 学会克服浮躁情绪

青春期是个半成熟的年纪，处于青春期的男孩，心灵深处总有一种茫然与不安，让年轻的男孩们无法宁静，这种力量叫浮躁。

"浮躁"指轻浮，做事无恒心，见异思迁，心绪不宁，总想不劳而获，成天无所事事，脾气大，忧虑感强烈。浮躁是一种病态心理的表现，其特点有：

（1）焦躁易怒，情绪不稳定：在情绪上表现出一种急躁心态，急功近利。在与同学的攀比之中，更显出一种焦虑不安的心情。

（2）心神不宁：尤其在学习中，始终无法集中精神和注意力，心中恐慌，对前途毫无信心，内心充满对前途的困惑和忧虑。

（3）做事盲从性大：做事没有自己的主见，总是以别人的意志为转移，另外，行动具有盲目性，缺乏理智的思考，只是盲目地乱做题，或者是随时模仿和跟从别人学习，而不去想自己到底需要什么。这种病态心理，使学习效率特别低。

那么，青春期男孩为什么会有这种浮躁心理呢？

（1）自身心理品质问题。与艰苦学习、脚踏实地、励精图治、公平竞争相对立，浮躁是一种冲动性、情绪性、盲动性相交织的病态社会心理。浮躁的人一般不能对自己准确定位，常随波逐流、盲目行动，对此必须及时予以纠正。

（2）自我期望值过高。诚然，每个男孩都希望自己成为第一名，但这不是一蹴而就的，目标过高，也会使人焦躁不安。

（3）攀比心理。这是产生浮躁心理的直接原因。"人比人，气死人"，通过攀比，对学习环境不适应，对自己现有状态不满意，于是过急的欲望油然而生，因而使人们显得异常脆弱、敏感，稍有"诱惑"就会盲从。

浮躁就是心浮气躁，是成功、幸福和快乐最大的敌人。从某种意义上讲，浮躁不仅是人生最大的敌人，而且还是各种心理疾病的根源，青春期男孩要想踏踏实实地学习和生活，就必须克服浮躁心理。

"世界上怕就怕认真二字"，说的就是如果我们能静下心来认真做一件事情，就没有做不好的。但很多青春期男孩在做事情时常常都是半途而废，在开始的时候一腔热血，然后是热情消退，最后完全放弃。是什么原因让男孩们放弃呢？答案就是浮躁的心理，是急于求成、不愿面对困难的浮躁心理。在朝目标迈进的时候，这些男孩们总是在想着事情的最后成果，而这些却不是一天两天能看得出来的，所以男孩们就觉得这些工作是没有意义的，于是选择了放弃。

那么怎样才能克服浮躁心理呢？

（1）培养自己的务实精神。务实就是"实事求是，不自以为是"的精神，是革新求变的基础，男孩在日常生活中，不管做什么事，都要一步一个脚印，在学习上尤其如此，学好每一个知识点，打好基础，才谈得上创新学习，运用技巧。

（2）正确评价自己。正确地评价自己，了解自己，在与同学竞争的时候，才能对症下药，取长补短，努力提高自己。比如，男孩在考试成绩比竞争对手差的时候，要综合考虑各方面的因素，要考虑自己的努力程度、自己的学习方法、考试状态等各个方面，而不是武断地认为自己头脑笨，怎么努力也不够。这样比较，男孩的心理失衡现象就会大大减低，也就不会产生那些心神不宁、无所适从的感觉了。

青春期男孩，如果你们能够坚持，真正静下心来，认真地去学习、生活，你们做的会比现在好很多。只有拭去心灵深处的浮躁，才能找到幸福和快乐。在很多时候，我们都急需在心中添把火，以燃起某些希望；很多时候，我们也急需在心中洒点水，以浇灭某些欲望。拭去浮躁，求真务实，你会感觉到，其实我们很幸福，其实我们很快乐。

4.凡事想开，年轻不怕失败

一幢大楼如果没有坚实的基础，如何"风雨不动安如山"？一个人的一生如果没有顽强的意志力，怎么面对各种各样的挫折？青春期的男孩们，不管在生活和学习中遇到什么挫折，都要记住，你是男子汉，凡事都要想开，年轻是资本，年轻不怕失败。

处于青春期的你们，有很好的记忆力，有很好的学习力，有很高的悟性，有很强的动力，所以我们要努力打好自己的基础，从这一刻开始。

挫折在人的一生中是不可避免的，不要哀叹自己为什么那么倒霉，总要遇到不如意或是失败，其实每个人都会遇到挫折，只是有大有小而已。"天将降大任与斯人也，必先苦其心智，劳其筋骨，饿其体肤，空乏其身"，男孩是未来社会的顶梁柱，没有任何失败与困难能打倒你。做任何事情要想获得成功，必须付出代价，而遇到挫折和失败是所付出代价的一部分。遇到失败或是挫折并不可怕，关键的是你如何对待挫折，不能一遇到挫折就心灰意冷、一蹶不振。

但从实际情况来看，如今青春期男孩的挫折承受力大多较弱，而且越是在升学率高的学校，这一状况越为突出。男孩们何以心理如此脆弱，缺乏对挫折和失败的承受力呢？

（1）社会经验缺乏。当今社会，青春期的男孩们，除了学习以外，他们缺乏一些必要的社会经验，同时也就失去了自我磨炼的机会。他们的生活范围基本限制于从学校到家门的两点一线之间，这条路未免过于平直。尤其是一些成绩优秀的男孩，渐渐养成了"输不起"的性格。当他们遇到困难、失败时缺乏相应的心理准备，往往会迷茫无措，进而产生消极、厌学，甚至厌世的情绪。

（2）现有升学制度的影响。不得不承认，长期以来，我国的教育制度是应试教育,只考虑到孩子们的共性需要,而一些非智力因素,比如意志、抗挫折能力,学校并没有给予培养,很多男孩身上本有的一些男子汉品质也被磨灭了,从一定意义上说,片面地追求分数,过分地强调应试能力,势必要以牺牲或延缓其他能力的发展为代价。

(3)独生子的特有属性。现代社会,很多男孩在家中都是独生子,正因为如此,他们在意志力上有一些弱点,具体表现为:

①依赖性强。他们衣来伸手、饭来张口,甚至最基本的生活能力都没有,其实,这都是他们长期依赖父母或者长辈造成的。

②自理能力差。依赖性必然导致自理能力差。

③强调以自我为中心。在家庭当中长期的核心地位,使男孩们形成这一意识。由于独生子女的这些特性,青春期男孩面对挫折的承受力也相对更弱一些。

因此,青春期男孩必须要清醒地认识到挫折失败对于自己成长成熟的帮助。的确,青春期,是一条不好走的路。然而,当挫折与失败来临的时候,也并不完全是坏事,对于消极的人来说失败是绊脚石,对于积极的人来说则是踮脚石,失败是成功之母,不经历风雨怎么见彩虹?跌倒了,再爬起来,年轻就是资本,失败了只要不灰心,就能一次次站起来,即使是一路磕磕绊绊,心里也是快乐的,因为努力过就灿烂过!

四 男孩的小小心思

王刚在同龄的男孩中，始终走在"时尚前沿"，这不，星期天，他并没有和小伟一起去打球，而是神秘地"失踪"了一天，到晚上的时候，他神采飞扬地跑来找小伟，对小伟说："怎么样，我这发型?"

"你把头发染了?"小伟诧异地问。

"是啊，你不是看见了吗? 怎样? 我这色儿?"王刚还在炫耀着。

"你不怕你爸妈扒了你的皮? 我们才十几岁呢。"

"大不了一顿骂，我们这个年纪不打扮，会被人认为是老土的。你看，我们学校好多初一初二的男孩都把头发染了，我们做师兄的应该带点头嘛。"王刚开着玩笑。

"可是，你明天怎么面对老师呢? 万一老师要你染回去怎么办?"

"是哦，我怎么没想到呢? 我爸妈的话可以不管，老师可不是好惹的，要真是让我染回去，我就说我这是定型定色的，染不回去了，他也没办法。"

"我劝你还是染回去吧，染发好像对身体不好哦，我们上网查查吧。"

上网搜了很多资料后，王刚的确看到好多关于青少年染发伤身体的评论，当天晚上，他就跑到理发店，恢复了头发的颜色，为这事，王刚花去了一个月的零花钱，后悔不已。

青春期的男孩们，开始逐步接受成人世界的一些做人做事、穿着打扮的方法，另外，随着广告、媒体、娱乐的宣传作用，很多男孩追求个性、时尚的生活方式，开始盲目追星，喜欢穿一些奇装异服，喜欢表现自己的男子汉气概，喜欢出头。青春期是接受新事物的年纪，但一定要有所选择地接受，对外界的影响，要学会吸其精华，去其糟粕，然后为你们所用。

其实，男孩们，你要明白，青春期本身就是美丽的，不需要任何刻意的修饰，青春也需要理智地对待身边发生的事，你才会过得纯洁、快乐!

1. 阳光男孩怎样打扮

"爱美之心，人皆有之"，这并不是女孩爱美的口号，男孩也不例外。每个男孩都希望自己可以打扮得阳光、帅气一点,每当穿上买的新衣服,心里总是美滋滋的,走起路来也特别神气,但青春期男孩一般都是学生,你们正在求学的时期,又没有经济收入,穿戴方面不宜赶潮流、追时髦,只要衣着整洁,朴素大方即可。那么,青春期男孩怎样打扮自己才算帅气呢? 男孩应该注意以下几个方面:

(1)要干净整齐,不能邋遢有异味。

(2)不能穿背心,更不能光膀子。

(3)不能穿拖鞋,更不能打赤脚。

(4)不能戴有色眼镜。

(5)衣服扣子要系好,不能敞胸露怀。

(6)不能奇装异服,和学生的身份不符。

(7)不要染发、打耳洞、不需要盲目和同学攀比、追求名牌。

爱美是一点儿也没错的,但人的打扮一定要得体、适当,才显出美和可爱。不同年龄、不同身份的人有不同的形象要求。青春期男孩是刚刚开放的花朵,天真活泼、纯洁无邪就是青春期最美丽的地方。如果一味学成人打扮得非常复杂、非常郑重,甚至珠光宝气,那只会弄巧成拙,反而把最美的本色弄丢了。因此,青春期男孩,干净、整洁、符合学生的穿着就是最帅气和阳光的!

2. 我追星,我快乐

"追星"行为是指青少年过分崇拜迷恋影视明星和歌星的行为。中学生追星现在已经成为一种普遍的潮流,青春期男孩就成为追星族的一员。

而事实上,这些男孩心中的偶像大多都是影视歌星,只有少数人的偶像为艺术家或商人、作家等。很多男孩因为追星已经逐渐变得疯狂起来,他们盲目地"随大流",疯狂地收集明星资料、相片和唱片,是非常愚蠢的做法。这样既浪费钱财,又消磨时间。那么,男孩为什么会成为追星族中的一员呢?

据心理学家分析,偶像崇拜是青少年时期重要的心理特征之一,是青春期心理需要的反映,而他们"追星"的心理主要体现在以下五个方面:

(1)炫耀心理。任何人都有虚荣心,接近成人的男孩自然也有,这种虚荣心在那些成绩不如人的男孩身上体现得更为明显。他们为了树立在同学们心中的形

象,便利用明星这一共同话题。他们刻意模仿明星们的作风,收集明星们的信息,把这些作为炫耀自己的能干、消息灵通的资本,以此抬高自己的身价,借助谈论明星的话题,证实自己在同龄群体中的地位。而很明显,我们可以发现,那些学习成绩优异的同学,对明星的关注度会小很多,因为他们已经有树立威望的资本——学习成绩。

（2）从众心理。现代社会,随着媒体、广告的传播,文化也已经逐步呈现出多元化的趋势。而对于那些未成熟的青少年来说,除了课堂外,似乎了解明星成为了他们最大的乐趣。在这个时期,男孩的好奇心和模仿力都很强烈,他们喜欢标新立异,追赶时髦,如果周围的人都在研究明星,而自己被排除在外,就会被认为是落伍。

（3）共鸣心理。青春期也是一段多事之秋,男孩们会被身体上的很多问题困扰,同时,也总会遇到一些挫折和困难,于是产生很多烦恼,而每个人的遭遇又是不同的,明星就成了他们与同龄人交流的一种有效武器,尤其是找到共识以后,他们更是一吐为快。同时,那些明星口中的歌词、电影情节,也引起了青春期男孩的共鸣,使男孩把这些歌词当做生活的指南,把演唱这些歌曲当做排解烦恼、忧愁的手段,崇拜也由此而生。

（4）追求成功心理。男孩们都有一种英雄情结,而女孩则是喜欢明星靓丽的外表。但事实上,男孩并不是英雄,于是,他们便把这种情结寄托在明星身上。而且,青少年时代是一个充满幻想、渴望成功的时代。在这个阶段,男孩会对自己的未来有种种向往和追求,他们追求个性发展的丰富、多样,向往事业的成功,幻想赢得别人的好感和赞扬,希望得到异性的青睐,渴望自己有出众的风度和优雅的举止等等。但是,如果仅仅靠自己的摸索,是很难获得这样的成功的,于是,那些不能实现自己愿望的男孩,就把那些已经取得一定成功的明星作为仿效的榜样。明星们所取得的辉煌成功、优越的生活条件、前呼后拥的气派和大量的掌声、鲜花等,使男孩们羡慕不已,他们希望通过模仿、崇拜明星来改善自己的言行举止和衣着打扮,借助明星们的言行举止和衣着打扮等找到获得成功的捷径,提升自己的价值,追求自己渴望的成功。

无论是谁,成人也好,青春期男孩也好,都需要一个目标,榜样的力量也是无穷的,正如"没有星星,宇宙将漆黑一片"一样。年轻人需要榜样,但盲目追星,只会让自己的生活陷入无目的之中。青春期男孩,要正确认识追星现象,正确引导追星情结,要想使你的生活变得充实、丰富,你要做的不是跟在明星后面,而是应该行动起来,为自己的目标奋斗,为自己的梦想努力,这样,你才可能成为建设国家的栋梁之才和耀眼之星。

3. 不要盲目攀比

随着物质生活的逐渐改善,金钱和物质的熏染已经蔓延到年轻的青春期孩子身上,一些爱面子的青春期男孩之间的攀比现象无处不在、无时不有,不同年龄、不同家庭背景的男孩,都有基于自身特点的攀比之心和攀比之行,一般情况下,这种攀比都是物质上的。

攀比深深地渗透于原本质朴的男孩的生活和学习过程中,影响着他们的思想、学业和行为。对众多潮流产品的追逐与攀比,例如名牌服装、高档手机、电脑、数码产品等,使得很多家长不堪经济重负,纷纷喊累。这些男孩一般喜欢在以下几个方面攀比:

一是比穿戴。当今的中学生,尤其是崇尚运动的男孩,从头到脚可谓是被名牌全副武装,你穿"李宁",我就要穿"耐克"。谁的牌子更响亮一点,谁说话的底气就更足一点。其实,这种盲目攀比的作风是要不得的,作为学生的你,还没有挣钱的能力,父母挣的也是辛苦钱,供你读书已经实属不易,哪能经得起你今天"耐克",明天"阿迪"的折腾?而且,青春期身体长得快,今年的衣服明年就不能穿了,这种攀比浪费极大。

二是比吃喝。这次你吃麦当劳,下次我就吃肯德基,你吃一次,我就吃两次……长此以往,恶性循环,家长给的一个月的生活费不到一个星期就全部花光了,远远超出一个中学生和一般家庭的经济承受能力,于是到处向同学借钱。但借钱毕竟是要还的,久而久之就发展为偷,成为一个品德败坏的学生。这种现象在青春期男孩之中时有发生,最后还得由老师来处理,家长来买单。

三是比玩乐。青春期男孩的主要任务是学习,但不少人总是把玩字放在第一位。比着上网吧,比着去蹦迪,比着上歌厅。还有,比外出旅游,反正一定要比个输

赢，最后不堪负重的是自己的父母。

四是比排场。这里主要是指比过生日的排场，张三同学过生日花了三百元，请了一桌，七八个同学吃了一顿；李四同学过生日就请两桌，大吃大喝后还要请同学唱卡拉 OK；王五同学过生日时，就更不得了了，反正谁也不愿意输给谁。其实生日不是庆祝自己，应该是感谢父母的养育之恩，特别要感谢自己的母亲在这一天将你带到这个世界。因此，同学之间盲目攀比庆祝生日之风是要不得的。

攀比的表现形式还有很多，一般情况下，他们不会比谁的成绩好，谁的知识更充足，而是比谁吃得好、谁穿得俏、谁花钱阔绰、谁发型新潮；有的男孩对家境津津乐道，比谁的家庭金钱多、比谁的父母权力大、比谁家的轿车档次高、比谁家的房子面积大；有的男孩甚至与明星比派头，有的男孩与大款比享受。凡此种种，都表达了这样一个问题：他们所攀比的是"不该比的东西"，对人生观、价值观尚未定型的青春期男孩来说，热衷于物质与享乐的追求，必将导致品行的偏离。

畸形的攀比可能导致男孩虚荣心强，这对于男孩以后人生观、价值观乃至人格的形成都会起到一些消极影响。的确，没有哪个男孩愿意被周围的人看做异类，都想融入集体，但这种攀比并不会为你赢得良性的人际关系。青春期男孩，一定要记住，你可以和同学比，但不要比物质，应该比成绩，比能力，和同学之间良性地竞争。

从理论上讲，攀比并不是什么坏事，但要看具体攀比的内容。实际上，真正意义上的攀比，包括两个方面的含义，一方面是指那些盲目与别人比较，而不顾自己实际、不求长远目标、不合教育要求的现象；另一方面也包括那些有明确的进取目标，有意识的、积极的、善意的、科学的与他人比较的现象。

良性的攀比能使人奋发，男孩与同学之间互相竞争、你追我赶、不甘示弱的现象能构成校园生活中一道亮丽的风景。青春期男孩可以做到：在学业上，要敢与"第一名"比，为了能够超过他人，要制订详细的学习计划，并脚踏实地付诸行动；在品德上，要把标兵、模范作为自己做人的楷模，比做人的本领、比对集体的奉献、比各自的理想，要敢于和同学比自己的特长，也要学会弥补自身的不足。

因此，青春期男孩，要和周围的同学比学习、比勤奋、比文化素质、比团结友爱，而不是变着法儿地比吃、比穿、比打扮。正确看待世界万物，你会快乐、健康、明白地生活！

4.不要讲哥们义气充大头

在周三的第一节课上,小伟班上出了一件很令人震撼的事:班上有个同学直接站到了讲台上!为了不影响其他同学的课堂教学,老师叫他先站着,继续进行课堂学习。下课后,老师把他叫到教室外,问他什么情况。他说他有事要离开学校,找不到班主任请不了假,很烦。老师紧接着问他什么急事,他说他的朋友要被人砍了,他要找人给朋友摆平这件事,他的兄弟们正等他商量。所以他很急着离开学校,上节课没听课是想办法怎么请假走。

听到这些,老师都吓得半天说不出话来!这些男孩怎么这样?

青春期男孩,随着年龄的增长,视野的开阔,对外界事物所持态度的情感体验也不断丰富起来,都有了自己的交友圈子,都有自己的几个哥们儿,于是,相互之间就称兄道弟,并盟誓要有福同享、有难同当等,认为这样就是讲究哥们义气。

"哥们义气"是一种比较狭隘的封建道德观念。它信奉的是"为朋友两肋插刀"、"士为知己者死"、"有难同当,有福同享",即使是错了,甚至杀人越货,触犯法律,也不能背叛这个"义"字。总之,它视几个人或某个小集团的利益高于一切。因而,青春期男孩要知道,它与同学之间的真正友谊是截然不同的。

其实,青春期男孩有一个比较显著的特点是比较单纯,喜欢交往,注重友情。在同学的交往中,这种感情是最真挚的。但也不排除由于各种因素的影响,一些同学缺乏明确的道德观念,分不清什么是真正的友谊,甚至把"江湖义气"当成交朋友的条件,而使自己误入歧途。

友谊应该是人与人之间的一种真挚的情感,是一种高尚的情操。当遇到困难和危险时,朋友之间会无私帮助;有了烦恼和苦闷时,也可以向朋友倾诉。

友谊与哥们儿义气是不同的,友谊是有原则、有界限的,友谊对于交往双方起到的都是有利的作用,因为友谊最起码的底线是不能违反法律,不能违背社会公德。而"哥们义气"源于江湖义气,是没有道德和法律界限的,为"哥们"两肋插刀,这就是他们所信奉的。友谊需要互相理解和帮助,需要义气,但这种义气是要讲原则的,如果不辨是非地为"朋友"两肋插刀,甚至不顾后果,不负责任地迎合朋友的不正当需要,这不是真正的友谊,也够不上真正的义气。

理解什么是友谊，也是青春期男孩是否成熟的表现，千万不要中了"江湖义气"的毒害。

5. 父母请给我自己的空间

每个青春期男孩最渴望的就是得到父母的理解，他们都希望生活在一个民主型的、和睦的家庭中，这样的家庭才会给自己一个温暖的港湾。当家庭不和睦时，男孩就会有被抛弃感和愤怒感，并有可能变得抑郁、敌对，且富于破坏性……还常常使得他们对学校和社会生活不感兴趣。

与父母交往，男孩渴望得到他们的认可与尊重，希望他们承认自己已经长大，能够处理一些自己的事情，需要更多的空间，而更多时候，家长往往把他们仍当成小孩子，所以对他们仍抱有一定的不信任态度。有些男孩一旦发现，便会觉得自己被他们轻视，小看了。这往往打击他们的积极性，使他们对长辈产生半敌视心态。

作为青春期男孩，你需要父母的理解，需要父母给你空间，不妨说出来，开诚布公地与父母谈一谈。做父母的都年轻过，你的想法他也能理解。父母限制你的空间，是希望你能花更多的时间学习，可怜天下父母心，没有哪个父母不关心自己的孩子，世界上最爱你的人非你的父母莫属。无论你是什么样的孩子，父母对你的爱都是最纯净、最无私，最可贵的。他们可能无法完全理解你那五彩斑斓的世界，但是请你相信父母对你那最毫无保留的爱。请每天都在成长的你，每天都很容易接受新鲜事物的你，理解他们对你的爱，主动和他们沟通，告诉他们你的世界、你的想法，即使他们不了解。有爱这个基础，还有什么鸿沟跨越不了？

社会篇：
懂得担当责任，
青春期男孩早成熟

　　每个孩童，都会长大。因为没有人可以拒绝成长，拒绝成熟，走过青春期的男孩，也即将成为一个男子汉，成为一个社会人，因此，就必须有所担当，就必须放弃孩童时代的那些幼稚，理智地对待生活中的任何事。健康生活，打好身体的基础，才能精神饱满地面对成长的挑战。只有自觉远离黄、赌、毒这些危险禁区，才有了幸福生活的保障。青春期是进入社会的前奏，只有学会自立，培养一些良好的品质，才能经得起社会的洗礼。青春期更要学会与人相处，才不至于让自己孤独、寂寞，搞好社会关系，也才能成为一个合格的社会人。总之，青春期的男孩们，你们已经不再是那个可以凡事求父母长辈的孩子了，你必须要成熟，做一个敢于担当、有责任感的男子汉！

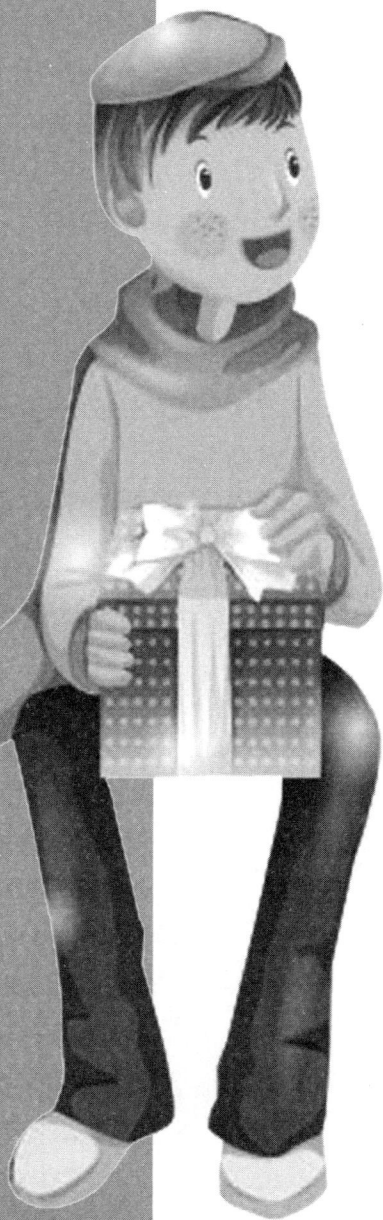

第七章 身体就是本钱，男孩子的健康生活方式

小伟很爱好运动，因此，体质较好，而他的朋友小志却从小体弱多病，动不动爷爷奶奶就带他去医院打针、吃药。其实，小志身体不好，主要是老两口从小就对小志溺爱，小志要运动，他们怕孩子摔着、伤着；小志喜欢吃肯德基，老两口就省钱买给孙子吃；小志越来越胖，老两口却说胖点好。直到有一天，小志的爸妈从国外回来，看到几年没见的儿子一下子成了肥胖人群中的一员，才意识到儿子需要良好的生活习惯。

于是，小志爸妈对小志进行了一系列健康生活的锻炼，小志渐渐尝到了锻炼身体的快乐，每天早上六点准时起床，和爸妈一起跑步半个小时；每餐减少很多脂肪高的食物；小志还开始自己整理房间；在爸妈的指导下，小志还懂得如何护理自己的皮肤。如今，小志已经由一个多愁善感的胖男孩变成一个健壮乐观的帅小伙了。

的确，随着目前经济水平的提高，很多青春期男孩出现身体发育不够匀称、体重超标等状况，这一方面与饮食有关，另一方面与锻炼有关。因此，处于发育期的男孩要懂得体质差与自己缺乏有关身体发育的健康知识有很大关系。

另外，青春期本身就是一个"多事之秋"，由于社会的不断发展，竞争日趋激烈，加上旧的教学模式等诸多因素的影响，学生有两种病比较突出，一是近视眼，一是神经衰弱，后一种疾病在高等学校较为突出，这两种病成了学生的"职业病"。当然，还有一些遗传病，如肝炎、肺结核……由此可见，青春期男孩要想有个健康的身体，要想有充沛的精力学习，就要有健康的饮食习惯，并辅以合理的运动，更要知道身心健康才是真正的健康，身体是革命的本钱，良好的身体素质对你的一生都会有益。

一 健康的身体，好生活的基础

有一次，小志的爷爷奶奶带他来看牙医，医生一看到小志，就说："以后少吃点甜食和炸鸡那些东西，你这牙呀，完全是你自己给吃坏的，你自己照镜子没有，牙齿上都是窟窿。"小志爷爷奶奶说："都是我们的错，这孩子，从小体弱多病，我们就让他多吃，只要是他喜欢吃的，我们都给他买，这不，来的路上还买了薯片呢。"

"现在生活好了，很多家长和你们一样，只要孩子好好学习，什么都满足孩子，这怎么行呢？这些不良的饮食、生活习惯，是引发青春期孩子常见病的重要原因，这牙疼还是小问题，要是真得了什么病就不好治了。男孩子，是男子汉嘛，更应该注意身体，以后还要孝顺爷爷奶奶和爸爸妈妈呢，怎么这么小身体就不好了，你说是吗，小伙子？"

小志觉得医生说得很有道理，点了点头。

一些青春期男孩，无法好好地生活、学习，不是败在了智力上，而是败在了体质上。随着物质生活水平的提高，这种现象屡见不鲜，很多青春期男孩还患上了青春期的一些常见疾病，比如龋齿、高血压、尿路感染、鼻炎等。事实上，这些疾病的产生都会影响到学习，还可能对一生的健康都有影响。青春期本身就是长知识、长身体的阶段，良好的身体素质是其他一切的基础。

1. 青春期常见病

现代社会，物质生活水平的提高，并没有给人们的身体素质带来相应的提高，这种情况不仅在成年人身上出现，很多正处于青春期的男孩也成为其中一员。由于紧张的课程学习、不健康的生活方式等，很多青春期男孩有了属于他们这一人群特殊的疾病。

（1）近视。近视就是看近处的物体清楚，看远处物体不清楚。这类人看书必须离书很近，按正常人的距离是看不清楚的，必须佩戴近视镜。

按照近视眼的度数,可分为 3 类:300 度以内为轻度近视,300 ~ 600 度为中度近视,600 度以上为高度近视。近视的病因,有先天、后天之分。先天性近视是一种遗传疾病,后天近视则是不卫生用眼造成的。

那么,造成近视的不良用眼习惯包括哪些方面呢?

①不良用眼习惯:主要是看书写字时眼与书本距离太近,连续看书或写字时间过长,特别是在光线不足的条件下,再就是走路、乘车以及躺着看书等不良习惯。

②不良饮食习惯:如果男孩对辛辣刺激的食物有偏好的话,得近视的概率要高得多。据日本近视防治委员会研究,认为爱吃甜食也是近视的诱发因素。因为甜食中维生素 A 含量少,钙缺乏,使眼球壁弹性降低,眼轴容易变长。

(2)结核病。结核病的病原是结核杆菌,有很强的生存能力,在阴暗潮湿的环境中能存活半年,在空气中也能存活 8 ~ 10 天,病人吐出的痰中的结核杆菌,在阳光下也能生存 20 ~ 30 小时,所以,结核杆菌的传染能力很强。

平时,空气中飘浮着结核杆菌,人人都有被感染的可能,然而,被感染者仍然是极少数,关键在于每个人的抵抗力。青春期男孩正处于人生的第二个生长发育高峰期,年轻人好动,消耗大,对营养素的需要量多,由于偏食、盲目减肥等原因,营养得不到充分、及时地供应,导致抵抗力下降,为感染结核杆菌提供了机会。另一方面,青春期男孩的生理功能发育又常常滞后于形态发育,其生理极限比成年人低,耐力比成年人差,易疲劳,而他们往往又自恃年轻,做事不惜力气,又不善于安排生活,使体力、精力"透支",抵抗力下降,为感染结核杆菌提供了可乘之机。这就是为什么青少年成为结核病高发人群的主要原因。

(3)急性扁桃体炎。急性扁桃体炎是由溶血性链球菌或病毒侵入扁桃体而发生的炎症,其症状主要有咽痛、扁桃体肿大甚至化脓,造成吞咽困难、发热、全身不适、头痛,严重者还会并发风湿性关节炎、心肌炎、肾炎等。

急性扁桃体炎有传染性,春秋两季发病率最高。以年龄计,青年期发病率最高,其次是少年儿童,50 岁以上的人很少发病。由于急性扁桃体炎有传染性,故病人应注意隔离,多饮水,吃流食,适当休息。患病后要及时治疗,三五天即可痊愈,如治疗不及时转成慢性扁桃体炎,就会给治疗带来困难,因为慢性扁桃体炎药物治疗效果不太理想,常因此引起严重并发症,不得不进行扁桃体切除术。

(4)青少年特发性高血压。有人认为,高血压是中老年病,与青少年没有关系,这话不完全对。高血压确实在中老年人中比较多见,但这并不是与青少年没有一点关系,因为青少年中也有一定数量的人患高血压,所以,青少年也应该关心自己的血压是否正常。

血液在血管中流动对血管壁产生的压力,就叫血压。形成血压的动力来自心脏的搏动。血压由两个数值构成,当心脏收缩时,血液对血管产生的压力叫做收缩压,也称"高压";当心脏舒张时,血液对血管的压力叫舒张压,又称"低压"。通常所说的血压,是指上臂肱动脉所测的血压值。收缩压减去舒张压就叫做脉压差。

目前认为,成年人的正常血压,收缩压低于或等于 18.7 千帕(140 毫米汞柱),舒张压低于或等于 12 千帕(90 毫米汞柱)为正常血压。正常血压因年龄和性别不同而有一定差别。

高血压分原发性和继发性两种。原发性高血压的病因非常复杂,继发性高血压是由于其他疾病(如急慢性肾小球肾炎、肾盂肾炎、肾肿瘤、肾先天性发育不全等肾病)引起的高血压。青春期高血压多为原发性高血压,多见于 14~20 岁。其中有一些人的血压升高是暂时性的,可能与青春期神经和内分泌旺盛以及心脏发育有一定关系。这种暂时性血压升高主要表现为收缩压较高,可达 18.7~20 千帕(140~150 毫米汞柱),而舒张压一般不升高,平时也没有非常明显的感觉。

表面上看,青春期男孩患高血压的危险不如中老年人那么严重,因为在患高血压病的青少年中,发生中风和由于高血压导致心脏病和脑血管病的危险也没有中老年人那么高。但是,高血压病对于青春期健康的危害却不能低估,青春期的男孩们,未来要担当社会和家庭的责任,必须有健康的身体。

以上这些是青春期常见的几种疾病,男孩们一定要注意预防,要有良好的生活、卫生习惯,同时需要积极参加体育锻炼,增强体质,但也要注意劳逸结合,避免过度疲劳,再者,如果患上这些疾病,男孩需要积极治疗,防治结合,赶走疾病,才能让自己度过一个健康的青春期。

2. 特别时期要注意特别营养

一般来说,男孩在体型上都比女孩更高大,在整个发育的过程中,他们需要的能量也比女孩多。男孩在整个身高突增期内平均长高28cm左右，较女孩高3cm，约为成人身高的90%，体重也会增加为成人的80%～90%。事实上，男孩和女孩的成长高峰期是间隔开的。在进入青春期前，男孩、女孩的身高差别很小，男孩的群体均值水平略高于女孩1～5cm。但在经历了青春期后，成年男子的身高明显高于成年女性。不仅如此，在进入青春期后，男孩在骨骼和肌肉的发育上也十分迅速。

很明显，青春期男孩这些突飞猛进的发育，自然对营养的需求较大。这期间，他们对热量、蛋白质等营养素的需要量是一生中最高的。在青春发育期，男孩的生长发育需要食物为之提供足够的热量，而且由于他们的基础代谢增高、体力活动增加，也需要较多的热量来维持，因此每日摄取的食物中要保证有足够的热量及蛋白质。在摄取高热量、高蛋白膳食的同时，应以平衡膳食、全面营养为原则，安排好所需热量、蛋白质、碳水化合物的比例，还应注意摄取各种维生素、矿物质，选择食物要广泛，注意主、副食搭配。

男孩子在发育期较女孩子食欲强、食量大，因此，谷类食物的摄入对他们来说十分重要。一般来说，13～17岁的青春期男孩每日进食的主食不应少于500克，否则时间长了会带来不良后果。青春期男孩在青春发育期身体生长迅速，身体内各组织、器官、肌肉都随之发育增长，所以体内也需要大量的优质蛋白质。但实际上，蛋白质也不一定只从动物性食品中获得，豆类也是蛋白质的很好来源。经常摄入豆制品既能改善膳食花样，又能增加营养，且十分经济。

青春期男孩除要摄入谷类、动物性食品外，还应注意多食海产品、蔬菜、水果等。因男孩子在青春期骨骼发育较快，故应多食富含钙、磷等矿物质的食物，如虾皮、海带、乳制品、豆制品等。此外，每天还应进食400～500克的新鲜蔬菜，以保证维生素和矿物质、纤维素的摄入量。

有些男孩子食欲好，偏爱油炸食品，尤其是市场上各种中西快餐店制作的含高脂肪、高糖、高蛋白质的食品，如炸鸡、汉堡包、三明治、冰淇淋等。但是，长期食用这种快餐食品对身体有害无益，暴饮暴食也会伤害脾胃，影响其他食物的摄入，并且易引起肥胖，增加成年后患心血管疾病的概率。

3. 青春期男孩要壮不要胖

每个男人都想拥有强健的身体,每个青春期的男孩也都希望可以发育得健美,健美的身体标准是稍有胸肌,双臂结实,腹部没有赘肉,小腿修长并稍有肌肉。男性健美的体态,可以通过科学的健身运动和合理的饮食来实现。因此,青春期男孩要壮不要胖。

现代生活紧张忙碌,学习压力大,平时进行运动锻炼的时间不多,这就需要男孩一定要注意饮食和合理的锻炼,二者缺一不可。那么,男孩如何判断自己是不是胖了呢?

正常的体重标准是:

体重指数等于体重(单位:kg)除以身高(单位:m)的平方,例如,一个男孩体重65kg,身高1.7m,那么这个男孩的体重指数等于65除以1.7后,再除以1.7,得到的结果大约为22.5,这个人的体重指数就是22.5。

一般认为,正常的体重指数为18.5～24.9,体重指数小于18.5,属于偏瘦,体重指数在25～29.9属于超重,体重指数在30～34.9属于肥胖,体重指数大于或等于35属于病态肥胖。

体重指数并不是绝对的健康标准。有研究显示,有很多体重指数超标的人士多项健康指标都正常。所以,即使你稍微发福,只要你的身体各项健康指标正常,就不必太过忧虑。但青春期男孩一定要拒绝肥胖,因为肥胖的确危害多多。

处于知识储备期的男孩们,如果肥胖会降低智商,过多的脂肪可能产生过量的激素,这些激素可能损害大脑,破坏正常的脑功能;肥胖还会使大脑血管壁变厚,血管变硬,影响血液循环,减缓大脑供血,影响大脑正常运作,降低记忆力和智力。另外,肥胖还容易导致呼吸道疾病、心血管疾病,增加头疼的概率等。这就要求男孩们做到如下几个方面:

饮食上,一般原则是早饭吃好,午饭吃饱,晚饭吃少。以这样的原则,男孩在进食的时候,要注意不要偏食,不可暴饮暴食,坚持定时定量,不吃辛辣、刺激、油腻食品,多注意摄入水果、蔬菜、豆制品等高蛋白的食物,既要摄取足够的营养以保证身体需要,又要注意适当节制食量。

另外,要积极参加体育锻炼,男孩子是天生的运动健儿,有健才会美,保持适度的活动量,消耗多余热量,以避免体内热量过剩转变为脂肪积聚起来而形成肥胖。

再者,有的青春期男孩肥胖与家族性肥胖有关。家族性的肥胖聚集倾向并不一定是基因遗传引起的,而可能是因为家族在长期共同生活过程中,不科学的饮食习惯代代相传难以改变所致。所以,全家养成良好的饮食习惯对后代是很重要的。

要避免肥胖,强壮身体,除了要合理饮食外,就是要合理锻炼了。但青春期的男孩,一定要以自身身体条件为依据,适量运动,同时注意技术动作规范,采取足够的安全保证,以免造成身体伤害。

4. 保护好心灵窗户的明净

眼睛是"心灵的窗户",不仅女孩希望自己有双清澈动人的眼睛,男孩也希望自己的眼睛能健康明亮,青春期的男孩们更是希望自己的眼睛不被紧张的学习、繁重的课业所影响,因为眼睛对于人们工作、学习和生活均至关重要。但现实生活中,对男孩眼睛的健康产生影响的因素实在太多,为此,保护眼睛的健康至关重要。这主要包括以下几个方面:

(1)要有良好的用眼习惯。

①读书时间不要太长:以每三十分钟休息片刻为佳。

②坐姿要端正,不可弯腰驼背,趴着做功课易造成眼内睫状肌紧张过度,进而造成近视。

③看书距离应适中,书与眼睛之间的距离应以30cm为准,且桌椅的高度也应与体格相配合,不可勉强将就。

④看书时,光线须充足。

⑤避免反光:书桌边应有灯光装置,其目的在于减少反光以降低对眼睛的伤害。

⑥看电视距离勿太近。看电视时眼睛与电视屏幕之间的距离应为电视画面对角线的6~8倍,每30分钟必须休息片刻。

(2)作息习惯。睡眠不足身体容易疲劳,易造成假性近视,因此,男孩要注意保持充足的睡眠,每天不低于八小时。

（3）合理膳食。保护视力、防治眼部疾病,的确需要从多个方面着手,其中注意营养,对改善视力也有一定的帮助。在日常饮食中,具有改善视力作用的食物有:

①富含维生素A的食物。维生素A与正常视觉有密切关系,如果维生素A摄入不足,则视紫红质的再生慢而且不完全,暗适应时间延长,严重时造成夜盲症。如果膳食中维生素A继续缺乏或不足将会出现干眼病,此病进一步发展则可成为角膜软化及角膜溃疡,还可出现角膜皱折和毕脱氏斑。维生素A最好的食物来源是各种动物肝脏、鱼肝油、鱼卵、禽蛋、胡萝卜、菠菜、苋菜、苜蓿、红心甜薯、南瓜、青辣椒等。

②富含维生素C的食品。维生素C可减弱光线与氧气对眼睛晶状体的损害,从而延缓白内障的发生。含维生素C的食物有柿子椒、西红柿、柠檬、猕猴桃、山楂等新鲜蔬菜和水果。

③钙。钙与眼球构成有关,缺钙会导致近视眼。青少年正处在生长高峰期,体内钙的需要量相对增加,若不注意钙的补充,不仅会影响骨骼发育,而且会使正在发育的眼球壁——巩膜的弹性降低,晶状体内压上升,致使眼球的前后径拉长而导致近视。含钙多的食物,主要有奶类及其制品等。

（4）经常做一些保护眼睛的运动。比如眼保健操等,还可以经常眺望远方,尤其是在一段时间的用眼后,放松眼肌,可以防止近视,有益于眼睛的健康。

（5）定期做视力检查。凡视力不正常者应到合格的眼镜公司或眼科医师处做进一步的检查。

5. 牙口好才能胃口好

一口好牙是健康生活的前提和保证,更是人们所希望拥有的。处于长身体阶段的青春期男孩,更需要有健康的口腔,才能保证摄入充足的营养。同时,牙齿健康与否也是身体健康的重要指标。事实上,一口好牙是要从保护开始的,牙齿疾病也是从预防开始的。那么,青春期的男孩们应该怎样保护牙齿呢?

（1）清洁牙齿。清洁口腔是当今文明社交的需要,也是个人健康的需要。一般情况下,刷牙是为了清除牙菌斑、软垢、食物残渣与色素沉着,保持口腔清洁,同时可以按摩牙龈,增进牙周健康。当然,每个人都会刷牙,刷牙方法也较多,但无论哪种方法,牙齿各面均应刷到,有效的清除牙菌斑。同时应注意以下几个方面的内容:

①刷牙时要注意刷除龈沟与牙邻面的牙菌斑,也就是说刷毛一直与牙龈有着十分密切的接触,要求刷毛一定细而软,回弹力与耐磨性能均应较好,故选用的牙刷,绝不能用硬而粗的刷毛,以免损伤龈缘。

②每天应刷牙2次,每次每个部位刷10次(来回刷5次),刷牙时间因人而异,但不能少于90秒。同时要刷舌头,以保持口气清新。经研究证明,口臭的形成主要是牙龈沟内和舌背的不洁造成的。

③刷完牙后自己用舌头舔一下牙面,牙面光滑就说明菌斑大部分已清除。

(2)保护牙齿在饮食方面应注意以下几点:

①经常吃过硬的食物,如骨头、硬壳食物等,会增加使牙齿崩裂的可能。

②经常喝高酸性饮品,如可乐、汽水等,会使牙齿外层受到酸性物质的腐蚀。

③青春期男孩要拒绝烟酒,尤其是香烟内的尼古丁有很大的危害性,会削弱口腔内组织的康复能力,降低身体抵抗力,引起牙周疾病。

④进食的间隔时间不可过短,否则容易导致蛀牙。这是因为每次进食后,口腔内的牙菌膜会利用食物中的糖分或淀粉进行新陈代谢,产生酸素,导致牙齿表层的矿物质流失。虽然唾液可以中和酸素,但需要一段时间。如果进食次数过多,口腔内酸素持续产生,唾液就来不及中和过多的酸素。

(3)要定期进行口腔健康检查。龋病与牙周疾病发病的初期,并没有明显不适,当开始牙疼并就诊时,一般多进入疾病的晚期,因此,定期检查口腔对早发现、早治疗、防止牙周疾病产生、保持牙列完整是十分重要的,提倡每半年检查一次口腔,至少一年一次。

如果定期检查发现有牙石,要及时做清洁治疗,以保持牙周的健康。预防龋齿,也应定期检查,早发现、早治疗。总之应记住,有效刷牙、使用含氟牙膏刷牙、定期检查是保持口腔健康所必需的。

二 青春期男孩保持健康的妙方

小伟在一篇周记中写道："怎么老师和爸妈都说，青春期是一个快乐、健康的年纪，我怎么没发现，相反，青春期太麻烦了，尤其是我们男生，出汗多，容易脚臭；脸上长痘痘，皮肤开始粗糙，毛孔开始粗大；学习压力大，记忆力也开始下降，有了这些烦恼，心情怎么好得起来？"

小伟的这种情况，青春期的每个男孩都会遇到，这些通常会让男孩觉得尴尬、无奈。的确，青春期是一个"多事之秋"，很多烦恼无法避免，但这些烦恼并不是无法解决，只要学会一些保持健康的方法，就会拥有一个快乐、健康的青春期！

1. 青春期多汗和脚臭怎么办

王刚一直酷爱篮球，无论是放学回家还是周末，都会和几个同学在球场上不见不散，可是这些天，王刚不去球场了，一回家就闷在屋子里，王刚爸妈想："难道儿子生病了，怎么不打球了？"

"是不是现在都没对手了，不愿意和那些同学玩了啊？"王刚妈妈对儿子开着玩笑。

"不是，是我不喜欢篮球了。"王刚低着头说。

王刚妈妈纳闷了，怎么可能？于是，她就再问："你骗得了别人，可骗不了我，有什么难言之隐跟我说，或许我能帮上什么忙。"

"那好吧，其实呢，我发现自己好像是得了什么病，一去打球，出点汗身上就很臭，我自己都不舒服，更何况那些同学，他们肯定也不想跟我打球了。"妈妈看着儿子一脸的稚气，不觉笑出声来。

王刚妈妈对王刚说："你要知道，一个真正的男人，才会有汗臭味，这证明你长大了,你应该高兴啊,他们也会羡慕你,怎么会讨厌你呢?"王刚听了这些话后,觉得妈妈说得很有道理,也舒心地笑了。

那么,男孩的汗臭味和脚臭味是怎么来的?

每个男孩都要经历青春期,不过有早有晚罢了。青春期的男孩,你身体上的变化可能不会和你的朋友们完全一样。青春期并不是一切都是美好的,也有一些令你苦恼的事情,也会有一些不太受欢迎的特征。

人的皮肤有两种汗腺:一种叫小汗腺,分布在身体各处;另一种叫大汗腺,只在腋窝、乳头周围、阴部和肛门等处。在儿童时期,大汗腺没有发育,不会产生相应的分泌物。伴随着青春期的到来,大汗腺开始大量分泌,腋窝大汗腺分泌物中的有机物被细菌分解后产生的不饱和脂肪酸会产生一种特殊气味,这不只是在腋下,还有脚跟、手掌心甚至两腿间的汗腺都会产生。这些汗液挥发后身上的气味就会很难闻。那么,如何解决难闻的汗臭味?

青春期男孩一到夏天,排汗量增加,便有了汗臭味,这让很多男孩感到尴尬。那么,怎样减少这种汗臭味和脚臭味呢?

①定期清洗是简单的去除汗臭味、恢复自身体香的有效方法。

②在清洗的时候最好使用抗菌香皂,这样不但能够去污还能杀菌。

③清洗过后,可以使用一些止汗的香体露。

④经常更换袜子,穿透气的鞋子。

⑤经常洗脚并泡脚,以茶包煮水,再泡脚 20 ~ 30 分钟,擦干后撒爽身粉,可防止脚臭复发,也可以将粗盐溶于水泡脚。此外,冷热交替地泡脚,有助于减少流汗,防止脚臭。

⑥睡前以酒精擦拭脚部,再撒些除臭粉,然后包裹脚部,以诱发流汗;次日清洗脚部,再予以擦干。第 1 周每日 1 次,之后,每周 1~2 次,可有效缓解脚臭。

出汗是一种调节体温、散热的方式,是一件再自然不过的事,尤其是青春期来临之后,相对于童年期,汗腺发育趋于成熟,因此,青春期不必为汗臭味发愁,适当的措施也可以帮你解决出汗给你带来的烦恼。

2. 怎样增强自己的记忆力

记忆,就是过去的经验在人脑中的反映。它包括识记、保持、再现、回忆四个基

本过程。其形式有形象记忆、概念记忆、逻辑记忆、情绪记忆、运动记忆等。记忆的大敌是遗忘。

记忆力差是很多青春期男孩苦恼的事情之一，课上学的知识很快就忘记了，有时候一个单词本来已经熟练地记下了，可很快就忘记了，做事丢三落四，这就是记忆力差的表现。事实上，记忆力也是可以增强的。

提高记忆力的过程，实际上也是克服遗忘的过程，只要你在学习活动中进行有意识的锻炼，培养良好的记忆能力也不是什么不可能的事。以下是增强记忆力的十种方法：

（1）兴趣学习法。兴趣是最好的老师，这话并不是毫无根据的。如果你对学习毫无兴趣，那么即使花再多的时间，也是徒劳，也难以记住那些知识点。

（2）理解与记忆双管齐下。理解是记忆的基础。只有对知识点加以分析，然后理解，真正了然于心，才能记得牢、记得久。仅靠死记硬背，则不容易记住。对于重要的学习内容，如能做到理解和背诵相结合，记忆效果会更好。

（3）集中注意力学习。其实，课堂上的时间是最好的学习和记忆时间，充分利用好了课堂时间，课后只要稍花时间，加以巩固，就能真正获得知识。相反，如果精神涣散，一心二用，就会大大降低记忆效率。因此，男孩在上课的时候，要聚精会神、专心致志，排除杂念和外界干扰。

（4）及时复习。遗忘的速度是先快后慢。对刚学过的知识，趁热打铁，及时温习巩固，是强化记忆痕迹、防止遗忘的有效手段。

（5）多回忆，巩固知识。要真正将某项知识记牢，就要经常性地尝试记忆，不断地回忆，这一过程可使记忆错误得到纠正，遗漏得到弥补，将难点记得更牢。

（6）读、想、视、听相结合。可以同时利用语言功能和视、听觉器官的功能，来强化记忆，提高记忆效率，比单一默读效果好得多。

（7）运用多种记忆手段。

（8）科学用脑。在保证营养、积极休息、进行体育锻炼等保养大脑的基础上，科学用脑，防止过度疲劳，保持积极乐观的情绪，能大大提高大脑的工作效率。这是提高记忆力的关键。

（9）掌握最佳记忆时间。一般来说，上午9~11时，下午3~4时，晚上7~10

时,为最佳记忆时间。利用上述时间记忆难记的学习材料,效果较好。

记忆力可以通过训练得到提高。古今中外,很多名人学者都很注意用各种方法来锻炼自己的记忆力。比如俄国大文学家托尔斯泰说过:"我每天做两种操,一是早操,一是记忆力操,每天早上背书和外语单词,以检查和培养自己的记忆力。"托尔斯泰的"记忆力操"实际上就是反复"复现"。只要你有计划地"复现",你的记忆力一定会不断增强。

而同时,青春期的男孩们,为了提高自己的记忆力,也要注意培养一些良好的饮食习惯。科学研究证实,饮食不仅是维持生命的必需品,而且在大脑正常运转中也发挥着十分重要的作用。有些食物有助于发展人的智力,使人的思维更加敏捷,精力更为集中,甚至能够激发人的创造力和想象力。

(10)注意补脑。一些健脑食品,其实是常见的物美价廉之物。如蛋黄、大豆、瘦肉、牛奶、鱼、动物内脏、胡萝卜、谷类等。这些食物不仅含有丰富的卵磷脂,且容易消化,对增强记忆力有着积极的作用。

①牛奶。牛奶是一种近乎完美的营养品。它富含蛋白质、钙及大脑所必需的氨基酸。牛奶中的钙最易被人吸收,是脑代谢不可缺少的重要物质。此外,它还含对神经细胞十分有益的维生素 B_1 等元素。如果用脑过度而失眠时,睡前喝一杯热牛奶还有助于入睡。

②鸡蛋。大脑活动功能,记忆力强弱与大脑中乙酰胆碱含量密切相关。实验证明,吃鸡蛋的妙处在于:当蛋黄中所含丰富的卵磷脂被酶分解后,能产生出丰富的乙酰胆碱,进入血液又会很快到达脑组织中,可增强记忆力。国外研究证实,每天吃一两只鸡蛋就可以为机体供给足够的胆碱,对保护大脑、提高记忆力大有好处。

③鱼类。它们可以向大脑提供优质蛋白质和钙,淡水鱼所含的脂肪酸多为不饱和脂肪酸,不会引起血管硬化,对脑动脉血管无危害,相反,还能保护脑血管,对大脑细胞活动有促进作用。

3. 男孩皮肤也要保养

青春期到来后,男孩女孩的身体发育有了天壤之别,其中便包括皮肤。女孩的

美丽的确需要留住，需要保养，男孩同样如此。一般情况下，皮脂腺的分泌，导致了很多男孩的皮肤过油，尤其是痘痘的出现，更是让男孩苦恼。

的确，每个男孩都希望自己成为一个男子汉，可以一展自己的男性魅力，但事实上经常事与愿违。学习的紧张、饮食的不均衡、环境的污染及紫外线的照射、生活的不规律，都使男孩青春的面庞变得灰暗，皮肤粗糙，痘痘肆意横行……这一切都让这些小男子汉太没"面子"了。

那么，青春期男孩该怎样保养自己的皮肤呢？

（1）多喝水，为皮肤补充水分。皮肤健康与否，重要的一个指标就是是否缺水。一个健康人每天最好用200ml容量的杯子喝6杯水以上。

（2）杜绝烟酒。要想你的容颜洁净有光泽，男孩一定不要吸烟。因为香烟中含有多种有害物质，如尼古丁、焦油、一氧化碳等，它们都能损害人体健康，令皮肤灰暗无光。嗜烟如命的人，轻则面容灰暗干燥、多皱纹显苍老，牙齿焦黄发黑，视力、听力减弱，重则罹患癌症。同样，酒也是如此，对皮肤也有刺激作用。

（3）保证睡眠质量。现代医学研究证明，睡好觉是保证健康乃至美容的重要条件，经常熬夜或者失眠的人容易衰老，包括皮肤衰老在内。特别是夜间12点到翌日凌晨3点这段时间，皮肤细胞代谢快，"以旧换新"的速度是清醒状态下的8倍多，故享有"美容睡眠期"的雅号。换言之，要想皮肤永葆青春，尤其要注意这段时间的睡眠，切不可错过。

（4）正确清洁皮肤。洗脸时，要注意由里向外，由上到下，双手用力适度，用手指边按摩、轻拍边洗脸，以使用流动的温水为佳。双手不要过于用力，否则时间长后会使皮肤松弛下垂。早晚各用2~3分钟仔细地洗洗脸，会使面部皮肤洁净收紧、富有弹性。

同时，最好用专门的洗面奶或凝胶洗脸，以对皮肤起到很好的清洁作用，因为普通香皂会破坏皮肤表层，刺激皮肤。

（5）防晒防冻。女孩的皮肤要保护，男孩也一样，夏日出门不要忘了准备些防晒油、霜之类的防护品，以防皮肤晒伤。冬季外出时要涂些油脂或防冻膏，以防面部被冻伤。晚上临睡前涂些滋润霜，如果嘴唇干裂，可涂点唇膏，使皮肤得到充分的营养而保持湿润光泽。

（6）坚持按摩。按摩可使皮肤表层的衰老细胞及时脱落，促进面部血液循环，改善皮肤的呼吸，利用皮脂腺及汗液的分泌增加皮肤营养，提高皮肤深层细胞的活力，从而使皮肤光泽而有弹性。

青春期护肤不需要过多依赖油脂或其他营养素，只需要做好皮肤的清洁工作，控制过多油脂的分泌，就能立刻变得柔软干净。

实际上，护肤已不再是女性的专属词汇，男性也需要，尤其是处于青春期的男孩们，更要及早的关注自己的皮肤，让自己拥有健康的皮肤，才会神清气爽。

4. 心情好身体更健康

有人将青春期称为危险期，很多处于青春期的男孩们感受着许多心理冲突和压力，处于各种心理矛盾的包围中。这使得很多青春期男孩心情不好，因而生活和学习都会受到影响。如果这种不快的心情长期不能得到解决，就可能在情绪情感、性格特征及日常行为等方面出现种种问题，甚至出现较严重的心理及行为偏差，乃至精神疾病。因此，这是一个充满危机和挑战的时期。男孩要记住，心情好，一切都好，那么，心情不好的时候，该怎么办呢？

（1）自信是好心情的基础，是快乐的源泉。任何人拥有自信，就拥有了快乐与开心的资本。因为只有自信的人才能在困难与挫折面前不屈不挠，只有自信的人才能发觉自己的内在潜能，只有自信的人才懂得调节自己的情绪，开心地面对生活。要想自信，就要多想想自己的优点、长处，多发现、发掘自己的潜能。俗话说得好："尺有所短，寸有所长。"每个人各有所长，各有所短，每个人都有自己的优点与别人不能企及的地方。因此，青春期的男孩们，不要总是盯着自己的缺点、短处，而要学会欣赏自己，多看自己的优点、长处。总之，要想办法让自己自信，自信就能快乐，快乐就能发掘潜能，就能高效。所谓快乐，越快越乐，越乐越快。形成一个良性循环，就不难拥有良好的心态，也就能控制自己不快的情绪。

（2）懂得正确地宣泄自己的不良情绪，以减轻心理压力。要敢于把自己不愉快的事向知心朋友或亲人诉说。当极其忧伤时哭泣、读诗词、写日记、看电影、听音乐都是常见的宣泄方式，节奏欢快的音乐能振奋人的情绪。

（3）扩大交往范围，摆脱孤独。每个人都有一种归属的需要，都希望被人认

同，找到一种社会归属感，并希望从团体中得到价值的认定。研究发现，人际交往有助于身心健康。当你真诚地关心别人、帮助别人，无私奉献自己的一片爱心时，你会欣喜地发现，你获得的比你给予的更多。千万不要因为怕别人不高兴而把自己同他人隔绝开来。孤独只会使抑郁状态更加严重。

其实，快乐是一种情绪体验，是一种感觉，是一种心境。快乐不是靠别人给予的，是自己寻找和体会的。同样一件事情，怎么看待，就导致了不同的心境，在有的人看来是不快乐的，在有的人看来则是快乐的，甚至是很快乐的。有一些人活在世界上天天都不快乐，苦恼了一辈子；有一些人则天天快乐，舒心了一辈子。你愿意做哪一种人呢？当然是后者。

比如，在教室里，你可能遇到不少同学为了一次考试少了两三分而摔书、拍桌子，甚至哭鼻子，搞得周围的同学莫名其妙。这种同学，即使成绩再好，也是得不到别人的表扬的。放学后天下雨了，而你没有带伞，淋雨了，你对父母大发脾气。事实上，这些都是不对的，或许，换一种心情，你的感受便会不一样。无论是在学校，还是在家里，你都千万不要为一些很小的事情烦恼。

青春期是每个男孩为人处世之道形成的重要时期，因此，你要注意修炼自己的快乐之道，并把快乐传递给周围的人。从现在起，做一个快乐的人，并且把你的快乐传递给你的父母、老师和同学，形成一个良好、快乐的学习氛围，这对于青春期的成长是很有利的。

三 男孩健康生活需要好习惯

有一次周五晚上，王刚深夜十二点还在上网，然后，他突然发现自己肚子极饿，跑到厨房找了个面包吃，然后倒头准备大睡。这时候，王刚爸爸走进来，对他说："你这样'虐待'自己，下午那两个小时的锻炼岂不是全被这一个面包给吃回来了？"这时候，王刚才猛然醒悟，贪吃就是他最近横长的最直接原因，他总是这样：一是控制能力极差，二是健康的生活习惯完全被颠覆。

王刚爸爸对儿子说："生命已不再像短暂的冲刺，而是像马拉松，要保持训练，同时还要有顽强的毅力。要长寿就需要我们有同样的精神，你们老师应该也对你们说过健康的生活习惯的重要性，剩下的也就是你自己的毅力了。"

的确，健康即财富，健康即生命，健康不但造福家庭，而且造福社会。健康也是人生的第一话题。处于成长期的男孩们，虽然需要充足的能量补充，但更需注意的是合理的生活、饮食习惯。生活中有良好的行为习惯、健康饮食、改造环境、心情愉快、合理运动，就能提高生活质量，拥有健康。

1. 青春期男孩如何运动

生命在于运动，阳光、朝气蓬勃的男孩更需要运动。每个青春期男孩都希望有个健康、强壮的体魄，男孩天生运动细胞就比女孩多，每一个男孩都是运动健儿。适量的运动和合理营养的结合可促进男孩生长发育、改善心肺功能、提高耐久力、减少身体脂肪和改进心理状态等。这种经济、实用、有效、非药物又无副作用的方法对于提高男孩健康水平起着重要的作用。

但事实上，青春期男孩整日面对的是课堂和作业，偶尔的体育锻炼也是为了体育成绩达标。即使学校把课间操、体育课、课外活动等时间全部加起来，一周平均

下来也不过每天锻炼一小时。

青春期男孩要养成运动的习惯,青春期阶段是敏感期,这个阶段对外界环境的依赖性较大。如能在这阶段培养热爱运动的习惯,不仅能促进运动能力的发展,还会使你们受益终身。

（1）经常锻炼不同部位的肌肉、关节、韧带,可以让青少年保持身体的协调运动能力。

（2）适量的运动可以锻炼呼吸系统、心血管系统,并改善新陈代谢与能量代谢。

（3）经常保持有规律的运动可以锻炼少年的性格,比如坚韧性、意志力、明确的目的性、果断性、自我控制、自我评价和自我监督的能力,好习惯的养成可以让青少年拥有好的遵守一定行为准则的习惯和要求。

但青春期的男孩在做运动的时候,尤其是练举重或做肌耐力训练时,还应注意以下几点,否则很容易受伤:

（1）少做静力练习或持续时间较长的负重练习。

（2）运动量不要过大,所举的重量稍轻一些,总组数应少些,"超负荷"要适当。

（3）要保证足够的饮食营养,补充高蛋白食品。

（4）练习中要加强"防伤"和"防僵"的措施。

2. 走路身体要正背要直

每个人心中都有个美丽的梦,希望自己有好气质,男孩同样如此。这种气质更多的是由后天培养而成的,但很多青春期男孩由于不注意平时坐立行走的姿势和体育锻炼,普遍存在肥胖、驼背、塌肩等问题,如果在青春期不及时纠正,可发展为骨骼变形,对个人形象和健康造成不可弥补的损害。

不是每个青春期男孩都是阳光、帅气的,但一定要站如松、行如风,正确的行走姿势不仅关系到一个男性的风度,也关系到个人健康。

走路抬头挺胸是有好处的,有利于周身与大脑的气血回流,也就是说,抬头挺胸走路时,是让大脑得到休息的机会,这个姿势使人从低头工作的状态变为"阳气升发"的抬头状态,正好补偿了人因为低头学习给大脑造成的紧张以及气血的流通不畅。低头走路造成的结果就是阳气不升,从而影响大脑正常的气血供应。

有一些人走路含胸、弯腰,这样的走路姿势会让这些经脉得不到很好的舒张从而使身体得不到应有的供氧。

此外,这种走姿所造成的脊柱问题会反射到大脑,有很多青春期男孩没有注意到自己走路的姿势,低头、弯腰、外八字……这些走路的姿势不仅难看,还能影响大脑的健康。

外八字走路有碍阳经,使肝、脾、肾脏气血紧张,血流不畅,影响大脑血液的供应,造成大脑血液回流不畅。内八字则影响胆、胃和膀胱的经络,而这些经络均在脊柱的周围,脊柱周围气血不畅,一样影响大脑血液的循环。

青少年常出现的侧颈、斜肩的走路姿势会影响督脉的气血运行,造成气血不周,阳气不升。

纠正不良的走路姿势先从纠正站姿做起。你可以在家里对着大镜子自我检查,人在照镜子时会不自禁地挺胸抬头,然后在走路时保持端正的姿势,做到不偏不斜,不前倾。

走路时的正确姿势应该是:双目平视前方,头微昂,颈正直,胸部自然前上挺,腰部挺直,收小腹,臀部略向后突,步行后蹬着力点侧重在跖趾关节内侧。

3. 遵循正确的作息时间

良好的生活习惯源自于平时科学的作息时间。很多男孩缺乏这种作息时间观念,更谈不上养成良好的习惯。只有合理安排好自己的作息时间,使生物钟能够保持正常的周期,人体才会感觉到精力旺盛。大量资料表明,凡是生活有规律、勤劳而又能劳逸结合的人,不仅工作效率高,而且健康长寿。因此,青春期的男孩,一定要遵循正确的作息时间。

可以说,一个男孩在家和在学校作息时间的执行情况有很大的区别,由于学校里作息时间非常统一,并且有专门的老师负责上课、下课和教学活动,男孩们在学校里的作息时间基本上比较有规律。但是一回到家里往往会各行其是,这让很多家长非常头痛,男孩们往往没有学习好,也没有玩好。为了解决这个问题,青春期男孩们一定要规划好自己的作息时间。比如:

晚上 9~11 点:这段时间为免疫系统排毒时间,应保持安静或听音乐,完全放

松身心,进入睡眠的准备状态。

晚上 11~凌晨 1 点:此时,肝脏会进行排毒,因此最好保持熟睡状态。

凌晨 1~3 点:胆排毒时间。为什么超过 12 点睡觉的人,即使睡够了 8 小时,他还是不能解乏,一个重要的原因,就是到了肝胆解毒的时间他没有去睡觉解毒,而是在拼命学习、打游戏、唱卡拉 OK,以至于第二天早上起床后精神委靡不振。

凌晨 3~5 点:肺排毒时间。有些人总是半夜咳嗽加重,不明白是怎么回事。为什么白天不咳嗽,而到了半夜就咳嗽,这是因为人体排毒的动作到了肺,其实这是一个好的现象,证明人体自洁的功能在起作用。这时,不应用药进行止咳,以免抑制废物的排出。

半夜至凌晨 4 点:为脊椎造血时段,必须熟睡,不宜熬夜。

早上 5~7 点:大肠在排毒,应上厕所排便。很多人晚上不睡,早上自然就起不来。由于想睡懒觉,早上不起床,而一起床后马上要赶着去上学上班,因此来不及大便,而改成晚上或其他不确定的时间大便,这实际上是强行改变人体的生物钟,时间长了对人身体没有好处。

早上 7~9 点:小肠大量吸收营养的时段,应吃早餐。很多人都有不吃早餐的习惯,久而久之就容易得胆结石。

这告诉青春期的男孩们充足睡眠的重要性。要养成早睡早起的好习惯,休息的好身体才会好,学习效率也才会高,打疲劳战和时间战只会起反作用。

4. 适应天气,增强免疫力

进入青春期的男孩虽说已经慢慢长大,但青春期也是个过渡期,尤其在身体的发育上,其中就包括免疫系统的发育,尤其是在季节交换的时候,男孩要适应天气,避免得流感、热感等免疫系统疾病。

实际上,免疫力是可以通过科学的生活习惯来提高的,不妨看以下几种方法:

(1)多喝水、多运动、多休息。

多喝水:成人每天必须摄取大约 2000~2500 毫升的水分,这样就可以促进体内新陈代谢。

多运动:步行、游泳或骑脚踏车等都是很好的有氧运动,毕竟,只有健才有美,只有健康的体魄才能维持理想的体重,才能有充沛的活力对抗病毒!

多休息:现代人似乎都没有良好的生活习惯,早睡早起似乎已经快成了天方夜谭,但是熬夜会导致睡眠不足,造成免疫力的下降。因此,男孩们,该睡觉的时候要睡觉,该起床的时候就要起床,顺应人体的生理时钟,才能保持身体的免疫力,对抗病毒!

(2)营养均衡。养生已经成为现代人健康的一大追求,可这一点,在健康饮食观念淡薄的青少年身上似乎并不明显,其实,只有饮食健康才能增强身体的免疫力。因此,青春期的男孩们一定要做到营养均衡。

很多青春期的男孩,因为紧张、忙碌的学习,只摄入了某些主食;也有一些男孩,只为了图嘴上痛快,不在乎吃得健康与否,身体的各项健康指标都不达标,成为亚健康人群中的一部分。总之,男孩要提醒自己每餐一定要吃蔬菜水果,并且饮食多样化,不要总是吃某些特定食物,这样容易造成营养的偏失。

(3)忌喝酒,少辛辣、油腻食物。食物犹如一把刀,可以救人亦可以杀人。因此,有一些会降低免疫能力的食物最好少吃,否则不但会干扰免疫细胞的活力,甚至会抑制淋巴球的形成,使免疫机能受损。

忌喝酒:喝酒会严重地减弱各种免疫细胞的正常功能,同时也会影响肝脏以及胰脏的机能。除了酒之外,烟、咖啡、毒品等不但会降低人体免疫力,还对人体有害,因此拒绝与这些东西往来绝对是上上之策。

少油脂:吃东西太油,尤其摄取太多脂肪,会妨碍免疫的能力,使体内免疫细胞变得慵懒,无法发挥功能。因此建议减少烹调用油量及高脂肪、高盐的摄取,尤其是油炸的东西和肥肉尽量少吃。

少辛辣:辛辣的食物会对人体的各个消化功能产生刺激,尤其是胃,大部分胃病患者都与喜食辣味食品有关。

最后,要保持良好的心情。古谚说:"一笑治百病",用积极的人生观面对生活,适度地舒解压力,多接近大自然,多笑一点,更是各种增强免疫力方法的绝妙搭挡!

5. 保持卧室的清洁卫生

很多青春期男孩认为,只有女孩才喜欢收拾房间,男孩整理卧室未免有点女性

化。也有一些男孩认为自己的任务就是学习，整理、打扫自己的房间，那是家长的事情。但事实上，可以说每个男孩每天三分之一的时间都是在卧室度过的，卧室也是男孩们肌肤接触最多的地方，如果不整理干净，会直接影响身体的健康，也会影响到你们夜间休息的质量。做好卧室的清洁和整理工作，才能保证青春期的你们远离病菌，同时，干净、舒适的卧室也会令人身心愉悦。

男孩们可能做不到像女孩打扫卧室那么细致，但最起码要做到以下几点：

（1）坚持一星期一次大清洗。这主要是针对房间内的灰尘而言的，因为灰尘会对人体的呼吸器官产生严重的损害，灰尘颗粒可以导致人患上哮喘、咳嗽和充血等疾病，因此，灰尘的打扫是必须的。

（2）做到一星期清洗一次床上用品。其实人体才是最严重的污染源，有些人说，白天的时候可用床单盖在床上，以防止灰尘落在上面。但每天当你回到家后，会不可避免地把外面的细菌和灰尘带回家。如果穿着外衣跟床接触，这些灰尘就会附着在床上。另外，宠物也会携带大量的细菌。总之，你要定期清理家里的通风口、排气管道，这些都是细菌传输的主要渠道。不要在室内抽烟，抽烟时喷出的烟雾容易使空气中的灰尘滞留。

（3）不要将空气清新剂或是香水喷洒在空气中。如果对花粉不过敏的话，最好还是买几盆鲜花，既装饰了屋子又可以使空气保持新鲜。

（四）青春期男孩要杜绝不良行为

青春期是一个过渡期,更是一个"消极反抗期",尤其是青春期的男孩,更容易受到一些不良行为的诱惑。

小伟的好朋友王刚最近迷上了网络游戏,家长越管,他越放纵自己,后来,在老师和家长的共同劝说下,王刚才认识到了网络的危害,慢慢地清醒过来,开始重新步入课堂。

叛逆是青春期的典型表现,这个时期的男孩子由于身心的逐渐发展和成熟,个人在这个时期往往对生活采取消极反抗的态度,否定以前发展起来的一些良好本质。于是,很容易被一些社会不良现象侵蚀。男子汉是未来社会的顶梁柱,一定要有清醒的认识,要杜绝一些不良行为,才能健康地度过青春期。

1. 杜绝烟酒的危害

在中国,烟酒的文化长盛不衰,而且,随着人们物质文化生活的提高,烟酒的消费也越来越低龄化,一些青春期的男孩女孩们,也把抽烟喝酒看成一种赶得上时代步伐的表现,酗酒、抽烟的现象也在校园内蔓延。一些男孩到了青春期,就认为自己长大了,也应该有一些男人们有的"权利",比如说抽烟、喝酒等,其实,青春期正是长身体的阶段,并未发育成熟,烟酒对发育期的身体有很大的危害。

（1）吸烟的危害。从卷烟燃烧时所产生的烟雾中,可分离出很多有害的成分,主要有尼古丁、烟焦油、一氧化碳、氯氰酸等。吸烟对人的危害极大,尤其是对长身体的男孩们的危害更大。

①香烟中含有大量的氯氰酸,这是一种致癌物质,长期抽烟使肺癌的发病率提高。

②香烟中的一氧化碳更是一种无色无味的有毒气体。这会使得抽烟者降低血液的带氧能力,造成组织缺氧,青少年身体发育未完全,吸烟会影响青少年大脑的

活动能力。

③尼古丁的危害更大，它会使小血管产生收缩，从而可引起心血管病变。此外，尼古丁还可以直接削弱心脏的收缩力、损害脑细胞，导致记忆力减退、头痛、失眠等。

青春期吸烟对男孩身体的危害更为明显，这是因为他们正处于迅速生长发育阶段，身体各器官尚未成熟，自身抵抗力不强，对各种有毒物质的抵抗能力比成人更差，所受危害当然也就更深。吸烟的青春期男孩患咳嗽、肺部感染的比例明显高于不吸烟者。青春期吸烟还可导致早衰、早亡，严重的还会影响下一代的发育。

（2）酗酒的危害。酒有解除疲劳、增进食欲、帮助消化的作用，但是过量饮酒，则对身体有害。青春期，尤其不宜饮酒，其危害主要表现在以下几个方面：

①酒精对肠胃功能以及所有消化系统的损害：酒精刺激胃肠黏膜，可产生胃酸过多、胃出血、腹泻、便秘等病症。

②酒精对肝脏的危害也极大，酒精中毒可造成急性脂肪肝、酒精性肝炎、肝硬化等。

③酒精会刺激甚至伤害神经系统。

对于青春期的男孩来说，他们正处于生长发育时期，酗酒的危害更大，除了以上危害外，还会使肌肉无力，性发育受到影响。有些男孩为了表现自己的"潇洒"，喜欢边饮酒边吸烟，这样对身体的危害更大。

2. 远离网络的侵害

现代社会，随着人们对信息的重视程度越来越高，越来越多的人认为对互联网信息的掌握程度越深，就越时尚，这种观点在青春期的少男少女们中更为明显，他们认为，"上网"是一种时尚的生活方式。

的确，网络的作用在现代社会中已经无可代替，但同时，它也毒害了这些成长期的孩子们。许多青春期男孩热衷于网络游戏，甚至上网成瘾，以至"衣带渐宽终不悔，为网消得人憔悴"，网吧成了他们的第二课堂。

网络的作用自不必说，主要是传播信息，作为学生还可以交流心得，获得知识。但青春期的男孩们，你们要明白，不能沉迷网络，沉迷网络对你们的身体、智力、心理等方面都会产生消极的影响。

(1)身体素质方面:那些经常沉迷于网络的男孩们,球场上没有他们的身影,公园里没有他们的身影。他们由于长期待在网吧,造成情绪低落、疲乏无力、食欲不振、焦躁不安、血压升高、植物神经功能紊乱、睡眠障碍等,缺少锻炼更是让他们身体素质变得很差。

(2)心理素质方面:长期上网会导致男孩不愿与人交往,逐渐导致性格孤僻,也就是人们常说的"网络孤独症"。也有一些男孩,把所有的精神娱乐都放在网络上,并开始"网恋",认识一些社会不良人士,并陷入这些情感纠葛中,严重的甚至出现精神障碍、自杀等情况。

(3)智力素质方面:网络是多功能的,很多青春期男孩上网并不是为了学习,而是玩网络游戏和聊天,于是,他们逐渐会失去学习的兴趣,开始迷恋网络,他们正常的学习、生活秩序遭到破坏,学习无精打采,学习成绩下降,有的甚至厌学、逃学、辍学。

因此,青春期的男孩们,一定要学会有规律、有目的的上网,学习才是青春期的主要任务,网络只是一个获得信息的渠道,不能沉迷于此。

3. 不穿紧身衣裤

明星效应和广告媒体的引导、示范作用,导致了当今社会很多青春期的少男少女们有一套自己的审美理念,那就是跟着时尚走。很多青春期男孩,追求个性、时尚,比如穿紧身裤,认为它能穿出身材、穿出时尚,殊不知,紧身裤对发育期的你们有不利影响。

这里要从睾丸的发育特点谈起,胚胎期睾丸位于腹膜后,阴囊也没有形成,到出生时,阴囊形成,睾丸下降到阴囊内。

睾丸之所以不像卵巢那样藏在体内,而要悬在体外,是因为睾丸悬在阴囊中,那里的温度比体内低 1.5~2.5℃,那样的温度才有利于睾丸的正常发育。实验证明,如果用人工的方法使动物睾丸的温度升高,会引起睾丸产生精子的组织变性。

因此,如果穿紧身而不易透气的裤子,把睾丸和阴茎紧紧挤在裆的体壁上,就等于是人为地给睾丸加温。

青春期男孩在夜间穿紧身内裤对生殖器有很大的危害。一般来说,白天由于紧张的学习生活,并且还可能伴随其他各种活动,加上性道德观念的制约,阴茎基

本上是处于被压制的状态。而夜间,男孩子们终于结束了紧张的生活,可以放松自己,当大脑处于充分休息状态后,使阴茎勃起的神经常常解除抑制,使阴茎一阵阵地处于勃起状态,阴茎的夜间勃起,表明它的发育处于正常状态。穿紧身内裤会约束阴茎的勃起,这种约束可能会引起频繁遗精。

如果是精满自溢这种形式的,完全属于正常生理现象,可听其自然不去理会它。但如果是人为原因造成频繁遗精就不属于正常现象了,频繁遗精可以引起失眠、头晕、疲乏、精神不振等症状,因而会影响学习和正常生活,还可能造成一些心理负担。

再者,睾丸、阴茎的体积在青春期正在迅速增长,成人睾丸体积是青春期以前睾丸体积的 17 ~ 50 倍,成人阴茎体积是青春期以前儿童阴茎体积的 10 ~ 14 倍。如果给它们加上"紧箍咒",等于是妨碍了它们的生长。诚然,年轻的男孩穿上紧身牛仔裤是显得帅气,可付出的代价也是高昂的。

4.染发不适宜,自然最帅气

随着生活质量的不断提高,外表越来越被人们所重视,走在大街小巷上不难发现,染发,特别是染彩发已经成为一种消费时尚。很多青春期的男孩也成为这其中的一员。事实上,染发对于处于成长期的你们来说,并不适宜,自然的才是最美的。最重要的是,染发危害很多:

(1)染发对身体危害很大,因为染发剂中含有致癌物质。一般在使用染发剂时,都会将它们混匀再涂抹在头发上,但在混匀的时候,实际上是一种化学反应的过程,随后,会产生高浓度的有害气体——二噁英。二噁英是被公认的一种强烈的致癌物质。

(2)还有一种染发剂,是永久性的,其刺激性和毒性在化妆品原料中属较高者。有些人染发时头发外围、耳边、头皮等部位出现过敏,甚至头晕、恶心等症状,就是因为这个原因。

(3)氧化剂是染发剂的重要组成部分,它对头发角质蛋白的破坏力极大,易对头发造成损伤,经常使用会使头发枯燥、发脆、开叉、易脱落。

这是一个爱美的年代,但青春期,自然的才是美丽的、帅气的,一头干净的黑发才是最适合你的,也才是最健康的!

第八章 远离危险禁区，
男孩子要学会爱惜自己

小伟班上有个叫张子峰的男孩，很内向，但在班上却被称为"电脑高手"，因为他的课余时间基本上都是在网上度过的。他的父母工作都很忙，父亲有父亲的事业，独立的母亲又有自己的生意，两个人为了孩子的教育问题也曾交流过，但由于儿子还算乖巧，他们又都舍不得放弃自己的事业，所以儿子常常一个人在家，自己安排自己的业余生活。

后来，当他的父母知道儿子已经迷上网络之后，就把家里的电脑锁上了，子峰就去网吧上，有时候还彻夜不回。这一段时间，张子峰这种情况更严重了，已经发展到了逃课上网的地步。原来，他是在网上谈了一个比他大七岁的女朋友。但很快，他的事情就被老师发现了。

那天中午 12 点 20 分，已经是学校午餐后学生回教室休息、做作业的时间，老师从教师办公楼的楼道上经过，发现张子峰正在打电话。

出于关心，老师询问了一句："给谁打电话呀？现在应该回教室了。"

他慌乱地对着电话里说了一句："老师在这里，我以后再给你打。"

老师隐隐觉得有些不对劲，把他带回了办公室。

"你跟谁通电话呀？"

"没人！"他脱口而出。看到老师怀疑的眼神，他赶忙又说："是我表姐。"

"跟你表姐聊什么呀？"

"问他一道数学题。"

"什么内容呀？"

他告诉老师是长方体的体积求法。老师更诧异了，班级的数学进度他很清楚，前一天数学老师集体为一些成绩差的同学补了这一节内容，很明显,他在搪塞老师。

"表姐在哪里上学?上几年级了?她这个时间在哪里?我能跟她说说话吗?叫她多帮帮你……"

老师故意问出一连串的问题,张子峰开始语无伦次。最后不得不承认,跟他通电话的那个女孩不是自己的表姐,而是自己在网上交的女朋友,那女孩给他打电话是要给他一个光碟。老师顿时明白了,估计单纯的学生被骗了,这是黄毒。后来,老师证实,那个女孩给张子峰的,的确是一张黄色光碟。

在老师的劝导下,张子峰才逐渐明白自己差点成为黄毒的牺牲品,后悔不已。清醒地认识到网络的危险后,张子峰开始注意了,不再浏览一些黄色黄页,也不随便和网络上的人聊天了。他的父母发现儿子开始懂得是非黑白,心里宽慰多了。

的确,处于性启蒙期的青春期男孩,开始对性知识有了很多的好奇,但很多青春期男孩并不是通过书本、父母等正常渠道得到的这些性教育,而是网络,他们比女孩子更容易受到诱惑,而这很容易使男孩陷入一些黄毒的泥潭不能自拔。

除了黄毒之外,青春期的男孩们,很在乎所谓的"哥们义气",于是,很容易被社会上一些反动势力所利用,甚至会参与赌博、吸毒等活动,青春期是人生最美好的时光,本身是健康、阳光的,一旦染上这些恶习,青春就会失色,人生也会黯淡。因此,青春期男孩,在面临一些不良诱惑的时候,一定要学会把持住自己,不涉足那些禁区,爱惜自己,青春期乃至整个人生才会健康向上!

一 拒绝黄色诱惑

青春期的男孩们正是生长发育的时期,已经开始对性产生一些懵懂的认识,好奇心又强,使他们渴望接触异性。事实上,各种传媒的出现,如电视、录像、光盘、互联网以及各类报刊,使男孩们拓宽了获取新知识的视野,他们在吸收大量外界信息的同时,也受到大量的无法分辨与筛选的性爱信息。青少年好奇心强,爱模仿,对黄色的不健康东西缺乏足够的免疫力和抵抗力,受不良作品的影响比较大。色情文化对青春期性犯罪起着直接的诱发作用,因而青少年一定要加强自身免疫力,远离"黄色"的幽灵,拒绝"黄色"的诱惑。远离黄毒,才能身心健康。

1. 别让自己成为"黄毒"的牺牲品

王刚原本是一个小网虫,初二暑假那段时间,他大部分的时间都是在网上度过的。有一天深夜,王刚爸爸起来上厕所,发现儿子还在上网,他不小心瞥见儿子在浏览一些性爱网站,他当时一惊,准备第二天找儿子好好谈谈,那一夜,王刚爸爸没睡着。

第二天一大早,王刚正打开电脑,王刚爸爸便对儿子说:"你先别急着上网,我先跟你讲个故事。"

"爸,您大清早的讲什么故事啊?"

"你先听我说完。"爸爸很严肃的样子。

"那好吧,您讲吧!"

"我们单位主任的儿子,他比你大两岁,你知道,他现在在哪儿吗?"

"在哪儿?"王刚很诧异。

"少管所。他现在是一个少年犯。"

"为什么?"

"他也是在初二那年，迷上了网络。他曾参加过全市中学生电脑操作大赛，并获得一等奖，学校、家长为他骄傲。暑假里，他整天泡在网上。有一天，他在网上看到了一个令人意想不到的情景，一开始他感到很慌乱，连忙关掉电脑，但直观的视觉刺激使这个十五六岁的男孩子焦躁不安。于是，他又坐在电脑前，打开机器，进入该网站，继续看起来。从此以后，他想入非非，静不下心来做暑假作业，整天沉湎于色情网站。"

"后来呢？这和他犯罪有什么关系？"

王刚爸爸喝了口水，继续说："一次，他的邻桌女同学到他家学电脑、上网，他在教了这位女同学基本操作程序后，就重新打开了上次自己看的网页，那种不堪入目的画面又出现了。以后，他就以'学电脑'为名，多次引诱该女同学到家里看黄色录像。其实，他自己也知道这样做不对，可是他控制不住自己。终于有一天，他们发生了不该发生的事。一个星期天上午，他又将罪恶之手伸向一名年仅13岁的幼女，这个女孩哭着离开了她最崇拜的'电脑高手'。两天之后，他就因强奸幼女被'请'进了少管所。"

王刚听完这些以后，终于知道爸爸的用意所在，知道自己错了，要不是爸爸的教诲，估计自己也会走上违法犯罪的道路，那样，自己就也成了黄毒的牺牲品。

青春期的男孩们，要拒绝黄色诱惑，无论是观看碟片，还是上网娱乐等，都要观赏健康向上的、有益身心的内容，否则，就会被黄毒吞噬掉自己的生命。

2. 遨游于网络世界纯洁地带

小秦是一名刚上高一的男生，他从初中开始就已经是个网虫了，"初中的时候，学校对于学生上网还是限制很大的，爸妈也管得严，规定只能上哪些网络。相对来说，到了高中，就没有这种限制了。因为高中开始住校了，我有了自己的笔记本电脑，上网就很自由，想点击什么就点击什么。"

"事实上，也并不是我一个人点击过黄色黄页，我们宿舍很多男生，多多少少都点击过网页上跳出来的东西。有时候，明知不健康，可是出于好奇，还是会忍不住点开来看一下。刚开始的时候，觉得很不好意思，可是看多了也习惯了，况且网络上这种东西实在是防不胜防啊。"

网络是一把"双刃剑"，对于青春期的男孩，互联网无疑是获取信息的一种新型的学习方式，但是与此同时，也对法律、道德带来了新的冲击和挑战，直接影响到人们的生活方式、价值观念、行为方式，而这也给处于青春期的男孩们的身心发展带来了威胁。这些男孩们要想拒绝黄色诱惑，就必须学会健康上网。

首先，青春期的男孩们，不应该拒绝网络。

青少年上网，至少有以下几方面的好处：

（1）可以开阔视野。一个人也好，一个民族也好，在全球一体化的时代，如果不知道别人在干什么，就容易孤芳自赏，患上"自闭症"。青春期的男孩们，不能只活在书本中，网络也是与外界交流很好的方式。

（2）可以促进青春期男孩个性化发展。世界是丰富多彩的，人的发展也应该是丰富多彩的。网络为青少年提供了无限多样发展机会的环境，青少年可以在网上找到自己的发展方向，也可以得到发展的资源和动力。

（3）可以帮助青春期的男孩获得学习资源。网络上丰富的资源为青春期男孩的学习提供了有益的补充。

再者，青春期的男孩们也应该要看到网络的弊端。迄今为止，人类任何一种新的科学成果都非十全十美，而是都有正负两方面的效应，当然网络也是一把双刃剑，它给你带来好处的同时也给你带来副作用：色情信息的传播、暴力信息或游戏、赌博、种族仇视或性别歧视等违背现代人文精神的信息在网络上屡见不鲜。

当然，网络是黄毒的一种传播渠道，青春期的男孩在认识到网络好处的同时，还不能忽视网络的危害，因此，在上网的时候，一定要自觉抵制一些网络黄毒，遨游于网络的纯洁地带，才能让网络造福于你。

青春期正处在人生的花季，充满好奇，缺乏自制力，面对现实中的种种不良诱惑，往往不知所措，稍不注意，就会偏离正常的人生轨道，造成遗憾。所以，男孩们很有必要学会正确分析自己所面临的网络形势，把握好自己，以有利于我们顺利度过"暴风骤雨"般的青春期。

青春期的男孩，无论是在网吧还是在家中上网，靠大人陪伴进行全程监督是不可能的，最根本的还是要靠自我抵制。能够主动抵制网络黄毒，就在源头上将其截断，在自己和网络黄毒之间筑起一道隔离墙。

3.学会抵制"黄毒"

大千世界五光十色,无奇不有,在我们的周围存在着很多很多的诱惑。有很多美好的诱惑激励我们去追寻,但是,在我们的生活中,也有许多干扰我们成功、影响我们幸福生活、甚至严重危害我们身心健康的诱惑。有些诱惑成年人都无法拒绝,更何况青春期的男孩们。那些不良诱惑有时就像"吸血蝙蝠",让人舒舒服服地上当,在不知不觉中成为它的俘虏,这其中就包括黄毒。因此,青春期的男孩们,必须学会分辨并自觉抵制社会生活中的黄毒,才会有健康幸福的生活、学习和未来。否则,将会为之付出惨痛而沉重的代价。

青春期是人生的迷茫期,的确很容易被黄毒诱惑,但只有做到自我抵制,才能将黄毒拒之于千里之外,社会、家庭、学校承担着应有的责任。但从源头上抵制,还需要青春期的男孩们做到有良好的自制力,好好把握自己,这是最不可忽视的一个环节。

那么,青春期的男孩们,应该怎样抵制黄毒呢?

(1)遇到黄色的东西,比如黄色、淫秽影碟,裸体书画、印有裸体女人的扑克,一律交大人处理,及时告诉老师或家长,让自己平静下来,不受其影响。

(2)与周围的同学和朋友的话题要避开黄色的东西。

(3)不要到经营录像的游艺厅去看录像,也不要随意看家长借来的影碟。

(4)如果有人向你兜售影碟和光盘,要坚决不理睬他,更不要听信他们的花言巧语。

(5)经常参加有益身心的活动,如登山、游泳等,这些健康活动是驱除黄毒的灵丹妙药。

(6)要加强体育锻炼,和女同学健康交往,多参加集体活动。

对黄毒的舆论谴责和依法整治是断不可少的。不过,最要紧的还须从治本着手,即青春期男孩的自我抵制,要认识到黄毒的危害,识美丑,辨是非,从而不接触,不欣赏,不沾染,不模仿,自觉抵制黄毒的侵袭。男孩们增强了自身的免疫力,什么黄毒、白毒乃至各种社会病毒,也就无从逞其威、肆其虐了!

4.从正规途径接受"性教育"

随着物质生活的提高,现代社会中男孩步入青春期的年龄已经提早,性成熟也已经提前,同时,很多青春期的男孩们获得性知识的途径是不正当的,而这就为黄毒提供了可乘之机。当然,青少年无法从正式的途径获得性教育是各个方面的责任。家长"遮遮掩掩"任其无师自通的教育模式,学校老师避而不谈、教科书点到即止的教育方法,使男孩产生了好奇心却无法通过正规途径获取知识,最后唯有采取非正式途径去满足自己的好奇心,这大大提高了男孩不健康性心理形成的可能。总的来说,青春期男孩无法从正规途径获得性知识,危害很多,比如:

首先,如果男孩不能从正规的途径获得性知识,就只能从不正规的途径获得以讹传讹的错误信息,只能误人子弟。歌德说,哪个少年不善钟情。因此,青春期的男孩们只有得到全面、正确、健康的"阳光"性教育,才能避免黄色书籍、光盘、网站等的诱惑。

其次,男孩健康成长的需要。正是性知识获取途径的错误,获得了很多错误信息,很多男孩在青春期就有了性行为,这对于青春期男孩身体的发育成长是极为有害的。

再次,减少青少年违法犯罪的迫切需要。性无知是造成性侵害的主要源头。青春期男孩接受"阳光"性教育,并不单纯是性知识的获得,实际上也是爱的获得,它还包括许多内容,它将教会男孩什么是爱,如何去爱,如何做人,如何处理人际关系,如何保护自己,如何爱护尊重他人。也只有有了科学的性知识,才能更好地用道德准则约束自己,不至于成为"迷途的羔羊"。

性本身不是一件坏事,它是人的一种本能,也是人表达爱情的一种方式。人的本能是生物性的,是人与动物共有的。但用性来表达爱情,那是人所特有的,也是人社会性的具体表现。

在这个意义上,青春期的男孩们需要懂得,人的社会性是指人在社会化过程中按社会规范、道德、习俗等要求自己而形成的一套思维习惯、观点与行为。如果人没有形成社会性,或社会性水平很低,就很难适应社会的要求,甚至要犯错误。社会要求男孩懂得性,但不要婚前尝试性,这是人们把性放在社会性高度来认识的一种要求。所以,男孩要珍惜社会对自己的关爱,克制生物性冲动,做符合社会要求的人。

总之,青春期的男孩们一定要从正规渠道获得性知识,大方地接受性教育,这样才能保证性心理健康和人格健全,才能拒绝那些黄色诱惑!

二 绝不参与赌博

小伟所在的学校组织了一次拒绝赌博的教育活动,活动是以他的一个初中同学为反面教材的,那个男孩叫马磊,初一时还是一个品学兼优的三好学生。升初二前的暑假,他交上了坏朋友并染上了赌博的恶习。通过电子游戏、麻将、扑克等赌博,马磊很快输光了自己所有的压岁钱、零花钱,他就回家偷父母的钱,进而发展到抢劫、勒索小学生钱财,入室盗窃他人财物。初二下学期,他被送进了少年犯管教所。

每次学校似乎都拿马磊作反面教材,小伟听完都会感慨很多,真是青春年少,一步走错,悔恨终身啊!

受不良社会风气影响,赌博这种陋习已经开始蔓延到单纯的青春期孩子身上。赌博是生长在社会机体上的毒瘤,它腐蚀人道灵魂,使人道德沦丧,诱发犯罪行为,有百害而无一利,它使许多妄想不劳而获的人倾家荡产、妻离子散。

而很多青春期的男孩之所以被这一陋习所危害,都是有个过程的,刚开始是为了"好玩"、"刺激"而参加赌博性游戏,比如玩学校附近的那些小摊贩设置的赌博性电子游戏、老虎机等小赌,进而发展到参加其他形式的赌博活动,甚至与社会不良人士有关联。他们没有经济来源又年少气盛,往往输了不服气,为了筹集赌资就去偷、去抢、去谋财害命。很多铁的事实警示着青春期的男孩们,要自觉抵制赌博。

1. 认识赌博的危害

赌博是一种用财物作注争输赢的行为,是一种十分普通也十分常见的不良行为。虽然我国的《刑法》第303条明文规定了"赌博罪",禁止任何以营利为目的的赌博行为,但是,在青少年中这种不良行为还是具有很高的发生率。很多活生生的事实告诉我们,青春期赌博害处很多:

(1)从对家庭的危害看,参赌者一般不是赢就是输,但事实上,有组织的赌博都掩藏着一定的阴谋，一般那些不明就里的人都会以输钱为结果，同时那些沉迷于赌博的人无心做其他事，因此必然会占用大量时间，并造成经济损失，严重时会耗尽家庭财产，背上满身债务，也缺少与家人团聚的时间；还常会虐待配偶或孩子，导致家庭不睦、子女教育不良，甚至与配偶分居或离异，导致配偶自杀等家庭悲剧的发生。

（2）从社会角度看，赌博不仅是一种陋习，更严重威胁到社会的安定，而且常常与犯罪联系在一起，从而破坏社会秩序，影响社会治安。

（3）从医学角度看，赌博显然也严重威胁到参赌人的身心健康。赌博成性之人把所有心思都放在赌博上，只有赌赢了才能引起他的开心。但输赢并不是他自己说了算，因此，他们经常喜怒哀乐变化无常。因求赢心切，或输了又想捞回来，常提心吊胆，心绪不宁，总之，是各种情绪变化往往交织在一起。长期处在紧张激动的情绪状态之中，会导致心理、生理上的许多疾病。

赌博像是可怕的黑洞，会让人陷入万劫不复的地狱中。正处于花朵般年纪的青少年应该自觉树立起防范意识，让自己远离赌博。

2. 别让赌博使青春失色

青少年是祖国的未来，是跨世纪的接班人。赌博危害多多，而青春期赌博更是对学习和身体乃至人生价值观有毁灭性的影响。这也一直是全社会关注的热点，青春期男孩必须认识到赌博对自己的危害：

（1）参与赌博的男孩会对金钱产生一种不正当的欲望，也就是贪欲，久而久之会使他们的人生观、价值观发生扭曲，还会严重损害心理健康，造成心理素质下降，道德品质也会下降，社会责任感、耻辱感、自尊心都会被严重削弱，甚至会为了赌博而违法犯罪。

（2）毒害心灵，赌博活动易使男孩产生好逸恶劳、尔虞我诈、投机侥幸等不良心理。出于对金钱的渴望，这些青春期的孩子会把人们之间的关系看成赤裸裸的金钱关系，逐渐成为自私自利、注重金钱、见利忘义的人，更严重的还会导致违法犯罪。

（3）影响学习。参与赌博的男孩，一般都无心学习，全部心思放在了输赢上，

以至于大量浪费学习和休息的时间，严重影响学习，结果，造成成绩落后，甚至造成留级、退学。大量事例证明，参与赌博的青少年都会有不同程度的学习成绩下降，而且陷入赌博活动的程度越深，学习成绩下降得就越严重。

（4）对身体的危害。由于赌博活动的结果与金钱、财物的得失密切相关，所以迫使参与者要全力以赴，精神高度紧张，精力消耗大。经常参与赌博活动会诱发严重的失眠、精神衰弱、记忆力下降等症状。

（5）赌博习惯较难改。这些从小就养成赌博陋习的人一般长大后很可能成为赌棍或职业赌徒，而且经常赌博还会沾上吸烟、饮酒、偷窃、说谎、打架等坏行为。

只有认识到赌博的危害，青春期的男孩才会想到赌博的后果，才会自觉抵制赌博，有意识地远离赌博场所，从而避免赌博给自己带来伤害。

认识赌博的危害后，男孩要做到：

（1）充分认识赌博的危害，只有先认识到赌博的危害，才能从主观意识上杜绝赌博。

（2）培养高尚的情操，多参加健康积极的文体活动，充实自己的业余活动。

（3）自觉遵守校纪校规，坚决拒绝赌博。

（4）要防微杜渐，小赌容易成大赌。

（5）思想上要警惕，不要因为顾及朋友、同学的情面而参与赌博。遇到他人相邀，要设法推脱。

（6）要从关心同学出发，制止他人参与赌博，必要时向老师或学校有关部门报告。

3. 男孩要远离赌场

赌博现象属于一种违法行为，《中华人民共和国预防未成年人犯罪法》第十四条明确将"参与赌博或变相赌博"列为不良行为而加以禁止。而且对未成年人进游戏机厅、台球厅、麻将馆等娱乐场所进行了限制。

但实际上，很多青春期男孩染上赌博的恶习并不是自己主动接触赌博的，而是被这种活动引诱，然后慢慢形成习惯。赌博最大的危害就是赌博心理的形成，一旦形成习惯，又会形成赌博生活方式，采用这种生活方式的人，他们鄙视并拒绝承担任何社会责任,这种生活方式是贪婪式的,最终致使人堕落。

青春期的男孩们要想远离赌博,首先就要远离赌博场所,并做到以下六条戒律:

(1)谨慎交友。古人云:"益者三友,损者三友",好朋友引人向上,坏朋友则喜欢花言巧语、蒙骗别人上当。很多青少年年幼无知,一不小心交上了那些坏朋友,他们以"赌一下无关紧要"、"玩玩而已"等借口引诱青少年上赌场。也有些赌博分子常常会以"朋友"面孔出现,赌博分子往往把赌博吹得天花乱坠,说赌博可以快速发财致富,带你去赌博,诱导青少年钻入圈套,成为受害者。因此,青少年首先在择友上就要慎重。

(2)不去赌场、舞厅等社交场所。因为这些地方鱼龙混杂,其中不乏那些赌博分子,这些地方是他们聚赌的主要地方,他们常以不经意的方式,把一些赌博方式传授给青少年,使他们上钩。因此,男孩切莫轻易进入这些地方。

(3)不要学习那些奢侈、糜烂的生活方式。这些堕落的生活方式常常出现在电视和电影的镜头里,如果男孩不去分析,只追求他们的生活,也会跌入赌潭不能自拔。

(4)懂得控制自己的情绪,不要因为一时激动被那些赌博分子怂恿,所以要遇事冷静,心境坦然,切不可因被人激将而赌博。

(5)江湖义气不可学,仗义里面有乾坤。江湖义气是黑道人物和赌博集团笼络人心的口号,青少年不去明辨是非,逞强做江湖英雄很可能走上邪路。

(6)正确对待挫折。挫折感常常让这些青春期的男孩们走上赌博这条路,然后堕落,不能自拔。每个人都会发生不尽如人意的事情,遇到一些挫折,不要产生悲观焦虑心情,更不要逃避现实,用赌博等不良方式来解脱。要学会平静,心情开朗,正确处理身边发生的事情,不要为寻求刺激而参与赌博。

总之,青春期的男孩们,要确立正确的人生观和坚定的意志,从生活小事上做起,防微杜渐,拒绝赌博。

4.勿以赌小而为之

对于有赌博陋习的男孩而言,或许深受其害的他们也想努力摆脱这种嗜好的

困扰，因为无论从哪个角度来说，赌博危害多多，但"有所为有所不为"并不是一件简单的事情。它不仅需要无比坚定的决心与信念，还需要持之以恒的耐心与毅力。因此，对于赌博，男孩们，千万不要拿它来试探自己的勇气和毅力，不要有任何试试看的心理，要对赌博果断地说"不"，"勿以赌小而为之"。

青春期的男孩们之所以会被赌博诱惑，一般有以下几个心理：

（1）为娱乐而赌。这是很多青春期的男孩子踏上赌博路的主要原因，他们禁不住那些所谓的游戏的诱惑，其实，这些游戏活动中都加入了赌博成分，输了的男孩们会因此而产生想赢回来的心理，而那些赢了的男孩又会面对金钱的巨大诱惑，于是一发不可收拾。

（2）为金钱而赌。男孩因为是学生，在经济上都不怎么宽裕，零花钱也是由父母给，于是，他们产生试试看的好奇心，希望自己可以有足够多的零花钱，容易被一些不良社会分子用金钱诱惑。男孩要抵制住金钱的诱惑，不能因一时的糊涂而滑向深渊。

（3）通过参赌寻求刺激。很多赌博都是加入了一些竞争的成分。技术性赌博活动的竞争性很强，男孩都有强烈的好胜心理，希望通过参赌战胜对手来满足好胜心理。

（4）逃避现实。这些男孩一般因为人生的挫折或者学习压力过大，或者与父母、同学关系处理不好，于是选择赌博来逃避，达到麻醉自己的作用。

要知道，赌博是不良嗜好，也是危害社会的一大因素，青春期赌博不仅会伤害身体，更对青春期的男孩们的心灵毒害颇大，那些嗜赌成性的男孩子往往不思进取，放弃美好的追求，甚至放弃自己的尊严，只追求眼前的利益。总之，青春期的男孩们在赌博面前一定要理性，唤起自身的责任感，当不良诱惑摆在自己的面前时，克制自己的好奇心，千万不要试着迈出第一步。

①如果家人赌博，要自觉加以制止，并陈述其利害轻重，这对于你自身的学习成长很重要。

②不要迈出第一步，即使用小钱"刺激"玩一下，都可能掉入深渊。

③要有清醒的认识，只要遇到输赢与金钱挂钩的游戏都要自觉离开，以防上当。

④要理直气壮地加以拒绝别人的赌邀,千万别碍于情面而接受。

⑤不要有不劳而获的侥幸心理。坚决反对校园赌博。

5.坚决反对校园赌博

小志有一天在房间做作业,不小心听到姑妈和妈妈的对话,原来姑妈是来借钱的,表哥和高利贷扯上关系了。小志跑出去一问,原来情况是这样的:

表哥叫吴飞,是另外一所学校初三的学生,吴飞一直是个听话的孩子,虽然成绩一般,但遵守纪律,不会旷课。发现吴飞有所变化是在他上初二下学期,此前吴飞的爸爸上学放学都接送他,可是从那时起他拒绝父亲接送,性格也变得内向,不爱与家人说话。在学校,他开始上课打瞌睡,逃课,上网吧到通宵,常和社会青年混在一起。到初三时,他几乎很少上学并夜不归宿。吴飞的父亲说:"他开始不回家我们还可以在网吧找到他,后来,连网吧也找不到了。若不是讨债者逼他回家要钱,我根本不知道他什么时候回来。"

有一天,吴飞打电话告诉家人,自己借高利贷赌球买彩票过了还款期限,现在被讨债人控制,要家里拿1万元还债。吴飞爸妈都是下岗职工,哪里有那么多钱,那段时间,天天有人给他家打电话催债,威胁吴飞的爸妈:"不还钱,就要你儿子小命!"为了让儿子早日收心,吴飞的父母忍气将自己所有的积蓄拿出来替儿子还高利贷,那还是去年冬天的事情。今年元旦刚过,吴飞又欠下几千元高利贷,还将家里的旧式电脑抵押了出去,其中一台是他婶婶的。吴飞的父亲有些心灰意冷,不想再纵容儿子,但讨债的人逼债,弄得全家紧张不安。这时候,家里已经没钱了,只好来找小志的爸妈。

当小志问到表哥怎么会惹上高利贷的时候,姑妈说,吴飞有一次中午在食堂吃饭,和同学打赌,赌自己喜欢的球星会赢,堵注就是两百块钱,而吴飞输了,但他没钱还,于是,那个同学为他介绍了高利贷,慢慢就欠下了一屁股的债。

小志的表哥之所以会一步步欠下巨额欠款,是因为他参与了一种变相的校园赌博。校园赌博一般是在课间休息、中午休息、自习课等时间发生,还有些学生甚至在课堂上用隐蔽的方式进行,如递条子、打手势等。在一些管理不太严格、校风涣散的学校,学生校内赌博比较盛行。

虽说，校外赌博比校内赌博要严重得多，但校园赌博造成的结果通常和吴飞的情况一样，因为一旦染上赌博的恶习就将无所节制，这正是赌博的可怕之处。校园赌博不仅会是校外赌博的开始，会把青春期的男孩一步步引向校外赌博场所，带来经济上的损失，还会影响男孩的身心健康。而最重要的是，校园赌博会影响整个校园的学习环境，有的甚至还会形成校园帮派，对整个校园生活的稳定也有破坏作用。

因此，青春期男孩一定要理智拒绝校园赌博，看到周围的同学赌博，也一定要进行劝阻，当劝阻无效的时候，要告知师长，维护校园环境的稳定也是你的责任。

三 坚决拒绝毒品

小伟所在的中学,每年都会为学生举办一个拒绝毒品的讲座,让学生了解到吸毒的危害。那天,小伟坐在台下,认真地听着老师讲课。

"14岁的黄进染上毒瘾,先后把家中价值10万元的财物拿去变卖,为了勒索财物,他经常在家大吵大闹,殴打八旬的祖母。一天,他扬言:如果不在规定的时间给他3000元钱,他就会叫'道友'将全家杀绝。母亲一怒之下一把揪住黄进,喝令在家的女儿、未婚女婿一起动手,勒死了她唯一的儿子黄进,一个好端端的家庭就这样被毁了。"老师在台上情绪激动地讲着。

的确,许多血淋淋的故事警示青春期的男孩们:"一人吸毒,全家遭殃"。毒品让人丧失一切人性,为了吸毒,有人可以弑父杀母,有人可以自残、可以抢劫。

青春期的男孩们未来是要担任几重责任的,强健的身体、阳光的心态是这一切的保证,而毒品像白色恶魔一样,离这些阳光灿烂的男孩并不远,它随时都会侵害你们。

有这样一组数据:

2003年国家药物滥用监测报告书说,青少年吸毒人群中20岁以下的占19.9%,21~30岁的占55.6%,首次吸毒年龄在30岁以下的,也有75.5%。中国青年发展报告(1995年-2004年)称,十年间官方登记在册的35岁以下青少年吸毒人员达到75.5万人。

2001年调查发现,新滋生吸毒人员2.59万人,其中16岁以下的就有1万多人,他们当中有的是辍学学生,也有2000人是在校学生。2005年底通过普查,发现全国新滋生的吸毒人员有3.3万人、新发现的染毒人员有6.8万人,绝大多数都是青少年。所以,新滋生的青少年吸毒队伍在不断地扩大、新发现的青少年吸毒人数在不断地增加。这些青少年中,自然不乏那些阳光帅气的男孩,但一旦吸毒之后呢? 就成了骨瘦如柴的"瘾君子",真是令人无限悲痛。

目前,导致原本青春活泼的男孩吸毒的原因主要有:想试一试的心理、逃避挫折和压力、交友不慎等,无论是哪一种情况,他们都是在玩火自焚,因为毒品就是恶魔,谁忍不住尝

了第一口,谁就会被它吞噬。因此,青春期的男孩们,一定要全面、深刻地认识毒品这个白色恶魔的危害,增强自我免疫能力,珍爱生命,远离毒品。

---

1. 了解毒品的危害之深

毒品指鸦片、海洛因、甲基苯丙胺(冰毒)、吗啡、大麻、可卡因以及国家规定管制的其他能够使人形成瘾癖的麻醉药品和精神药品。

吸食毒品,不仅会毁灭自己、毁灭家庭,甚至会危害社会。

(1)毁灭自己。百年前就有诗曰"剜骨剃髓不用刀,请君夜吸相思膏(相思膏,即鸦片)"。无论是从身体还是心理方面,毒品的危害都是巨大的。

不同的毒品摄入体内,都会让人骨瘦如柴,因为只要是毒品,都有各自的毒副反应并产生戒断症状,对健康形成直接而严重的损害,吸毒过量还会导致死亡。此外,由于毒品对消化系统、呼吸系统、心血管系统、免疫系统的影响,滥用毒品可导致多种并发症的发生,如急慢性肝炎、肺炎、败血症、心内膜炎、肾功能衰竭、心律失常、血栓性静脉炎、动脉炎、支气管炎、肺气肿、各种皮肤病、慢性器质性脑损害、中毒性精神病、性病及艾滋病等。

一个人,只要吸食了第一口毒品,就会逐渐成为毒品的奴隶,他们生活的唯一目标就是设法获得毒品,为此失去工作、生活的兴趣与能力。长期吸毒精神萎靡,形销骨立,人不像人,鬼不像鬼。

因此,有人告诫吸毒者:"吸进的是白色粉末,吐出来的却是自己的生命。"

(2)危害家庭。妻离子散,家破人亡往往就是吸毒者家庭的结局。

一个人一旦吸毒成瘾,会为了能继续吸毒而不择手段,甚至人格丧失,道德沦落。在耗尽了家财后会变卖家产,四处举债,倾家荡产,六亲不认。再富有的家庭、再温暖的家庭,只要有了一个吸毒者,从此全家就会永无宁日,就意味着这个家庭贫穷和充满矛盾的开始。

(3)危害社会。吸毒者终日的生活目的是为了获得毒资,为此,他们往往置道德、法律于不顾,越轨犯罪,严重危害人民生命与社会治安。

青春期的男孩只有认识到毒品的危害,形成从内心深处拒绝毒品的意识,才能在毒品面前有坚决的立场，抵制住诱惑。

2. 不在河边走就不会湿鞋

在某戒毒所里，一个刚满 16 岁的男孩叙述自己的吸毒经历："我一向活泼好学，还是初三年级的团干部。我知道自己的一位同学吸毒之后非常好奇，从打听同学吸毒后的感受开始，逐渐产生了试一试的想法，最后，也尝试起吸毒。第一次吸毒后，我的感觉并不好，我还详细地在日记中记录了当时的感觉。但是，第二次、第三次之后，我就再也无法控制自己。结果，在不到一年的时间里，我辍学出走，为筹集毒资进了社会黑帮，直到被送进强制戒毒所。"

处于青春期的男孩们，对社会上的不良现象还没有很深的了解，在毒品面前，因为无知好奇，常常抱着试试看的心理，殊不知，一旦吸毒，成人都很难戒除，更何况意志力薄弱的你们？ 有句话说得好，"常在河边走，哪有不湿鞋"，一旦沾上毒品，你大好的青春就将黯然失色。

一般情况下，青春期的男孩们吸毒，有以下几种诱因：

（1）好奇心驱使。一项调查表明，在青少年吸毒者中，有 80% 以上是在不知道毒品危害的情况下吸毒成瘾的。

（2）被人蒙骗。青春期的孩子们涉世未深，对那些毒贩子的路数并不知晓，因此，有不少青春期的男孩是在不知情的状态中被毒贩诱骗而吸毒的。

那些毒贩子并不会直接告诉男孩，自己贩卖的就是毒品，一般，他们都善于掩人耳目，同时为了"以贩养吸"，往往设下陷阱，把这些无知的男孩们一个个拉下水。这些陷阱有花言巧语、请客吃饭、递烟、诱骗服用掺有毒品的食物饮料等。这些单纯的男孩们哪里有防备之心呢？ 于是，就常常成为他们猎取的对象。

（3）来自周围的不良影响。许多年轻人染毒是来自周围的不良影响，比如，家中亲人吸食毒品或者周围朋友的劝诱，让他们也产生了吸食毒品的欲望。

（4）逃避压力和挫折。一些男孩由于父母离异、家庭关系紧张、学习压力大、师生关系不好、考试受挫以及待业等不顺心的事引起精神苦闷，情绪低落，试图以吸毒麻醉自己。这种不积极的心态，会让你陷入深层次的痛苦中，其后果是无法想象的。

（5）错误的消费方式。有些男孩知道吸毒需要高昂的费用，为此，他们认为，只要吸食毒品，就是有钱、时髦、气派的象征，甚至认为"好吃的，吃了；好玩的，玩了；天上飞的，地下跑的，水里游的，差不多都见识了，抽就抽点，不枉来到人世一回"。许多男孩就是这样尝试着吸毒的，可是他们并不知道，这一吸上，就把父母辛苦积攒的家业很快抽光，并最终断送自己的性命。

（6）不正常的逆反心理。很多人都不相信自己不能戒掉毒品，以身试毒，结果一发不可收拾；还有的是想要证明自己非同一般而吸毒。这都是因为有一种不正常的逆反心理在作怪。

针对这些诱因，青春期的男孩，要想远离毒品给自己的身心健康带来威胁，就必须做到以下几个方面：

（1）绝不与吸毒者交友，主动远离吸毒者。

（2）绝不尝试第一次。在毒品面前，意志再坚强的人也会失去其道德防线，继续吸食第二口、第三口……所以一定要从拒绝第一次开始。

（3）从拒绝抽第一根烟开始。几乎所有吸毒的青少年都是从吸烟开始的，吸烟为毒贩提供机会，那些贩毒人员会因青少年的无知好奇，不易防备而设下种种圈套引诱。因此，男孩要想远离毒害，就要从不吸烟开始。

（4）正视挫折，勇敢战胜挫折，遇到挫折千万莫沾毒品来解脱痛苦。要知道一旦吸毒，悔恨终生。

（5）克制自己的好奇心。的确，青春期男孩对周围的一切事情都充满好奇心，但在吸毒问题上，面临着生与死的选择，很可能由尝试坠入黑暗的深渊，最终断送了年轻的生命，因此，作为青春期的男孩，你绝不能以身试毒。

（6）学会拒绝吸毒的方法。男孩要懂得分辨善恶，遇到坏朋友引诱时，抱定永不吸毒的信念，坚决拒绝。遇到吸毒人员应迅速离开，并及时向公安机关报告，坚决不与之交往。

总之，青春期的男孩不要与毒品沾上任何关系，要深刻认识到毒品的危害，不要因为好奇而试毒，也不能因逆反而尝毒，更不要考验自己的意志力，一旦染上毒瘾，你将无法自拔。远离毒害，健康、阳光地度过青春期才有保障。

3. 抵制诱惑,不要走入吸毒人群

交友在人生的道路上有着非常重要的作用。交上一个好的朋友,可以一生对自己的工作和生活产生良好的影响;交上一个坏朋友,可能会影响自己的前途,使自己的一生暗淡无光。

青春期的男孩,一般都还是学生,他们善良、单纯,很容易被那些毒贩子诱骗。而这个年纪,他们的从众心理很强,极易受到周围朋友的影响,他们看到同伙吸毒,往往自己也会跟着吸。男孩,都有一种江湖义气,力求心理上和行为上与他们所在的群体保持一致,有的男孩就是对群体中的某一个或某些成员的崇拜,而盲目地模仿其各种思想和行为,包括吸毒。

成人在毒品面前都无法拒绝,更何况缺乏辨别能力的青春期男孩?男孩身心发育尚未成熟,一旦吸毒成瘾,就会陷入深渊,会导致记忆力衰退、营养严重不足、抵抗力下降、多种疾病发生。此外,青春期吸毒不仅给自身带来了极大的危害,而且还会造成家破人亡,亲人为仇,乃至败坏社会风气,危害社会治安,引发刑事犯罪。

所以对于青少年来说,交友应当非常慎重,坚决远离吸毒人群,也不要在吸毒场所停留。身处毒雾缭绕的地方实际是不自觉吸毒,万万不可停留。那么,青春期的男孩们,该怎样识破你所谓的"哥们"是不是毒贩子呢?他们一般会有以下谎言:

①谎称"毒品一两次不会上瘾",实际上是"一日吸毒,终生难戒"。

②"免费尝试",待你上瘾后,再高价出售。

③声称"吸毒治病",真相是:毒品伤害身体,带来许多疾病,甚至导致死亡。

④鼓吹"吸毒可以炫耀财富,现在有钱人都吸毒"。毒贩眼中只有钱,他们实际是在引诱你花钱。

⑤编造"吸毒可以减肥"。真相是,吸毒不仅损害面容和身体,还会摧残人的意志。

⑥把改头换面的毒品说成"不是毒品"。摇头丸等东西,常常使青少年丧失警惕。

⑦谎称"吸毒可以提高学习成绩",实际是吸毒导致精神委靡,记忆力衰退,成

绩下降。

4. 戒除毒瘾要坚定信心

戒毒是指吸毒人员戒除吸食、注射毒品的恶习及毒瘾。对吸毒者进行戒毒治疗，一般应包括三个阶段：脱毒——康复——重新步入社会的辅导。

很多因吸毒而误入歧途的男孩，在知晓吸毒的危害后，开始了漫长的戒毒路。在戒毒的过程中，最需要的是顽强的毅力和足够的信心，真正戒除毒瘾，要戒的是心瘾。戒毒过程中，最害怕的就是复吸，这是个复杂的大问题，复吸的原因很多，与之相关的因素不仅纷繁多样，而且还互相影响、重叠。导致复吸主要有以下几种原因：

（1）心理依赖性。往往有许多人在心瘾驱使下，不能控制自己而再次吸毒。那些吸毒者，在戒毒后，总是还想象着吸毒时候精神上的愉悦，因此，一直难以真正戒除毒瘾。

在治疗开始时，出于各种各样的原因，有许多戒毒者当时的决心是很大的，动机也是很纯的，但经过若干时日之后，他们会渐渐地忘却毒品所造成的不良后果，"好了伤疤忘了痛"，当时的决心往往会逐渐淡化，而记忆中吸毒所产生的那种愉悦、欢快的体验会逐渐显露出来，最终会使他产生"再来最后一口"的想法，从而导致复吸。

心瘾是导致戒毒者复吸的首要因素。如果戒毒者处于有利环境，加上坚强的毅力，坚持克制下去，这种心瘾会逐渐淡化并消失。

（2）精神刺激。那些戒毒者要承受比普通人更大的社会压力、经济压力，尤其是当周围的人知道他的过去后，会戴着有色眼镜看他，但他们遇到这些困境后比常人更容易焦虑烦躁、悲观失望、灰心丧气，更难以承受和处理这些压力和刺激，于是无奈之际，他们会在逃避现实的心态驱使下再次求助于毒品，以求得一时的解脱和缓冲，从而导致复吸。

（3）戒毒动机不纯、决心不够。有不少吸毒者去戒毒机构求治，其目的并不是想彻底戒毒，而只是希望减少用毒量（减毒），或迫于亲友的压力不得已而为之。这些戒毒动机不纯、决心不大的人治疗后的复吸率自然高于那些确实有戒毒愿望并且希望彻底摆脱毒品的人。

因此,吸毒男孩要想彻底戒除毒瘾,首先戒毒动机上就必须坚决,这是保证摆脱"毒苦"的第一步。

(4)环境影响。吸毒成瘾者是社会上一类特殊群体,具有团伙性,吸毒者互相视"粉友"为知己。戒毒者一旦回到原先的吸毒群体中,往往难以抵御"粉友"的百般劝说、引诱和压力,禁不住"再来最后一口"而再陷"毒潭"。

(5)错误的认识。有些戒毒者常这样想:"我戒毒这段时间太辛苦了,现在毒瘾已戒掉,就让我还个愿吧,再吸最后一次,只吸一口,以后就再也不吸了。"于是又有了吸毒的开端,结果是吸一次下一次决心,再吸一次再下一次决心,一次又一次,直到再次成瘾而欲罢不能。

综上所述,导致复吸的最主要原因归纳起来还是信心不够,毅力不够。因此,男孩要明白,只有树立强大的信心,相信自己能戒除毒瘾,才能战胜毒瘾,重新回到父母、老师、同学身边,重新幸福地生活!

四 男孩子也要学会保护自己

王刚是个爱好运动的男孩,一到周末就和小伟以及一帮同学去打球,聊到球星就侃侃而谈,他喜欢在球场上挥汗如雨的感觉。

但有一次,王刚在和同学们打球的时候,不小心摔倒了,伤到了骨头,爸妈把他送到医院,他原以为爸妈会骂他一顿,没想到,他们却语重心长地对他说:"你虽然是男孩子,比女孩子坚强,但也要注意保护自己,青春期是长身体的阶段,一不小心伤到了,恐怕就是一辈子的事情,你也这么大了,应该懂得这个道理吧。"

"我知道,我以后会懂得保护自己的。"

"不光是人身保护,你还要学会避免周围一些不良因素对你的影响,比如帮派陷阱、性骚扰、别人的无理要求等,懂得独立安全的生活,才是一个男孩真正成熟的标志。"

"谢谢爸爸妈妈,我明白青春期对于一个男孩人格、价值观形成的重要性,你们放心吧!"

1.出行注意安全

有一个故事:几个学者与一个老者同船共渡。学者们问老者是否懂得什么是哲学,老者连连摇头。学者们纷纷叹息:那你已经失去了一半的生命。这时一个巨浪打来,小船被掀翻了,老者问:"你们会不会游泳啊?"学者们异口同声地说不会。老者叹口气说:"那你们就失去了全部的生命。"

虽然这只是一个故事,但其中蕴含的哲理却耐人寻味。灾难一旦发生在一个人身上的时候,是不分年龄、身份、地位的。无论是谁,都要有安全意识。不懂起码的安全常识,那么,危险一旦降临,本可能逃离的厄运,却都会在意料之外、情理之中发生了。

随着经济的日益发展,交通工具也越来越发达,马路上车辆川流不息的景象随处可见。但同时,也为很多交通安全意识单薄的人埋下了危险的伏笔。

处于青春期的男孩暴躁易动,一定要注意出行安全。目前,道路交通安全事故依然是各种事故领域的"头号杀手"。而导致悲剧发生的一个重要原因,就是我们欠缺安全防卫知识,自我保护能力差,因此,青春期的男孩们,一定要加强交通安全防卫意识。

为了更好地宣传交通安全知识,更好地珍视生命,男孩们要记住以下几点:

(1)学习交通安全的法律法规,树立安全交通的意识,遵守交通规则,树立交通安全文明公德。

(2)12周岁以前步行回家,不骑自行车,放学回家一定要排好队。

(3)在车辆密集的马路上,时刻保持清醒的头脑,不要在马路上嬉戏打闹。

(4)过马路时,多一份谦让与耐心,不闯红灯,走人行横道,绝不能为贪一时之快,横穿马路。

2.远离帮派陷阱

青春期是一个反抗时期,男孩比女孩更容易受到外界的影响。

在很早以前,著名的德国儿童心理学家夏洛特·彪勒就曾把青春期称之为"消极反抗期"。这个时期的男孩一般都会对生活采取消极反抗的态度,他们开始逐渐否定以前的良好品质和行为,对一些不良行为习惯吸收得更快,甚至会引起一些心理卫生问题。

青春期男孩的心理还尚未成熟,处于一种起伏不定的状况,很容易受到外界的影响和引导,正确的引导当然对他们的身心发展有好处,但错误的引导,就会可能导致他们误入歧途。正是这一时期特有的心理特点,使很多青春期男孩更容易陷入帮派的陷阱。

这些男孩一旦被社会上的那些帮派吸收,成为帮派一员,很容易走上社会的反面,甚至违法犯罪,涉及盗窃、抢劫、强奸、敲诈勒索、打架斗殴、收取保护费等方面,他们扰乱社会秩序,破坏社会稳定,成为社会的一大公害。

因此,青春期的男孩,必须远离帮派组织,其中,自我教育是让青春期男孩远离

帮派的重要方法。学校教育、家庭教育、社会教育只有转化为自我教育才能真正起作用。

在男孩心理品质的教育中，意志的培养尤为重要，男孩必须有自我约束力和控制力，懂得明辨是非黑白，同时，应该有自己的交友原则，交益友，多参加一些有益于身心的活动，从而建立起正常的同学友谊，远离社会上的帮派势力。

3.小心，结交网友也会受骗

现今的社会科技十分发达，电脑的使用已经非常普遍，差不多每家每户都有一台电脑。电脑的用途广泛，而且方便快捷，深受人们的欢迎，网络的功用也越来越被人承认。对于很多青春期男孩来说，有一个重要的作用就是加强交流：学生的一个被人经常提及的缺点就是缺乏信心，不敢与外界对话、交流。现在有了互联网，他们可以彻底克服这个心理障碍，并且在交流的过程当中，又开阔了自己的视野。网络为教育资源的交流提供了便捷的通道，不仅老师，而且学生也可以通过互联网登录各类教育网站获取学习资讯。

网友就是互联网的一个附属产物，没有哪个青春期男孩没有几个谈得来的网友，但实际上，"水能载舟，也能覆舟"，互联网上的信息是良莠不齐的，青春期又是一个对是非没有清晰判断力的年纪，很容易被骗，有些自称是哥们儿的人或许是社会混混，也可能还会敲诈勒索你，因此，青春期男孩上网结交网友一定要慎重，也要懂得制服自己，懂得分配时间，善用电脑，只有这样，电脑才会成为你们生活上的好帮手。

4.对不合理要求说"不"

青春期的男孩们，你是否希望有时也能说"不"？你是不是被迫同意每个请求，宁愿竭尽全力做事，也不愿拒绝帮忙，即使自己没有时间？那么，为什么你会继续答应呢？

因为，青春期的男孩们，更渴望友谊。很多青春期的男孩们往往会错误地认为，拒绝朋友会让朋友产生一种抵触情绪，因为拒绝表示自私，代表不关心、一种隔阂、一种敌视，是一种迫不得已的防卫，殊不知它更是一种主动的选择。

青少年在人际交往过程中为了营造所谓的和谐关系，往往对别人的要求来者不拒，即使有些事凭自己的能力根本办不到，也不懂得拒绝，其实这完全没有必要。

青少年大都听过这样一句古话："大丈夫有所为有所不为"。这个"不为"，就是拒绝，对于别人的要求，你能做到的，应尽力去帮助，但有些事，以你自己的能力根本做不到的，你就应该拒绝。

处于青春期的男孩们，对世界还没有一个清醒的认识，很容易被社会上的各种不良因素所诱惑，为此，你必须要学会拒绝，别在那些致命诱惑面前打了败仗，成为俘虏。只有学会拒绝才不会误入歧途、掉进陷阱。

青春期的男孩们，还要掌握一些拒绝的技巧：

（1）区分拒绝与排斥。记得你是拒绝请求，而不是排斥一个人。通常人们都会明白，你有拒绝的权利，就像是他们有权利要求帮助一样。

（2）保持简单回应。记住，拒绝别人一定要坚决而直接，但要注意使用礼貌用语，如："感谢你看得起我，但现在不方便"或"对不起，我不能帮忙"等。

（3）给自己一些时间。这样，你能有时间考虑怎样在不伤及感情的情况下拒绝别人。

青春期是人生观、价值观的形成期，一定要懂得拒绝，要知道拒绝并不是懦弱，而是一种智慧，是一个男子汉睿智的表现。

5. 学会利用法律武器

勇敢是男性品质的最好定位，但随着现代社会法律的逐步健全，人们处处依法行事，法律面前，人人平等，所以，作为未来社会的重要责任者，青春期男孩，也要学会运用法律的武器，毕竟，青春期的你们还是脆弱的，自我保护能力还比较弱。

老一辈无产阶级革命家邓颖超指出："教育孩子们从小学法、守法、用法。"《未成年人保护法》第四十六条规定："未成年人的合法权益受到侵害的，被侵害人或者监护人有权要求有关部门处理，或者依法向人民法院提出诉讼。"作为学生的男孩们要明确，依靠法律是预防侵害的首要原则，是自我保护的必备武器。

依靠法律，必须学法、知法。男孩们要了解相关法律，掌握必要的法律知识。要弄清什么是合法，什么是违法；什么是无罪，什么是犯罪；什么是自己的义务、权

利和合法权益，什么是受到侵害；还要弄清家庭、学校、社会、司法对未成年人保护的内容和法律责任。

依靠法律，必须用法。要依法履行自己的义务和行使权利，并在违法犯罪行为对自己形成侵害时，能够依靠法律手段进行自我保护。要做到：一克服"害怕对方报复，干脆自认倒霉"的错误思想；二克服"管它三七二十一，我私下找人报复"的错误做法。总之，就是要在法律允许的范围内自我保护，而不能感情用事，采用私下报复打击的手段。

比如当在公共场所，有人抢劫你的财物时，你应该考虑事情的轻重缓急，不要太过在意财产，应该先保证自己的生命安全，在确保自己安全的情况下，再报警，寻回自己的财物，不到万不得已，不要硬拼，避免造成更大的损失。关键时应大声呼救，及时报警。

报警时，应确认对方是110报警台后再述说，尽量明确地告知出事地点、肇事者的人数，是否有武器和交通工具的种类等细节，还要留下联系办法。如果你是处在和坏人周旋的危险中拨打110，应注意隐蔽和轻声。

懂得了法律的相关规定，了解有关法律的一些情况，才能有效地利用法律武器保护自己不受侵害。

第九章　勇于行动不要怕,父母是你的坚强后盾

小志还小的时候,爸爸妈妈就出国了,小志是由爷爷奶奶带大的,老两口生怕小志吃不好、穿不暖,更别说让小志干家务活,一双袜子也是小志奶奶洗好了放在床头,长到15岁,小志没伸手洗过一个碗。

有一次,初三年级组织野炊,老师让小志炒个菜,小志没办法,就准备清炒黄瓜,拿起锅铲,看着升起的火,小志吓哭了,让好多同学笑了半天。

那天,回家后小志闷闷不乐。推开家门,发现爸妈居然回来了,他并没有表现出十分的欣喜,因为习惯了没有爸妈的生活。但还是礼貌地说:"爸爸妈妈,回来了呀。"

在父母看来,小志是长大了,但看见儿子满脸愁容,小志妈妈问:"怎么了? 跟妈妈说说好吗?"看着妈妈诚恳的眼神,小志把野炊时发生的事情一五一十地说出来了,说完,爸妈都长叹了一口气,爸爸说:"或许我们当初的决定是错误的,再苦再累,也应该注意孩子的教育问题啊。"

"是啊,小志今年初三了,也是个关键时期,我们要不,就待在国内了,把生意暂时交给别人。"小志妈妈说。

接着,她又对小志说:"小志,你要记住,你是一个男子汉,不能让爷爷奶奶永远照顾你,他们已经老了,我和你爸爸也会老的,你要懂得承担,懂得负责了。"

"我知道,可是我要怎么做呢?"

"从现在起,你要开始学着自立,只有自立,才会自强。一个男子汉,不仅要丰富自己的知识,还要学会独立,同时,还要练就一些品质。你已经长大了,不是爷爷奶奶怀里的小男孩了,知道吗?"

"我知道了,长大虽然烦恼,但长大了,就要成熟了。"

青春期的到来，很多男孩和小志一样，渴望自己长大，但实际上，这些男孩几乎都是家中的独生子，衣来伸手、饭来张口，这对于男孩的成长是极为不利的。

青春期男孩，必须开始懂得担当。青春期是过渡时期，男孩要逐渐地担当起由成人该担负的工作，虽然不断地加重了你们的负担，但这些负担是你们成熟所不可缺少的。

同时，青春期是一个变化的时期，这决定了你们必须在抛弃各种孩子气、幼稚的思想观念和行为模式的同时逐步建立起较为成熟、更加符合社会规范的思想观念和行为模式。

青春期的男孩们，除了克服自身的一些缺点、学会自立外，还必须培养一些品质。成长的过程本来就是需要付出的，但男孩不要太害怕，要知道父母永远是你坚强的后盾！

一 成长路上，这些缺点要克服

青春期的到来，表明男孩开始慢慢成熟，人生观、价值观，做人做事方式等方面开始慢慢形成，但正是这样一个过渡期，很容易养成一些做人做事的缺点，比如，以貌取人、做事三分钟热度等，成长的路上，克服这些缺点，你的人格、品质才会更完善。

1."三分钟热度"要摒弃

王刚原本就是个很淘气的孩子，也不怎么爱学习。但升入初三毕业班以后，他好像认识到了学习的重要性，也开始有了很多爱好。但令他爸妈头疼的是，他很不稳定，很善变，经常改变自己的目标，今天想超过张三，明天想超过李四；今天想在语文上努力，明天又想补习数学……在爱好上，今天想参加学校的文学社，明天又想回到篮球部；今天迷上了架子鼓，明天又开始喜欢乡村音乐……

王刚的这种情况，就是典型的"三分钟热度"。"三分钟热度"这种情况是符合青少年的心理特点的。兴趣是他们心理发展的结果，他们对社会环境和自然环境有了一定的接触和认识，广阔的外界环境令他们好奇，因而对新鲜事物产生了比较明显、集中、相对稳定的心理倾向，这就是兴趣。

一个人的兴趣对他的成长起着很重要的作用，但由于男孩心理发展尚未成熟，所以兴趣很不稳定，容易变化，什么都想试一试、学一学，转移目标快，就出现了"三分钟热度"现象。这在男孩的任何阶段都可能存在，但青春期的男孩，是长知识和见识的时期，一定要克服这种浮躁的缺点，否则将一事无成。同时，这个阶段也是做事习惯形成的阶段，事事"三分钟热度"，没有毅力，在今后的人生道路上，也必将无法长期坚持目标并为之努力，很容易被挫折和困难打倒，因此，"三分钟热度"要不得。

那么，青春期的男孩们，该怎样克服"三分钟热度"呢？

首先，要找到自己真正的兴趣所在。兴趣是后天因素促成的，其中最主要的因素便是教育和环境。可是由于对新事物、新知识的接触太多太广，男孩们又往往难于专心于某一事物、某一领域。所以，男孩要避免盲目跟随社会上的"热"，要根据自己的实际情况形成稳定、正确的兴趣。

其次，对于由于没有恒心而导致"三分钟热度"的情况，男孩克服意志上的弱点，具体做法是：

（1）做事专心致志。例如，在学习前，你不妨拉上窗帘，将课本、文具摆放整齐等。这能有效地抵挡外界的干扰。

（2）认真制订学习计划和目标，然后按部就班地完成，你会发现，坚持学习，并不是难事。

（3）自我鼓励。你要经常告诉自己，你可以做到。

（4）享受喜悦。你可以把一个大的目标分解成为若干个小目标，然后分阶段去完成它。比如把一学期的目标分解为若干单元，把初中的目标分成几个学年，把人生的目标分成几个阶段等。当你完成了阶段性的目标时，你要告诉自己，你很棒，长期下来，你就可以成功了。

2. 虚荣心害死人

虚荣心就是以不适应的虚假方式来保护自己自尊心的一种心理状态。心理学上认为，虚荣心是自尊心的过分表现，是为了取得荣誉和引起普遍注意而表现出来的一种不正常的社会情感。在虚荣心的驱使下，人往往只追求面子上的好看，不顾现实的条件，最后造成危害。在强烈的虚荣心支使下，有时会产生可怕的动机，带来非常严重的后果。同时青春期是男孩人格、心理的完善期，虚荣心更是要不得。

青春期的男孩为什么也会有成人世界的虚荣心呢？

（1）价值观的错误导致虚荣心。这些男孩毕竟处于青春期，所有的价值观还处在形成期，如果受到一些不良因素的影响，势必会导致价值观的扭曲。也有一些男孩，根本不清楚品德、人格的重要意义，不清楚最受人尊敬的往往是人格，而去盲目追求或显示虚荣，但遭到的往往是鄙夷的目光，而不是受到他人的尊敬。

所以，青春期男孩，应该重视自我品德和人格的修养，清楚一个人修养好、品行高尚,内心才是真正幸福的,高尚的理想情操才是人的真正生活追求。如果清楚了人生的真正意义,在人格与虚荣之间,理所应当要选择人格,那么虚荣心就不会抬头了。

(2)所谓面子观念的驱使。面子在中国人的眼中很重要,尤其是在男性的眼里。男孩也是要面子的,为了顾及自己的面子,他们会说出很多虚荣的话,做出许多虚荣的事情来,甚至害人害己。

(3)盲目攀比产生虚荣心。盲目攀比,与人比较,如果在某些方面不如人,就可能造成心理失衡,这会促使男孩的虚荣心越发强烈。

(4)不良性格品质因素的影响。生活中,有一些男孩,性格内向,很自卑,但又怕别人瞧不起,于是说出虚荣的话,做出虚荣的行为来;也有一些男孩,学习成绩不好,便想通过另外的方式获得这种心理上的平衡,于是,就借助夸耀自己的家庭来获取这种满足感;有一些男孩性格外向,处处喜欢表现自己,喜欢出风头;也有一些男孩,受到不良社会因素的影响,学来了不良习气,喜欢拉帮结派,来显示自己的能力等。

无论如何,解决虚荣心的根本途径就是要不断提高自己的修养,完善自己的人格,这是关键所在。所以,青春期男孩应该学会重视自己的人格,清楚一个人的修养好、品行高尚,内心才是真正幸福的,高尚的理想情操才是人生的真正追求。

因此,青春期的男孩要树立崇高理想,很多人能在平凡的岗位上做出不平凡的成绩,就是因为有自己的理想。如果清楚了人生的真正意义,自然就会摒弃虚荣心了。

3.不要以貌取人

小伟的同桌蒋亮是个不受同学欢迎的人,蒋亮的爸爸是个局级干部,母亲也在文化部门,家里环境很优越,因此,他平时在班上总是趾高气扬,把别的同学都不放在眼里,甚至还欺负一些家境贫困的同学。

有一天,蒋亮放学回家,看到客厅坐着一个衣裳朴素的老爷爷,胡子拉碴,心生厌恶,妈妈正在给这位老爷爷倒茶,蒋亮说:"妈,你今天不是又发善心,把公园无家可归的乞丐老人带回来了吧?"蒋亮这句话倒是有来源的,蒋亮的妈妈心地善良,总是会帮助一些可怜的、无家可归的人,蒋亮的爸爸也是个受人尊敬的人,他们经常感叹不知道蒋亮到底像谁。

这时候,妈妈对蒋亮说:"快叫爷爷。"蒋亮才不搭理妈妈,丢了一句:"他是书

记还是部长？我才不会叫一个乞丐爷爷呢？"

"你这孩子，怎么这么不懂礼貌？"妈妈把蒋亮拉到一边，说："这位爷爷是我大学老师，是作家协会的会长。"蒋亮一听，真是觉得不可思议。赶紧过来赔礼道歉，可是老人却不高兴了，说："小王啊，你和你丈夫一直是模范夫妻，孩子怎么这样呢，你们不能只抓工作，不抓孩子的教育啊。"蒋亮妈妈连连称是。

老人走后，妈妈对蒋亮说："老师说得对呀，我们一直忽视你的教育了，你知道吗，人不可貌相，海水不可斗量。你这么小小的年纪，怎么就学会以貌取人了呢？"

"可是，他那身打扮的确不像个有身份的人啊。"

"你还狡辩？任何人和事物都是处于不断变化之中，既可能向着好的方向发展，也可能向着坏的趋势转化，所以我们在对待人和事物的时候，不能够仅仅盯住眼前的这么一点点表象，因为它只反映了这个人或者这件事目前的状态。我们要懂得美丽的白天鹅是从丑小鸭变来的，美丽的蝴蝶是从丑陋的蛹变来的，你应该将目光放得长远些，对人和事从本质上进行分析、判断，只有掌握了这种能力，才可能做出正确的、符合自己利益的决策，否则就要犯急功近利的错误。你明白吗？"蒋亮若有所悟，妈妈说得好像很有道理。

的确，人都是在不断变化着的，人的命运也是在不断变化的。青春期的男孩们，一定要学会用长远的眼光观察人和事，不要以貌取人，不以贫贱取人。这无论对于男孩结交朋友，还是对其价值观的形成，都有一定的帮助。相反，以貌取人，只会使得自己的人生路越来越窄。

4. 下结论不要武断

小伟和蒋亮都是班上的尖子生，但临近中考，在实力的比较上，老师比较看好小伟，因为他沉稳，无论遇到什么习题，都会反复推敲，从不武断下结论。一次数学测验中，就体现了这一点。

那次，数学老师将试卷发下来后，蒋亮先大致看了一下，然后就面露喜色，因为这些题目在他看来，完全是将他平时做过的简单的习题再重新做一遍。这次测验，大部分的习题是三角形方面的，刚好是蒋亮数学学习中最拿手的部分。

于是，不到半个小时，蒋亮就将习题做完了，看着同桌小伟还在慢慢算，他暗笑起来，自认为这次测验自己肯定是第一名了。

做完习题以后，小伟还是按照往常做题的习惯，好好地检查了几遍，才把试卷交了上去。

第二天，试卷发下来了，数学老师念道："蒋亮，75！"蒋亮一听，懵了，怎么可能？老师加了一句："你下课后到我办公室来一下。"下课后，蒋亮看到了老师课桌上的成绩排名表，第一名是小伟，满分，而自己，已经到二十名了。

"知道自己错在哪儿了吗？"老师问。

"不知道。"

"你看你这些题，看上去都是做了一半，你应该考虑清楚，一个初三年级的数学试卷怎么会那么简单？你不把题看好，就急着下笔做，怎么能考好？你的同桌就不是，他对每个题目的过程都分析得很清晰，你要向他学习。"蒋亮觉得老师说得很对，回去后，他好好想了想，觉得自己总是那样武断，必须改掉这一缺点。

青春期是个烦躁易动的年纪，做事冲动、武断是很多男孩们共有的缺点，这也正是他们不成熟的表现，这种武断表现在很多地方，如学习上、人际关系的处理上，甚至烦躁易怒也是因为武断的缺点引起的。青春期的男孩们要想改掉这一缺点，可以从以下几个方面努力：

（1）后果演绎法。当你准备做一个决定或者做一件事时，你不妨考虑一下，你这样做的后果是什么？于是，你就能清楚地看到你的做法正确与否。长此以往，就会形成一定的正确做事的标准。

（2）榜样学习法。青春期的男孩，并不是都是冲动武断的，小伟就是一个沉稳的男孩。生活中的男孩们，你也可以给自己找一个榜样，当然，这种榜样最好是生活中的，比如学习优异、做事稳重的同学。榜样的力量是无穷的，树立先进榜样是男孩自我矫正缺点的一种重要方法。活生生的榜样，直观、具体、形象，标志着进步的方向，不但对你产生强烈的激励作用，而且在日常生活中会对你产生潜移默化的积极影响。

（3）自我激励法。在改正武断这一缺点的过程中，青春期的男孩们，一定要经常自我激励，自己鞭策自己，自己鼓励自己。在取得哪怕是一点小小的进步时，自己也要肯定自己，争取以后取得更大的进步。同时，你还可以通过写日记的方法，

把自己改正武断做事这一弱点的过程一点一滴地记下来,经常比较、分析,从中看到进步。这样,就能慢慢变得成熟、稳重。

5. 学会调整自我意识

自我意识是一个人对自己的认识和评价,包括对自己心理倾向、个性心理特征和心理过程的认识与评价。正是由于人具有自我意识,才能使人对自己的思想和行为进行自我控制和调节,使自己形成完整的个性。

对于任何人来说,自我意识在个体发展中都有十分重要的作用。

首先,自我意识是认识外界客观事物的条件。一个人只有先清楚地了解自己,认识自己,才能将自己与周围的人和事相区别,才能正确地认识客观事物。

其次,自我意识是人的自觉性、自控力的前提,对自我教育有推动作用。

人只有意识到自己该做什么,怎么做,才能付诸行动。一个人意识到自己的长处和不足,就有助于他发扬优点,克服缺点,取得自我教育的积极效果。

再次,自我意识是改造自身主观因素的途径,它使人能不断地自我监督、自我修养、自我完善。

一个人只有认识到自己的不足,才会有意识地去改造。可见,自我意识影响着人的道德判断和个性的形成,对个性倾向的形成更为重要。

青春期,是每个男孩身体的成长期,也是自我意识形成期,有些男孩在自我意识方面有缺陷,比如幼稚、敏感、过度自尊、过于独立、自我掩饰、以自我为中心、自卑等,这些都对青春期男孩们的身心健康发展构成了威胁。那么,青春期的男孩们该怎样调整并完善自我意识呢?

正确的自我认知。"人贵有自知之明",这里的"自知",就是要全面认识自己,然而,你自己眼中的自己是不全面的。男孩不妨自己认真地想一想,用尽量多的形容词描述自己,要忠实于自己的内心。在此基础上,进行第二步:他观自我的描述,描述父母眼中的你、同学眼中的你、老师眼中的你、兄弟姐妹眼中的你,然后寻找这些描述中共同的品质,将其归类。你描述的维度越多,你越会找到比较正确的自我。

二 像个小男子汉,学着自立

小志的爸妈从国外回来后,小志心里很高兴,他跑去王刚家,想将这一好消息告诉他的好朋友。敲门进去,小志看见王刚妈妈正在给王刚刷篮球鞋,他想起了妈妈对自己说的那些话,于是,他走上前去对在看电视的王刚说:"你自己的鞋怎么还让阿姨给你刷呢?"

"小志,你今天真奇怪,你的鞋子甚至袜子都是你奶奶洗的,你还敢来说我?我好不容易星期天休息一天,我妈妈要给我洗的。"王刚觉得小志很奇怪,小志这是怎么了?

"是啊,今天是星期天,你更应该自己做这些事情了。"

"小志啊,没事的,只要他好好学习,别说刷鞋,就是要月亮,我们也摘给他,今天让他看一会儿电视,一会儿他还要学习。"王刚妈妈解释着。

"孩子他妈,你这话说得真不对,小志是对的,你看我们家刚子,这么大了,洗过一双袜子吗?"看报纸的王刚爸爸也插话了。他继续说道:"我给你们讲个故事:有一只美丽的鹦鹉,在主人的精心喂养下长大,过着快乐的生活。一天,这只鹦鹉被主人放回到了山林,可它在属于自己的天空中仅仅生活了没几天就死去了。这是为什么呢?原因很简单,这些年都是过着饭来张口的寄生生活,久而久之,它已丧失了捕食的本领和生存的能力。"

"现在生活在 21 世纪的孩子们,在父母的呵护之下,过着衣来伸手、饭来张口的无忧无虑的生活,他们长期处于这种优越的环境下,必将会丧失斗志和自立的能力,严重阻碍了他们将来成功的事业道路。"王刚爸爸把道理一点点说给大家听。听完以后,大家都点头赞同,王刚也挽起袖子开始刷起自己的鞋子。

的确,随着物质文化生活水平的提高,生活中出现了很多和王刚一样的"小皇帝",是父母的宝贝儿、心头肉,哪里忍心去让孩子干这干那,渐渐地,男孩就养成了一种依赖心理。男孩将来担当的是更重的担子,需要从小锻炼自立的能力,而父母无时无刻地呵护形成的依赖心理很容易让男孩丧失这种能力。

也有一些男孩这样认为,青少年应该一心一意地去面对学习,把心思全部放在学习上,其他事情都不用去管。这是一种错误的观点,青春期努力学习固然很重要,但自立也是不

可缺少的。身为未来的社会人，男孩必须具备一定的生活经验和亲身体验。一个真正自立的男子汉才能在未来的社会竞争中屹立不倒。因此，在追求成功的道路上，青春期的男孩只有学会自立，脚踏实地，才能为今后取得辉煌的成果打好基础。

1.学点才艺丰富内心

很多父母对待男孩和女孩生来就不一样，当女儿到达一定年纪的时候，为了让女儿"蕙质兰心"，都会让女孩学习一点才艺，殊不知，男孩也需要学点才艺，这样，既可以丰富内心，补充性格上的缺陷，又能训练思维。青春期正是可塑期，男孩在紧张的学习生活中，偶尔学点才艺，避免了生活的单调，还能调节身心，提高审美情感。不同的才艺，对男孩的帮助作用是不同的。

（1）舞蹈。舞蹈训练具有以下几方面的作用：

①形体优美：正处于快速生长发育时期的男孩，经过舞蹈训练（如挺胸、抬头、收腹）能使他们站得直，形体优美，且能纠正驼背、端肩等形体问题。

②动作协调：舞蹈需要全身各部位的配合，通过音乐与舞蹈动作的和谐达成动作协调性的训练，并且使男孩更有节奏感。

③肢体灵活性、柔韧性：由于经常练习压脚、劈叉、下腰等，男孩的柔韧性，动作灵活性都会得到锻炼。

④锻炼毅力：从基本功开始训练能培养他们不怕吃苦的精神，磨炼其坚强意志。

⑤提高身体素质：舞蹈需要一定的体力消耗，坚持练习后能促进孩子食欲、增强消化机能，提高身体抵抗力。

⑥提高合作能力和集体荣誉感：舞蹈有独舞、双人舞、集体舞，只有配合默契才能表演好，由此训练了他们的合作精神，养成自觉遵守规则、纪律的好习惯，培养了他们协作的观念。

⑦培养审美情感：舞蹈是通过音乐、动作、表情、姿态表现内心世界，使男孩潜移默化地接受到艺术表演的熏陶，使他们热爱生活，并能欣赏美、体验美。

⑧培养自信心：舞蹈演出能培养男孩表演的能力，慢慢变得不怯场，表现力强，增强自信心，使其拥有更好的心理素质。

⑨有助于培养想象力：舞蹈是通过形体、动作、眼神来表现的，在跳舞的过程中能激发男孩的想象力、创造力。

（2）围棋。围棋是一项将智力、体力、品质、意志融为一体的娱乐活动。青春期的男孩们下围棋有许多好处：

①围棋活动是健脑体操。围棋是围而相杀的游戏，每下一子就等于出动一兵向对方进攻，迫使对方设法应对，而对方下子也是在向你进攻，要求你设法打退他，这种不断进攻与防守的过程就是不断提出问题和解决问题的过程。在这个过程中，大脑得到不间断地锻炼，变得日益灵活、聪明。

②围棋活动是数学的乐园。很多男孩对数学题目感到枯燥无味，而下围棋运用数字的机会很多，可以让你在娱乐中不知不觉地接纳数学，使计算能力得到锻炼和提高。

③围棋活动可以陶冶性情。围棋对弈中要求棋手讲文明、懂礼貌、胜不骄、败不馁。对待生动活泼、战斗激烈、变化莫测的棋局，棋手只有发扬顽强拼搏的精神才能取得最后胜利。常下围棋的人，大多有临危不乱的镇定功夫，谦虚、谨慎的美德，文明高雅的风度。

④下围棋可以培养各种能力。围棋重思考，对弈中每下一子都有攻防作用，全过程斗智斗勇，紧张激烈，能有效地培养高度的注意力、快速的计算力、敏锐的观察力、细致的分析力、灵活的应变力、全局的统筹力，使你解决问题的能力大大提高。

总之，学围棋能开发智力，培养能力，陶冶性情，提高素质。有人赞扬围棋说："围棋天地是青少年的乐园"，"围棋活动是开发智力的金钥匙！"青春期的男孩们学围棋，无论是对开发智力还是培养兴趣，都是好处多多。

（3）绘画。绘画对青春期男孩的好处体现在：

①培养细致入微的观察能力和理性思维。男孩是比较粗心的，而绘画可以纠正这一缺点。一个细小的事物，假如男孩通过自己的观察，发现它们更具体的结构组成，更丰富的颜色变化，这样才能把事物最本质和最传神的美描绘出来。这种观察方法也可以大大提高男孩的理性思维和逻辑推理能力。

②培养丰富的想象力和创造力。在学习绘画的过程中，许多造型的形式和色彩的组合，都是可以根据自己的喜好来进行主观创造的。这就给男孩的想象力和

创造力提供了一个很好的训练平台。现代学校教育的缺点,就是给成长期的男孩们限制了太多的条条框框。

③培养较高的审美素养。男孩们在绘画的时候,要学会带着感情去观察周围的事物,并不断接触各类美好的艺术品和艺术形式,审美素养自然就会提高。

(4)钢琴。学习钢琴有以下几方面的益处:

①作为一门乐器,学习钢琴能让青春期的男孩们有一技之长,这一技之长将对男孩的一生有重要影响。

②作为一门艺术,学习钢琴有利于培养情操,培养人的涵养。在学习钢琴的过程中,男孩会不自觉地接受更多西方古典文化的熏陶,从而提高男孩的审美能力。

③作为一项技术,它可以锻炼男孩的左右手配合能力,从而促进左右脑共同发育,长期坚持,会让人变得更聪明。

④作为爱好,钢琴能调剂紧张的学习和生活。弹钢琴可以让自己适度放松,尤其是在生活压力大的时候,弹钢琴可以转移人的注意力,陶冶情操,从而得到放松。

总之,青春期的男孩们学些才艺,可以丰富自己的内心!

2.男孩要有点理财意识

王刚除了小伟和小志两个朋友以外,还有一个大款"哥们儿",和他交往时间长了,王刚也变得花钱大手大脚。在不到一个星期的时间,王刚花了好几百块钱,他爸妈发现了儿子的变化,就找来了儿子,准备和王刚好好谈谈。

"最近给你的那些钱都花哪儿了?"

"什么都没买啊。"

"那钱呢? 好几百呢。"

"那才几百块钱,请几个同学吃了一顿饭,就花光了。"王刚轻描淡写地说着。

"和同学搞好关系没错,可不能这样大手大脚地花钱啊,这样交的朋友也充其量是酒肉朋友,不是知己,知道吗? 而且,你现在这个年纪,应该学学怎么理财了,况且,你现在还没有挣钱的能力,更不能乱花钱,知道吗?"王刚爸爸说。

"理财? 就是要管理自己的钱财吗?"

"是啊,知道怎么理财吗?"

"不知道。"王刚很疑惑。

那么，青春期的男孩们，该怎样理财呢？

理财的目的在于合理规划自己的钱财，使得自己和家庭的钱财处于一种最佳的支配状态，这是一种长远打算的需要。现代社会，人们对理财的意识越来越强烈，从这种意义上说，理财也应该伴随人的一生。作为青春期的男孩们，当你开始有零花钱的那一刻开始，就应该懂得合理支配自己的财产了，这对于你以后收支分配的均衡是有好处的，另外，青春期也是理财的起步阶段，也是学习理财的黄金时期。在此阶段，如果男孩能够养成一些较好的理财习惯，掌握一些必要的理财常识，往往可以受益终生。

但大多数青春期男孩理财能力薄弱，平常在家要么是大手大脚惯了，要么从不和钱打交道。因为理财教育的欠缺，很多人直到工作后很长一段时间仍然缺乏独立的理财能力。

对于青春期的男孩们来说，要想做好理财规划，最重要的是养成良好的理财习惯。

（1）懂得积累。其实，生活中有很多"小钱"是可以积少成多的，这里几元，那里几块，看似不起眼，但积少成多就是一个大数目。

（2）不铺张浪费，懂得节约。尤其是处于学生时代的青春期男孩，对于吃穿不要太过讲究，吃要营养均衡，穿要耐穿耐看，住要简单实用，行要省钱方便。节约用钱，也是培养自己吃苦耐劳的重要方法。

（3）学会记账和编制预算。这是控制消费最有效的方法之一。其实记账并不难，只要你保留所有的收支单据，抽空整理一下，就可以掌握自己的收支情况，从而对症下药，合理支配钱财。

（4）要保证良好的资产流动性，富余的支付能力，不要将资金链绷紧。现金为"王"，没有必要的现金支付能力，常常会使自己陷入一种走投无路的境地，特别是遇到意外事件时，手持必要现金的重要性就更加体现出来。

3. 家务活男孩也要分担

现代家庭中的男孩，完全是家中的"小皇帝"，他们的主要任务是学习，任何阻挡学习的事，都被父母"废除"，比如家务，即使有些家长有意让男孩做家务，男孩

们也会以学习为名拒绝，更有一些男孩子认为，自己是男子汉，做家务是女孩的事情，其实，这种想法是错误的。

分担家务，不仅能锻炼自己独立生活的能力，而且能帮助父母减轻生活压力，最主要的是，有利于培养自己的责任感。责任感的培养不是一朝一夕的事情，男孩应该有意识地从小做一些力所能及的事情，逐渐培养自己的责任感。同时，作为一个小男子汉，男孩可以试着与父母商量家里的一些大事，这些小小的举动会表明你正在长大，表明你爱家庭、爱父母。那么，青春期的男孩们，在日常生活中应该怎样做呢？

（1）养成良好的生活习惯，在家中要注意保持家庭环境清洁整齐，按一定顺序存放日用品。这样，就能有效减轻家务劳动的强度。

（2）把家务劳动当成排解学习压力的一种方法。家务劳动是一种轻度的体力劳动，可以缓解脑力劳动。

（3）坚持自己的事情自己做。青春期，已经接近成人，应该学会自理，这是自立的前提。其实，整理自己的卧室，洗自己的衣服并不会花费太多的时间和精力。

每个家庭都面临着繁重的家务。之所以说家务劳动繁重，倒不是说家务事的劳动强度有多大，而是说家务劳动耗费的时间多，消耗的精力大。但一般情况下，这些家务都由家庭中的某个人做，母亲或者父亲，作为青春期的男孩，如果懂得分担，那么，不仅减轻了父母的压力，还愉悦了身心，何乐而不为呢？

4. 要学会理智做事

有人说，"青春期的孩子是一群情绪化的动物"，事实上，不仅仅是这一人群，人类本身就是情绪化的，因为人类本来就是"感情的动物"。人非草木，孰能无情？喜怒哀乐，乃人之常情，遇喜则喜，遇悲则悲，这也是人的真性情！

但是，人毕竟是具备社会属性的，其情感也就自然也具备了这些属性，它必须受理智的控制和调节，才能称之为一个社会人。如果任凭感情自然发展和显露，不系之以理智的大绳，干出违背社会规范或风俗习惯的事来，就会后悔莫及了。

出于青春期的男孩们，正是血气方刚的年纪，做事似乎更是缺乏理智，这也正是他们不成熟的地方，男孩要想成熟、自立，就必须要克服易冲动、感情用事的坏习惯，那么，男孩应该怎样做呢？

（1）培养不愠不火、良好的品性。一个有修养的人，是不会做事冲动、不顾后果的，那些易于冲动、感情用事的人，其行为也是受不良品性支配的。因此，克服感情用事的毛病，首先要培养自己的良好品性，尤其需要努力以意志来控制自己的情绪，长此以往，便培养出了自己良好的情绪修养。

在培养自己良好情绪修养的过程中，男孩要懂得运用自我暗示法，因为任何人的情绪都是受自身意志控制的。

首先，男孩要能够自我认知，判定自己属于什么类型、性格的人，看自己是不是属于那种易冲动的人。如果你能觉察到自己属于"做事易冲动"者时，就应当有意识地加以改正。遇到愉快或烦恼之事处于激情状态时，就应该进行自我暗示："冲动无利于事情向好的方面发展"，"不能轻举妄动，应当冷静下来仔细分析，理智地对待此事"。通过自我暗示，达到产生"压抑作用"的效果，即把不被社会允许的念头、情绪情感和冲动，在不知不觉中压抑到无意识中去。这是克服"做事冲动"毛病的最基本方法，其他方法都只能在此基础上产生。

另外，男孩还要懂得宣泄。任何不良的情绪都需要释放，你可以寻找适当的机会，进行感情宣泄。如与事情的另一方沟通，向第三者表露自己的真实感情等。这样，既能克服冲动的毛病，又能使自己的心态恢复平衡。

（2）勇于认错。青春期是暴躁易怒的，很多男孩常常因为感情用事而做出不理智的决定，甚至对朋友泄愤，从而造成友谊的裂痕、情感上的伤害等。事后冷静下来，也感到自己做错了，但出于面子，又不肯认错，其实，这种顾虑大可不必。一个勇于纠偏改错的人，哪能不受人们的欢迎呢？只有勇于认错，冲动的毛病才更容易克服，才更能理智地处理事情。

（3）吸取教训。做错事，自己感到后悔，这并不可怕，可怕的是不会从失败中找出教训，其实，只要你努力把自己的主观愿望与客观实际结合起来，冷静地、理智地分析问题和处理问题，你就可以慢慢成熟起来。

青春期的男孩要想让自己最终成熟起来，就必须要学会控制自己的情绪，但这一切的基础，还是要有豁达的心胸。控制自己的感情并不是冷漠，而是将自己的感情化作力量，也就是善于利用自己的感情，从感情的背后看问题，尽量排除感情的干扰，这样思路才会更清晰。

三 培养一些成功者拥有的品质

　　小伟作为班上的学习尖子，被老师推荐参加奥数比赛，可比赛结果却不尽如人意。数学老师帮小伟分析了一下，小伟的弱点在于总用常规思维思考问题，而不善于创新，老师找来小伟，对他说："你是一个很乖巧的学生，从不让老师担心，但作为一个男子汉，你缺少了一些成功者的品质，你知道是什么吗？"

　　小伟很疑惑，摇了摇头。

　　"创新啊，这个时代，要想成功，就要敢于标新立异，走自己的路，从你日常的学习和生活中，我发现你缺少这方面的品质，以后思考问题的时候多注意换个角度或思维去想，这对你会有帮助的。"小伟若有所思，原来一个人的成长路途中，需要完善的太多。

　　的确，作为一个男人，每个青春期男孩都希望自己能够成就自己的事业、实现自己的理想、那有什么秘诀能够让他们更好的走向成功呢？那就需要完善一些品质——成功者的品质，比如善于学习，这是最重要的品质，也是很多成功人士的准则。再者，需要有坚强的信念，要有非常明确的目的，知道自己要什么，不会轻易被外人的看法动摇，意志坚强，对事情有主见。另外，男孩还必须有责任感，这样才能最终赢得信任，获取成功。

1. 男人的责任感

　　有位名人说过："有责任心的人，到哪里都受欢迎。"有责任感的人，才能担当大任，才会获得别人的信任，才会迎难而上，才懂得即使有困难也要克服，而那些责任感弱、不思进取的人，简单的问题也难以解决。对于一个男人来说，更需要具备强烈的责任感，家的责任、社会的责任等，强烈的责任感是他们成功的保证。

　　而对于青春期的男孩们来说，责任感的形成是他们是否成熟的标志，那么，什么是一个男人的责任感呢？青春期的男孩又应该怎样培养自己的责任心呢？

　　（1）对自己负责。每一个人做任何事，都要懂得对自己负责，因为任何人的命运都掌握在自己手中。处于青春期的男孩也一样，为自己负责，就是要珍惜生命、尊重理想、抵抗诱惑、克服缺点等。当然，青春期的你们还无法担当太多，但你在任何时候，都要明白，命运掌握在自己手里，没有人能控制，要有活出自我、活出风采的态度。

（2）对社会负责。任何人都是社会人，脱离社会，任何人都失去了价值，也没有任何意义可言。因此，社会责任感是一个人必须具备的素质。

在当今的多种社会形态下，男人占据了社会的主动地位，这种情况下男人自然肩负着更多的社会责任。而单从个体角度说，任何一个未成熟的男孩，都要成为男人这一角色，而男人归属于男性占据统治地位的这个社会，这就要求男性有更高的社会责任感。

那么，具体在现实生活中，男孩应该怎么做呢？

（1）提高修养，学会自律。一个有责任感的人，往往也是有素质和修养的，然而生活中，那些不好的习惯，却使一个人的修养荡然无存。谚语云："人是习惯的奴隶。"王尔德也有这样一句名言："起初是我们造成习惯，后来是习惯造成我们。"这就是说，如果你要表现自己的风范和气质，首先就要改正自己的陋习，慢慢养成良好的习惯，学会约束自己，即使在没有父母和师长的"监控"下，也能非常自觉、发自内心地去读书、去学习、去交际。这需要男孩养成专心听讲的习惯，勤思好问的习惯，认真作业的习惯，搜集资料的习惯，合作探究的习惯以及周期学习的习惯等。

（2）以一个家庭成员的身份为父母排忧解难。虽然你还未成年，但作为父母的儿子，你也有责任为父母分担一些家庭中的任务，哪怕是一些小事，因为家庭是培养责任心最重要的地方。家庭的建立是以爱为基础的，男孩只有先懂得爱父母，才能懂得爱其他人。而对父母的孝心，并不是一句空话，需要男孩在生活中一点一滴的体现，例如，多帮父母做做家务，学会自理，多和父母商量家里的一些大事等，这会让父母感觉到儿子已经长大了，自然会很欣慰。

（3）多帮助周围的人，把自己当成集体和社会的一分子。一个人的责任心体现在社会中的时候，就能造福于社会。青春期的男孩们，能力还有限，但可以从小事做起，比如保护环境，积极参加各种公益活动等，这都不失为一种责任心的表现。

2. 良好的时间观念

法国思想家伏尔泰曾出过一个意味深长的谜语："世界上哪样东西最长又是最

短的，最快又是最慢的，最能分割又是最广大的，最不受重视又是最值得惋惜的；没有它，什么事情都做不成；它使一切渺小的东西归于消灭，使一切伟大的东西生命不绝。"这是什么？这就是时间。时间说长也长，说短也短，说其长，是因为它永远无穷无尽；说其短，因为时间总是飞快地过去，我们还有太多来不及做的事。时间的重要性，我们每个人都知道，没有时间，什么事情都做不成。时间可以将一切不值得后世纪念的人和事从人们的心中抹去，时间能让所有不平凡的人和事永垂青史！

而对于青春期的男孩们来说，时间显得尤为珍贵，一寸光阴一寸金，寸金难买寸光阴，任何知识的获得，都要花费时间。考场上，差一分钟，你的成绩就差一个名次；伴随着时间的过去，你告别了童年，多了一点烦恼……

因此，青春期的男孩，要正确地认识时间的作用，不要荒废了大好的青春期，要把时间观念，当成成功路上必须培养的品质之一。良好的时间观念有助于男孩的健康成长。守时、惜时的男孩，往往懂得学习时间的珍贵，学习效率会更高，会有竞争意识，因此，他们的心智成熟程度较高，对外交往能力也强。那么，男孩应该怎么做呢？

（1）珍惜时间，要有目标性的学习。对"时间"懵懂不明的男孩，很少要求自己何时何地该完成什么，换言之，他们很少有主动的"目标"，学习成绩差。对此，男孩最应该知晓的就是时间的重要性。古诗云："少年易老学难成，一寸光阴不可轻。未觉池塘春草梦，阶前梧叶已秋声。"人一生中学习知识的黄金时期是 6 ~ 25 岁，这20 年如果用天来计算，仅为 7300 天。一生的命运如何、成就大小，很大程度上取决于这段时间如何利用。而人又多是"少壮轻年月，迟暮惜光阴"，这就往往造成人生事业上的悲剧。因此，你如果想在有生之年学有所成，就应该珍惜并科学地利用每一天时间。

在学习中，你要学会为自己制订计划，在规定的时间一定要达到既定目标。长此以往，就会有收获。

（2）懂得休息。青春期男孩的确应该努力学习科学文化知识，充实自己，但也要懂得安排自己的休息时间。比如，你需要在疲劳之前休息片刻，既避免了因过度疲劳导致的超时休息，又可使自己始终保持较好的"学习状态"，从而大大提高学习效率。另外，青春期是长身体的阶段，充足的睡眠尤为重要，打疲劳战往往会适得其反。

（3）学会充分利用业余时间。很多青春期男孩喜欢把自己的业余时间放在听流行歌曲、玩游戏上，其实，这段时间也可以好好利用，同样是听歌，如果能听英文经典歌曲，不仅能培养自己的审美情趣，还能在无形中练就了自己良好的听力。在训练智力上，你可以学一学围棋，而不是打游戏，因为前面已经介绍过，围棋能锻炼人的多种能力，是很有益处的一种智力运动。

（4）遵守约定时间，做可信任的朋友。

在与人交往的过程中，时间观念不明的男孩也面临"信用缺失"的危机——久而久之，同学和朋友对动辄迟到、缺席的他有批评、有疏远，认为他讲话不算数，不守信，这将严重阻碍男孩"外交活动"的正常进行。

对此，时间观念差的男孩，可以给自己列一个备忘录，这样，就能有效提醒自己了。

3. 言必行，行必果

周五放学后，和往常一样，王刚约了小伟一起去打球，但回家后，发现自己几年未见的姨妈来了，就心里头一阵热，和姨妈聊了大半天，王刚妈妈问："你今天怎么没去找小伟打球？"

"今天不是姨妈来了吗，特殊情况啊！"王刚笑着说。

"那怎么行，一个男子汉最重要的就是守信，答应朋友的事，一定要做到，有事情耽误了，也要解释。"

"我和他关系很铁，他不会怪我的，放心吧，妈妈。"王刚还在解释着，但王刚妈妈明显已经有点生气了。姨妈看见这种情况，就说："刚子，你妈妈说得对，你是一个男子汉，言必行、行必果是一个男子汉最重要的品质，也是一个男人成功最需要的品质，因为只有这样，你才会取得朋友永久的信任，他们才会给你最真诚的帮助。我先给你讲个故事吧，你听吗？"

"听。"王刚斩钉截铁地说。

"作家班台莱耶夫写过一个叫《诺言》的小说，讲述了这样的一个故事：一群小孩在公园里玩战争游戏，一个大孩子对新来的一个七八岁的小孩说：'你是中士，而我是元帅，你就得听我的。这里是我们的军火库，你留在这儿做哨兵，等我叫人来

和你换班为止。'

"'中士'很听话地一直坚守岗位，但是天黑的时候，其他的小孩都回去了，大家把这个'中士'遗忘了。公园快关门的时候，'中士'还坚守岗位，他又冷又饿，还很害怕，却不肯离开公园。一个路人看到这种情况，在街上找来一个真的少将，让少将帮忙。少将对孩子说：'中士同志，我命令你可以离开岗位。''中士'这才高兴地说：'是，少将同志，遵命离开岗位。'"

姨妈说完这个故事以后，问王刚："你觉得这个'中士'怎样？"

"很值得人敬佩。"

"是啊，每个人都会敬佩那些说一不二的人，这样的人，才值得我们信任，我们才会把重要任务托付给他，而这个人，才是成功的，你说是吗？"

"是，姨妈，我明白了，我也要做个说话算数的男子汉，这次是我错了，我马上就去找小伟道歉。"王刚说完后，放下书包就跑出去了，而王刚妈妈和姨妈则欣慰地笑了。

的确，言行一致是做人的基本准则。言行一致是现代社会生活中每个人的立身之本，是高尚的人格要求，守信的人也是品德良好的人，他们能在约定好的条件下，做到言必行、行必果，因为他们遵守承诺、值得信赖，所以是人们信任和求助的对象。懂得守信的人，也是懂得尊重自己的人。反之，总开"空头支票"的人，再三的失信，必然会引起别人的不满，让人失去对你的信任。

一个成功的男人，可以没有出色的外表、出色的谈吐，但绝对不能没有诚信。诚信，能让你成为一个最受欢迎的交流对象。哪怕一件小事，都要做到"答应了就要做到"，不要忽视了小事的作用。因此，青春期的男孩，要将言必行、行必果作为自己做人做事的准则，一定要严格要求自己。而能否守信，不仅有自己努力的程度问题，还会受到客观条件的限制。有的时候原本能办成的事情，因为客观条件的变化，在实施上出现了问题，就可能难以落实。所以如果明知无法办到的事情就不要轻易承诺，千万不要为了所谓的面子而"打肿脸充胖子"。因为这样做不但会失信于人，还可能会失去朋友。

4. 坚毅的钻研精神

一天晚上，小志在做作业，突然听见奶奶喊："小志爸爸，去帮我买个灯泡，卧室的灯突然不亮了。"小志爸爸应了一声，准备出门。小志从房间走出来，说："等等，我看看是怎么回事，万一不是灯泡的问题呢，灯泡不是白买了？还解决不了问题。"

小志爸爸说："你小心电。"

小志走到奶奶的房间，取下台灯上的灯泡，放在自己房间里的台灯上试了一下，可以用，这就说明不是灯泡的问题，这就更引起了小志的兴趣。他想，应该是台灯里面接触不良，于是，他拆开了台灯，奶奶在一旁担心着，说："拆了装不回来怎么办？"爸爸也说："小志，不行我买一个台灯就行了，你小心一点。"

"没事，我已经断电了，没问题。"

和小志想的一样，台灯里面有个线断了，小志找来打火机和绝缘胶布，烧开一点外面的绝缘皮，然后把两头接在一起，用绝缘胶布粘好。可是，当小志安上灯泡后，灯还是不亮，小志有一些泄气，于是，他重新思考了一下，他想，最容易接触不良的应该就是灯泡和灯座的地方，于是，他拧了几下螺丝，终于，灯亮了，小志高兴极了。小志爸爸也说："没想到我儿子还有这一手，会钻研问题，这个习惯很好啊。"

刻苦的钻研精神，也是青春期男孩追求成功的路上必备的一种品质，在信息社会，只有不断学习，不断挖掘事物内部的联系，多付出努力，才不会被日新月异的社会所淘汰，才会与成功结缘。那么，青春期的男孩应该怎样培养自己这种坚毅的钻研精神呢？

(1)学习中，多问为什么。事实上，总是有一些男孩，碍于面子，当学习上遇到问题时，明明自己弄不懂其中的缘故，却不向老师和同学请教，这种学习的态度是可怕的，学习不是表面功夫，必须一步一个脚印，不放过任何一个疑点，这才是应有的学习精神。

(2)生活小事多动手、多思考。小志就是这样做的，生活中很多小问题，其实，男孩们可以自己解决，比如家里的某些小东西坏了，你可以自己动手修好，这不仅能锻炼自己的思考和动手能力，当问题解决后，你还有一种成功的喜悦，何乐而不为呢？

(3)不轻易放弃一件事。青春期是一个易变的时期，比如树立了一个目标，为

之努力几天，可能过后就会因为某种原因放弃，其实，这不是一个成功男人的做法，要相信，只要付出努力，就会有收获，哪怕是小小的收获。很多男孩可能都很羡慕李嘉诚的幸运，天时、地利等。也正如很多人注意到的，尽管每一代人都有可重复性，但李嘉诚却是空前绝后的。李嘉诚是香港市场巨人中少有的出身贫寒者，少有的常青树，是在市场和管理的各个领域和各个层面都成功过的佼佼者，可能用钻研形容李嘉诚并不十分恰当，但从一个连小学文凭都没有的学徒，到亚洲首富，必定是一步一个脚印走过来的。

当然，渴望成功的男孩更要注重学习成功的方法，吸取前人的经验，充分利用时间，多学知识，多学技术，这样才能少走弯路，才有可能达到事半功倍的效果。

5. 敢于创新，走自己的路

小志所在的班上，大家在认真地听老师讲伽利略的故事：

"落体问题，人们很早就注意到了。在伽利略之前，古希腊的亚里士多德学说认为，物体下落的快慢是不一样的。它的下落速度和它的重量成正比，物体越重，下落的速度越快。比如说，10千克重的物体，下落的速度要比1千克重的物体快10倍。

一千七百多年来，在书本里，在学校的讲台上，一直把这个违背自然规律的学说当做圣经来讲述，没有任何人敢去怀疑它。这是因为，亚里士多德提出过'地球中心说'，它符合奴隶主阶级和封建统治阶级的利益，因此，亚里士多德的其他学说也就得到了保护。

年轻的伽利略没有被这个庞然大物吓倒，他根据自己的经验推理，大胆地对亚里士多德的学说提出了疑问。他想，同样是1磅重的东西，自然以同样速度下落。但是，如果把两个1磅重的东西捆在一起，或者把100个1磅重的东西捆在一起，那么根据亚里士多德的学说，它们下落的速度就会比1磅重的东西大1倍或者99倍，这可能吗？他决心亲自动手试一试。

伽利略选择了比萨斜塔做试验场。有一天，他带了两个大小一样，但重量不等——一个重100磅的实心铁球，一个重1磅的空心铁球，登上了五十多米高的斜塔。塔下，站满了前来观看的人。大家议论纷纷，有人讥笑他：'这个青年一定是疯

了,让他胡闹去吧! 亚里士多德的理论还会错吗!'

只见伽利略出现在塔顶,两手各拿一个铁球,大声喊道:'下面的人看清楚啦,铁球落下去了。'他把两手同时张开。人们看到,两个铁球平行下落,几乎同时落到了地面上。那些讽刺讥笑他的人目瞪口呆。

伽利略的这次试验,揭开了落体运动的秘密,推翻了亚里士多德的学说,这在物理学的发展史上具有十分重要的意义,生动地证明了'理论的基础是实践'这一真理。"

听完这个故事,老师问同学们:"你们从这个故事中学到了什么?"蒋亮站起来回答说:"理论的基础是实践!"而小伟也站起来回答:"这个故事告诉我们,实践的重要性,这的确不错,但作为现代社会的我们,似乎更重要的是要做到创新,要敢于创新,走自己的路。"小伟说完,全班立刻响起了掌声,老师也满意地直点头。

创造是人类文明进步的阶梯。人类的创造开发到什么程度,社会就前进到什么水平。人类不能没有创造,哪里有创造,哪里就有新的希望。随着社会的发展,创造越来越重要,创造是社会进步的决定因素。创新,是挺进新时代的一张通行证,是一个民族甚至国家赖以生存的灵魂,是成为高新人才所应具备的素质。因此,作为未来社会的建设者,男孩们必须懂得创新,敢于创新。

青春期要从以下几个方面培养自己的创新能力和意识:

(1)培养自己的好奇心。青春期的男孩是处在对一切都充满好奇的年纪,对于周围的事物,都希望弄个明白,这就是好奇心。好奇心是一种对周围不了解的事物能够自觉地集中注意力、想把它弄清楚的心理倾向。这对于开发男孩的创新能力是很有好处的,因为任何一件事,都是一个从无知到知晓的过程。因此,男孩不妨在生活和学习中多问"为什么",如果对周围的一切都冷眼相看,无动于衷,甚至麻木不仁,是不会有任何创新的,创新就是要看到别人没有看到的,听到别人没有听到的,而这些,很多时候就在于多问自己几个"为什么"。

(2)善于发挥自己的想象力。爱因斯坦认为:"想象力比知识更重要,因为知识是有限的,想象力概括着世界上的一切,推动着进步,并且是知识进化的源泉。严格地说,想象力是科学研究中的实在因素。"

想象力就是在记忆的基础上通过思维活动,把对客观事物的描述构成形象或独立构思出新形象的能力。简言之,就是人的形象思维能力。

因此,男孩要想发挥想象力,就要学会多角度思考问题,不能被自己的常规思维困住,应多从事物的另外几个角度思考。

(3)创新往往是在进取心的推动下进行的。无论整个人类文明,还是社会,甚至是个人,没有进取心就会停滞不前。对于个人来说,如果没有进取心,那他终生将会碌碌无为。要知道,一个成功的男人,更需要进取心。甚至可以说,有无进取心,是区别有所建树者与无所作为者的根本标志。

古往今来的一切发明家之所以能在各个不同的技术领域中独占鳌头,无不因为其具有强烈的进取心。"欲穷千里目,更上一层楼"。一切有志于成功的男孩们,从小就应该注重培养自身最基本的素质——进取心。

(4)善于观察。创新的过程也就是一个以小见大、细致考察的过程,如果牛顿对于苹果的坠落无动于衷的话,他是不可能发现万有引力这一伟大的科学成果的。因此,男孩在生活中,对于周围的任何事,要多观察,一定要克服粗心大意、走马观花,不求甚解的不良习气,心要细,要把观察与思考结合起来。要做到这些,先得提高自己适应环境的能力,使自己的行动不易受外界环境的干扰,"静心体察"必然有助于洞察力的提高。

(5)任何想法只有付诸实践才可能实现。爱迪生从小就喜欢做化学实验,以至在火车上当报童时也不间断,并因实验中的偶然事故多次受罚。美国电话发明家贝尔小时候就喜欢发明创造,15岁就改制了村里的水磨。科学家们从小形成的创造能力,在他们后来的科学技术研究中起了相当大的作用,因为任何一种设想都要投入实践,否则就是空想。

动手能力的增强别无他法,除了靠手勤,靠苦练,没有任何可以投机取巧的方法。动手能力并不是天生注定,练得多了,干得熟了就不会那么笨手笨脚了,"熟能生巧"说的就是这个意思。这就要求男孩能够经得起失败和挫折的考验,勇于克服困难,不屈不挠,坚持到底。这样一种毅力不仅有助于文化知识的学习,也有助于你们以后从事各项工作,有助于你们事业上的发展和成功。

第十章　与人交往很轻松,男孩社交很从容

小伟的同桌蒋亮,人缘关系不怎么好,班上的同学都不愿和他交朋友,街坊邻居也不喜欢他,总说这孩子很无礼。

有一次,蒋亮妈妈带他去参加单位一个年轻同事的婚礼。在婚礼上,一些同事看在他妈妈的面子上,过来找蒋亮说话,却一个个被蒋亮无礼的态度吓跑了。

回家后,妈妈对蒋亮说:"知道为什么你没有朋友吗?"

"那是因为他们不友好,每次说话,说着说着就说不到一起去,无法沟通呗。"蒋亮说。

"不是这样的,你无论对于长辈还是同学,都不礼貌,态度也不好,学习成绩好,固然是件好事,但你未来是要走上社会的,无法与人和睦相处、建立友谊,你未来的路是很难走的,知道吗?"

"我知道,我也知道交际的重要性,每次,我与人说话的时候,都很不自在,觉得很压抑,为了不被人瞧不起,我才故意摆出那样的姿态的。"蒋亮对妈妈说出了实话。

"你知道就好,其实,与人交往是一门学问,我以后会慢慢告诉你怎样待人接物。"

"谢谢妈妈,我会慢慢改过来的。"

任何人都生活在一定的群体当中,都有渴望认同和自我价值肯定的愿望,因此,少不了与人交往,青春期的男孩们对这一要求会更为强烈。那么,什么是人际关系呢? 人际关系是人与人之间由于交往而产生的一种心理关系,它主要表现为人与人之间在交际过程中关系的深度、亲密性、融洽性和协调性等心理方面联系的程度。

虽说每个人的性格、职业、年龄不同,交往的特点不同,但每个人也只有在社会中,才能凸显自己的价值,只有在别人眼里,才能看到正确的自

己。俗话说:"人生的美好是人情的美好,人生的丰富是人际关系的丰富。"青春期的男孩,也即将以成人的身份加入社会中,因此也必须懂得如何与人交往。

男孩在与人交往的过程中,形成了各种人际关系。换句话说,人际关系已成为男孩学习生活中的重要内容,是其社会性发展过程中不可缺少的组成部分。对青春期的男孩而言,主要的人际关系有三种类型:同伴关系、师生关系、亲子关系。当男孩在学习、生活上遇到挫折而感到愤懑时,向知心挚友一席倾诉,就可以得到心理疏导,身心也就更健康,学习更有劲。而那些孤僻、不合群的男孩,往往有更多的烦恼和忧愁,甚至影响正常的学习和生活。

综上所述,人际关系对青春期的男孩们来说,就显得十分重要。青春期的男孩应该加强自身修养,学习交往技能,二者缺一不可。要有良好的人际关系,就要有良好的个性品质,只有克服自身心理障碍,才能大方地与人相处,获得良好的交际效果。一般说来,具有正直善良、豁达大度、宽宏大量、谦和热情、正直诚实等优良个性的人,人际关系较为融洽;相反,那些心肠狭隘、好猜疑、心机重的人,就不容易搞好人际关系。

处理人际关系是一种能力,但也有技巧可言,是可以通过后天的学习来提高的。比如青春期男孩的交际圈子一般在老师和同学之间,如何和同学搞好关系呢? 你可以增加与同学的交往频率;在紧张的学习之余,不妨主动地找同学谈谈心;多关心同学,帮助需要帮助的同学;尊重老师的劳动,用成绩回报老师。此外,学会宽容待人,谦恭礼让,惜时守信等等,也是正确处理好人际关系的一种技能。

一 男孩要掌握的社交礼仪

经过妈妈训练后的蒋亮，俨然是一个"小绅士"，与人交谈，谦恭有礼。一次，妈妈的同事打来电话，喊妈妈去打牌。

"阿姨好！"

"是蒋亮吧？"

"阿姨，是我，我妈妈刚才出门买菜去了，有什么话，您方便跟我说吗？"

"其实，没什么大事，我们家明天晚上有客人来，我希望你妈妈也来，大家围在一起好好玩一桌。"

"您放心，我一定转告我妈妈。"

"王姐的儿子果然很懂事，谢谢你了啊。"

"不客气，这是我应该做的。"听完阿姨的夸奖，蒋亮心里已经乐开了花。不一会儿，蒋亮妈妈回来了，蒋亮主动给妈妈开了门，并把事情的经过说了一遍，妈妈拍了拍儿子的肩膀说："儿子，进步了不少，懂得以礼相待了，一会儿妈妈做好吃的奖励你。"

提到礼仪，可能很多男孩会认为，男人就应该大气，要不拘小节，行礼都是女孩子的事，实际上，男孩也要懂礼仪。

礼仪是在人际交往中，以一定的、约定俗成的程序方式来表现的律己敬人的过程，涉及穿着、交往、沟通、情商等内容。从个人修养的角度来看，礼仪可以说是一个人内在修养和素质的外衣，体现了一个人的精神面貌和学识、素质等。从交际的角度来看，礼仪可以说是人际交往中适用的一种艺术、一种交际方式或交际方法，是一种对人尊重和礼貌的约定俗成的表达方式。

实际上，男孩懂礼仪，更显谦恭、明理、大方，因为礼仪是塑造形象的重要手段。在社会活动中，交谈讲究礼仪可以显得文明，举止讲究礼仪可以显得高雅，穿着讲究礼仪可以显得大方，行为讲究礼仪可以显得有修养……只要讲究礼仪，事情就会做得恰到好处。总之男孩讲究礼仪，就可以变得充满魅力。

1.礼多人不怪,谦恭好处多

谦恭礼让,是中华民族的传统美德,也是中国几千年来留下来的风尚。谦恭礼让,是一种和谐处世的礼仪,更是一门沟通的艺术,它的情感基础是真诚与信义,体现的是一个人的修养与素质,因此它不同于人们所说的溜须拍马,因为它的基础是真诚。

孟子说:"辞让之心,礼之端也。"荀子说:"让,礼之主也。"在待人处事上能做到谦恭礼让,是仁爱、忠恕、孝悌、诚信、礼义、廉耻等诸多美德的综合体现。男女生来有别,这是大自然的造化,正所谓"和风细雨展淑女气质,谦恭礼让显绅士风度",男孩子多谦恭,礼多人不怪。

一个谦恭的男士会有一种别样的气质,因此,青春期男孩,要把谦恭礼让当成自己必修的道德礼仪课。修炼这一礼仪规范,不仅需要外在行为习惯的养成,更需要内在道德理念的修炼和积淀,提升道德境界。具体讲,应把握以下五个修炼重点:

(1)从"爱"出发。这个世界,因为有爱才更美好,一个人如果不懂得爱身边的人,那么,他的人格是不健全的。"仁者,爱人",作为青春期的你,要爱父母、爱老师、爱朋友、爱家庭、爱学校、爱国家,不存在爱,就不存在谦恭礼让。

(2)敬人者,人恒敬之。只有先尊敬别人才会赢得别人的尊重,尊重是相互的,青春期男孩,不仅要对同龄人尊敬,更要敬长辈、敬师长,"敬"是待人处事的基本态度。

比如,男孩可以做到:早上走进校门,对早到的老师点头致意,喊一声"老师早";在校园里行走碰见不认识的老师时,也不忘笑着叫一声"老师好";当你有问题请教同学的时候,不要忘记说"谢谢";当你和老师在狭窄的楼道中遇到,要记得让老师先走;老师生病了,课间也关切地问候一下……

(3)要有礼让的风貌。孔融让梨的故事,每个男孩都知道,可是,在现实生活中真正做到这一点的实在不多。谦让、礼让是美德之本、礼仪的精髓。因此,男孩要始终保持自己礼让的"风貌":"与人方便,自己方便";"退让一步,海阔天空";荣誉金钱乃身外之物,见利思义……

（4）不同的人，需要"区别"对待。生活在男孩周围的人，都各有不同的地位、身份和社会关系，与不同的人相处有不同的礼仪要求，必须恰如其分地加以区别和应对，不可混乱礼数、有失分寸。谦恭礼让也应区别对象，随机地把握好谦恭与礼让的尺度。

（5）以人际关系的和谐为最终目标。青春期的男孩们在生活交际中待人接物，要"礼之用，和为贵。"这样，人际关系自然也就和谐了。

（6）切实履行谦恭礼让，把一切落实在行动上。把握了"仁爱、恭敬、礼让、区别、和谐"这五方面修炼要点是重要的，但更重要的是落实具体行动。

总之，每个青春期的男孩，都应该自觉加强实践，主动修炼，使自己成为谦恭礼让、彬彬有礼的人，谦恭、遵守礼仪是对自己的要求，也是父母对你们的期望，更是整个社会赋予你们的责任，以谦恭礼让的风貌，才能传承中华文明，登上时代的舞台。

2.学点儿接打电话礼仪

电话是现代社会的主要通讯工具，很多年轻人更是电话一族，这其中，也包括青春期的男孩们，接打电话，对于他们来说，最正常不过，但有谁注意过自己有没有遵守电话礼仪呢？

那么，接打电话需要有哪些礼仪呢？

（1）接电话。在这一方面，需要男孩们注意：

①听到电话铃响后，应放下手中的事情立即去接，一般来说，在电话铃响三遍以内去接是符合礼节的，如果由于特殊原因接迟了应致以歉意。

②拿起听筒时首先应自报家门："您好，我是××，请问您有什么事（或请问您找谁）？"而不是上来先质问对方："你是哪里？""你找谁？"

③如果电话不是打给自己的，应告诉对方"请您稍候，我去叫×××来听电话。"若恰好被找人不在，则告诉对方"×××不在，您有什么事需要我转告吗？"若对方需要，应将电话内容、对方姓名及电话号码记下并转告被找人。

④不要在询问了对方姓名后，再说×××不在，这样容易引起对方的误解，也是非常不礼貌的。

⑤如果对方打错了，应礼貌地说："对不起，您打错了。"而不能冷冷地给上两句："错了！""没这人！"或一语不发"啪"地把电话挂上。

（2）打电话。在这一方面男孩应注意：

①通报自己的姓名、身份，以核对正误，应说："请问，您这儿是××单位吗？"或"请问，这是×××家吗？"得到肯定答复后，再客气地说："麻烦您，请找×××说话。"如果打错了，应马上致歉。

②电话交谈的时间，一般以 3~5 分钟为宜，不要长时间占用对方电话，以避免影响对方工作。在与长辈通话后，应先等对方挂断电话以后，再把话筒放下。

另外，男孩们还应注意，打电话并不是什么时间都可以的，比如，公务电话要在白天上班的时间打。私人电话，除有紧急的要事外，白天应在上午 8 点以后，假日最好在 9 点以后，夜间则要在晚 9 点以前。一般中午也不宜打私人电话，因为有些人，特别是老人有午睡的习惯。晚 9 点以后最好不要打私人电话，以免干扰对方的休息。

在餐桌上，特别是在宴会上，关掉手机或是把手机调到振动状态还是很有必要的，以免在举杯祝酒或正吃到兴头上的时候，被一阵烦人的铃声打断。

在剧院或电影院、会议场所等处，接打手机是极其不合适的。如果需要保持联络，应该把手机调到静音状态。在这种场合，一般不要主动打电话。非得回话，采用静音的方式发送手机短信是比较适合的。

3. 不要窥探他人的私人世界

隐私就是不可公开或不必公开的某些情况，有些是缺陷，有些是秘密。在高度文明的社会中，隐私除少数必须知道的有关人员应当知道外，不必让一般人员知道。因此，在言语交际中避谈、避问他人隐私，是有礼貌的重要方面。

青春期是一个求知欲强、好奇心强的年纪，男孩子也没有女孩心细，因此，有些男孩在与人相处的时候，喜欢挖掘别人的隐私，以别人的隐私来取乐，虽然，这并无恶意，但往往会对交往的另一方造成伤害。

青春期的男孩，需要从以下几个方面来注意：

（1）别揭短。俗话说得好："矮子面前莫说短话。"别人有生理上的缺陷，或者家庭不幸,或者自己在为人处世方面有短处,心里已经够痛苦的了,不能再雪上加霜。碰上这些情况应加以避讳,决不能"哪壶不开提哪壶",不然伤害了别人不说,别人也不会轻易放过你的,到头来只能是两败俱伤而已。

(2)注意对方的情绪变化。在与他人交谈时,应视对方情绪的变化,选择自己合适的说话方式,比如,与有生理缺陷的人交谈,应特别留意不可谈论这方面的话题,因这些人对这方面的话题非常敏感,有时一句无心的话,就可能伤了他们的自尊心。

若朋友遭遇不幸或心情欠佳时,应多加劝导、安慰,但在他主动向你倾诉之前,不可询问过多。

(3)回避对方的一些私人活动。朋友在写日记或写信时,应尽量回避,切忌在旁边看来看去,打扰对方,影响别人的思路;尤其是别人在写私人信件时,切忌不要打问写信的对象,因私人信件大都具有保密性,不想让外人知道。

(4)不要因为好奇主动挖掘别人隐私。在别人家做客,即使是很要好的朋友,未经主人允许,也不可乱翻东西。

当你接到不是属于你的电话,若本人在,应立即请本人听电话,切忌询问对方的情况以及和本人的关系等问题;别人打电话时,也不要靠近侧耳细听,更不要在事后追问对方的情况以及谈话的内容。

在人际交往中,懂得避讳是道德高尚的表现,也能因此得到友情,还能增加你的人格魅力,使别人很愿意与你交往。反之可能招致他人的反感,对你敬而远之。

4.真诚地聆听别人讲话

青春期是一个渴望被理解和被倾听的年纪,尤其是"血气方刚"的男孩,更是如此,但事实上,理解是相互的,男孩要想得到别人的尊重和理解,就必须学会倾听,做一个好的倾听者,用耳听内容,更用心"听"情感。

自我们出生后,我们不仅有说的能力,还有听的能力,这是造物主对我们的恩赐,因此,我们不要总是抱着"听我讲"的态度,与此同时.我们也应该有听别人说的气度,学会倾听就是学会一种美德,一种修养,一种气度。任何无休止的"口水战"丝毫起不到交流的效果。因此,男孩们要学会倾听,这也是获得良好的人际关系的前提。

的确，交流是需要倾诉，但这绝不是完整的交流状态，一次完整的交流过程，就要互换意见。在人与人的交往中，任何人都有渴望被倾听的愿望，我们不妨站在别人的角度考虑一下问题，当我们侃侃而谈的时候，对方的情绪会怎样？饶有兴趣地听还是已经不耐烦了？这你都要注意。懂得分享才会获得交往的快乐，当对方高兴的时候，你们要学会倾听。倾听快乐的理由，分享快乐的心情；当对方悲伤的时候，你们要学会倾听，听出对方的无奈之处，理解倾诉者内心的苦处，并表示自己理解的心情；当一个人工作压力大、无处排遣的时候，你要予以安慰，为其分忧解难……

学会倾听是加强人与人之间的沟通，促进形成良好的人际关系的有效途径。倾听别人的倾诉需要耐心，或许对方阐述的并不是什么紧要的事情，但因为对方把你当成可以倾诉的对象才为之，此时的倾听体现的是你谦逊的教养，能展现你的素质。任意打断别人的谈吐既表现出你对别人不尊重，也暴露出你的素养粗野与低下品位。而在倾听那些狂妄之徒的恶语废言时，你也得有耐心，因为那是你认识妄自尊大者的难得机会。

没错，正确的倾听态度是达到最佳倾听效果的前提。不论讲话者还是听者，都要学会倾听。事实上，懂得倾听也是男孩成熟的表现，因为：

任何人都有自己的经验与教训，当你倾听别人的时候，可以汲取别人的经验与教训，使你在人生道路上少走曲折的弯路，使你能顺利地到达理想的目的地。

倾听多了，你自然而然地可以从中鉴别真伪，去粗取精，去伪存真。渐渐地，你脑海中的真多了，伪少了，那么你将成为知识与智慧的大亨。

总之，男孩们，学会倾听是你人生的必修课，学会倾听你才能去伪存真；学会倾听你能给人留下虚怀若谷的印象；学会倾听，有益的知识将盛满你的智慧储藏室。"听君一席话，胜读十年书"，是对智慧的谈吐者与虚心倾听者的高度赞誉，学会倾听是人生的必修课！

二 男孩要掌握的说话技巧

王刚从小就比较会说话，无论是亲戚朋友还是陌生人，他很快就能与人拉近距离，因此，很招人喜欢，人缘特别好。

王刚的爸爸在一家地产公司当一名部门经理，公司把一个很重要的项目交给了王刚爸爸。而这中间，最难完成的就是竞标，竞争者太多，但王刚爸爸还想试一试，于是，千难万险，终于邀请到了对方负责人，为了拉近感情，夫妻俩准备在家里宴请他，怕调皮的儿子捣蛋，那天，夫妻俩把儿子支开了，让他去小伟家玩。

吃饭的时候，气氛一直很紧张，因为没有什么话题，就在夫妻俩不知所措的时候，王刚居然回来了，看见家里来了客人，王刚赶紧说："哥哥好!"王刚爸妈一听，真是一惊，那个负责人年纪都不小了，怎么能称呼哥哥呢？

果然，那位负责人说："小朋友，我和你爸爸年纪差不多大。"

"是吗？真没看出来，不知道是我爸爸太老，还是你太年轻了，实际上呢，年轻是挡不住的。"负责人一听，心里乐开了花儿，刚才一直严肃的脸上也绽放出了笑容。

然后，王刚说："我是回来拿我的邮册的，小伟表弟在，非要看我这些年集的邮票，我就回来了，反正又不远。"

"是吗？你也集邮？你都收藏了哪些啊，我能看看吗？"负责人一听到邮票，眼睛立刻放出异样的光芒。

"当然可以!"于是，王刚拿出了自己的邮册，两人聊得津津有味，他的爸妈已经插不上话了，而这名负责人发现，王刚竟然有很多自己没找到的邮票。末了的时候，他对王刚爸妈说："你们家刚子这朋友我交定了，应该是忘年交了，这孩子我喜欢，老王，这竞标的名额也就给你了，就当是给刚子的见面礼吧。"王刚爸妈自己也没想到，这桩生意竟然被自己的"冒失鬼"儿子谈成了。

王刚是个会说话的男孩，其实，一声"哥哥"就拉近了和陌生人之间的距离，而且，他的聪明之处更在于，这是他"无意"中的称呼，更显真心，而后来，集邮也误打误撞上了对方

的爱好,找到了共同话题,让对方很快喜欢上自己。

的确,语言能力是现代人必备的素质之一,良好的口才是未来社会人才的必备能力。对于社交来说,说话不仅仅是一门学问,还是你赢得良好人际关系的必要条件。俗话说,"良言一句胜过三春冬暖",会说话的人总是说得别人笑逐颜开;而那些不会说话的人,一开口就拒人于千里之外。从深层次的意义上说,会说话的人懂得表达自己的意见,将自己的见解准确地传达给别人,从而达到良好的沟通效果。会说话更有利于沟通,沟通是连接人与人心灵的桥梁,沟通也是一种生活更趋完美的补充,良好的沟通让年轻人开阔眼界,获取广博的知识,良好的沟通也可以让年轻人从他人那里获取智慧与力量。

因此,青春期的男孩们,要掌握一些说话技巧,这样,与人交往起来,便更加轻松,也更容易达到沟通的目的。

1. 初次见面寒暄有技巧

相对于女孩来说,男孩一般大大咧咧,凡事随性,但实际上,在与人交往的时候,要懂得以礼相待,方显成熟和大方。尤其是和陌生人说话,由于初次相见,如何寒暄,更体现了你的修养和说话技巧,因此,男孩要懂得一些寒暄的技巧。

寒暄者,应酬之语也。寒暄的主要用途,是为了打开人际交往的局面,缩短与人的社交距离,还能在人际交往中打破僵局。所以说,在与他人见面之时,若能选用适当的寒暄语,往往会为双方进一步的交谈,做好良好的铺垫。反之,在本该与对方寒暄几句的时候,你一言不发,则是极其无礼的。

寒暄可以分为以下几个类型:

(1)问候。这是最简单的寒暄方式,你可以简单地问候别人"您好"、"早上好"之类,这是一种有礼貌和良好修养的表现。

(2)赞扬对方。没有人不喜欢听到别人的赞扬,当然,赞扬和奉承之间是有区别的,因此,你的赞美必须是真诚的、发自内心的。

(3)表达敬慕之情。这是对初次见面者尊重、仰慕、热情有礼的表现。

(4)随意寒暄。比如,谈论天气。谈论天气是日常生活中常见的一种寒暄方式。特别是初次见面,一时难以找到话题,可以通过谈论天气来打破尴尬的场面。

在与人初次见面的时候，当被介绍给他人之后，应当跟对方寒暄几句，表达自己一定的观点或者个人意见等，以此来带动对方的交流欲望，若只是向他点点头，或是只握一下手，通常会被理解为不想与之深谈，不愿与之交朋友。

跟初次见面的人寒暄，有一些固定的格式，比如"您好！""很高兴能认识您！""见到您非常荣幸！"等；比较文雅一些的话，可以说"久仰"，或者说"幸会"；要想随便一些，也可以说"早听说过您的大名"、"某某某人经常跟我谈起您"，或是"我早就拜读过您的大作"、"我听过您作的报告"等。

寒暄语不一定具有实质性内容，而且可长可短，需要因人、因时、因地而异，但所有的寒暄语都应具备简洁、友好与尊重的特征。

寒暄语应当删繁就简，不要过于程式化，像写八股文，因为这样，会让人觉得你说话太过虚假，没有诚意。例如，两人初次见面，一个说："久闻大名，如雷贯耳，今日得见，三生有幸"，这就大可不必了。寒暄语应带有友好之意，敬重之心，也不能故意戏谑对方，否则让人觉得不被尊重。同时，牵涉个人私生活、个人禁忌等方面的话语，也不应成为寒暄的话题。

2.说话要学会分清场合

青春期是每个男孩心理成熟的时期，也是半个社会人，因此，必须从各个方面锻炼自己，这其中就包括说话的技巧。会说话，就能达到沟通的目的，同时，也就能改善人际关系。另外，重视人际交往，掌握交往技巧，积累交往经验，不仅是男孩现实生活的需要，也是你们成功走向社会的需要。与人说话的技巧中，其中重要的一条就是要分清场合。

任何人，在任何场合说话，都有自己的特定身份。这种身份，也就是自己当时的"角色地位"。在不同的场合，你的角色是不同的，比如，在家里，你就是父母眼中的儿子。在课堂上，相对于老师来说，你是学生；相对同学来说，你也是对方的同学。当有人来你家做客时，你就是主人。如何说话都是有技巧可言的，比如，在和客人沟通时更要注意说话技巧，杜绝生硬的口气；对客人说的话要好好揣摩，不能随便乱说。因此，不同场合、不同时机，应该以不同的方式说不同的话。

同样的内容，由于场合的不同，说话的方式也应不同。只有依据不同的场合，

选取最恰当的词语,才能准确地表达自己的思想感情,也只有这样才能办事顺利。

说话看场合,通常有以下几种区分:

(1)正式场合与非正式场合。正式的场合,一般涉及的话题也是庄重严肃的,因此,你不可以随便说话,甚至开玩笑等。相反,如果在非正式场合下,便可随便一些,比如,几个熟识的朋友一起聚会,如果过于拘谨,就没有意思了。

(2)自己人场合和外人场合。自己人和外人,是相对于交际中的"自我"而言的,与那些我们认为关系亲密的人,完全可以"关起门来谈话",甚至可以无话不谈。而对外边的人,总怀有戒心,"逢人只说三分话,未可全抛一片心"。因此,遵循内外有别的界限谈话,社会上认为是得体的,违反这一界限,便被认为是"乱放炮",说话不得体了。

(3)庄重场合与随便场合。这要视交际方的身份、交际目的等各个要素而定,比如,如果你想求人办事,而对方是个随和的人,你就可以说"我顺便来看你",有点随随便便看你来了的意思,可以减轻对方的负担。而"我特地来看你",显得很庄重,会让对方在心理上有压抑感。可是,如果对方很注重礼节,且具有一定的社会地位,你就不能这么说,"我顺便来看你"就显得不够认真、严肃,会给听话者蒙上一层阴影。

(4)喜庆场合与悲痛场合。一般来说,说话应与场合中的气氛相协调。不合时宜地说话,会让人生厌。在别人办喜事时,千万不要说悲伤的话;在人家悲痛时,不要说逗乐的话,甚至哼哼民歌小调,别人就会说你这人太不懂事了。

说话有"术"、"能说会道"也是一种本领。可见,会说、巧说是何等重要。我们应重视"说"的作用,讲究"说"的艺术。青春期的男孩尤其如此,在日常生活中要有意培养自己的说话能力,注意语言的学习与积累,针对不同的场合,要选用最得体、最恰当的语言来表情达意,力争获得最佳的效果,为以后步入社会打好基础!

3. 运用恰当的肢体语言

自从人类有语言以来,语言交往就成了人类社会交往的一种必不可少的基本形式。在人际交往中,除了语言这种表达形式,还有面部表情、手势、站姿、动作等诉诸视觉的非语言形式。身体是不会撒谎的,你的身体会告诉你自己和别人的真实情况。

肢体语言是一种在各种场合、任何环境下交流具体信息的动作、手势和习惯的结合。肢体语言在日常人际活动中具有双向沟通的意义,如果你仔细听别人说话,很多信息是抓不住的,但如果你在倾听的同时,一并观察他们的肢体动作和面部表情,你就会知道他们说话是否发自内心。因为一个手势和动作都清晰地传达出他的真实感受和心理状态。

因此,青春期的男孩们,要想在人际交往中如鱼得水,就必须学会运用适当的肢体语言。

下面是人们常常容易忽略的几个肢体语言。

(1)撒谎的双手。手是最容易"出卖"人的内心世界的。因为一个不坦率的人手部的动作通常缺少表现力。双手不是握着拳头,就是合拢,或者放在口袋里。注意某人在说话的时候手握得有多紧,就能判断其心里的紧张程度,越紧就意味着他越紧张。

(2)交叉的双臂。这是一种防御性的姿势,说明某人感到很不自在,希望能够保护自己。这也可能意味着此人正在疏离你。

(3)耸肩。当人们耸肩的时候,这意味着他们没有说实话,不坦率,或者觉得无所谓。正在撒谎的人往往会有快速的耸肩动作,在这种情况下,耸肩不是故意的,而是下意识里在努力表现得很镇定,但是,实际上并没有达到这种效果。

(4)倾斜。如果你喜欢一个人,你往往会朝他倾斜过去。这是你对他和他的话感兴趣的表现。当你非常感兴趣的时候,你的身体会朝前倾斜,而双腿往往会向后缩。如果某人坐着的时候朝你这边倾斜的话,那意味着他正对你表示友好。当你不喜欢某人的时候,感到和他在一起很乏味,或者很不舒服的时候,你往往会向后倾斜。

(5)中立的姿势。人们如果对你还没有什么看法,或者对某事还没有做出最后的决定的话,他们就会在站立的时候把双手交叉放在身前。如果是坐着的话,他们会把双手交叉着放在膝盖上,双腿会交叉在膝盖以上,以采取一种观望的态度。他们身体的一部分采取很坦诚的姿势,如脑袋和躯干挺得笔直,双臂打开;而身体

的另一部分却很收敛，如双手放在膝盖上，十指不交叉，双腿紧紧地交叉在膝盖上方。

这些肢体语言提醒了青春期的男孩们既要善于从别人的肢体动作来了解他人的情绪变化，也要善于控制自己肢体语言的表达，为交流方传达正确的情绪体验，以免造成沟通的误会。

4. 寻找共同话题，制造自己人效应

有一次，小伟被选为学生代表和来自其他几个中学的同学一起参加一个座谈会，讨论的问题是：如何参与校园文化建设。大家彼此之间都很陌生，一时无话可说，许多同学都保持沉默，场面十分冷清。有个叫李峰的男孩，平时是一个比较活跃的人，受不了这样沉闷的空气。恰好主持座谈会的老师出去接电话，他见机故意用大家都能听见的声音"悄悄"地对邻桌的同学说："看过《灌篮高手》了吗？"不用说，大家的注意力都集中过来了。李峰顾自对邻桌说了一遍自己的观感，立即有人表示赞同，当然也有人提出新的看法。会议室里形成了热烈的气氛，大家各抒己见。很快，这些中学生们就熟悉了，走的时候还留下了联系方式。

李峰这种交流的方式，也就是人们常说的"制造自己人效应"。这是解除窘境、消除隔阂、营造轻松气氛、拉近与陌生人心理距离的一个妙招。

所谓"自己人"，是指对方把你与他归于同一类型的人。"自己人效应"是指对"自己人"所说的话更信赖、更容易接受。在人际交往中，彼此会相互影响。这种相互影响有时是无意的，有时则是有意的，自己人效应即一方对另一方有意识地施加影响，以便矫正对方某种行为。制造自己人效应，很重要的一个方法便是寻找共同话题。

青春期的男孩们，要想让对方接受你的观点，从而接受你这个人，就必须要懂得寻找沟通的共同点。在人际交往的过程中，人们的态度、观点、文化背景、年龄、性别、兴趣、爱好、地位和经历等方面的相似性，可以增加彼此之间的吸引力。

那么，我们怎样寻找共同话题，在人际交往中发挥"自己人效应"来增强影响力呢？青春期的男孩务必要认识到以下几点的重要性：

（1）平等地与人相处，让人感受到你对他人的尊重。你要想取得对方的信赖，

先得跟对方缩短心理距离，与之处于平等地位，这样才能提高你的人际影响力。

（2）表现你的兴趣，制造"自己人效应"。卡耐基曾经说过一段发人深省的话："你要是真心地对别人感兴趣，两个月内你就能比一个光要别人对他感兴趣的人两年内所交的朋友还要多。"所以青春期的男孩们，要牢牢记取下面这句平常却又富有深意的话："要使别人对你感兴趣吗？那你首先要对别人感兴趣。"

（3）强调与对方之间的共同点。物以类聚，人以群分，有相同爱好、人生经验或者兴趣的人往往更容易走到一起。

（4）提高你的交往品质。社会心理学家指出，人的内在品质是产生持久吸引力的关键，而有些个人的性格特征会阻碍人与人之间的吸引，不利于"自己人效应"的产生与发展。人们一般都喜欢真诚、热情、友好的人，讨厌自私、奸诈、冷酷的人。

青春期的男孩们，假如你想说服人们认可你，达到交谈的目的，那么，只是向别人提出自己的观点是远远不够的，必须首先强化和发挥"自己人效应"，让人们喜欢你。

5. 真诚的赞美能拉近心灵的距离

有人说，任何人都长着一双爱听赞美语言的耳朵。喜欢听赞美似乎成为了人的一种天性，是一种正常的心理需要。

赞美不仅能使人的自尊心、荣誉感得到满足，更能让人感到愉悦和鼓舞，从而会对赞美者产生亲切感，相互间的交际氛围也会大大改善。

青春期的男孩们，要想拥有良好的人际关系，就必须学会赞美别人，不过，赞美也要讲究如下原则：

（1）赞美要从实际出发。这也是赞美和溜须拍马的差异之处，无中生有、不切实际的赞美，就是阿谀奉承，而赞美是发自内心的。

（2）赞美要有度，要真诚。真诚的赞美有纯洁的动机，它不是为了从对方得到什么才赞美。卡耐基说："如果我们只图从别人那里获得什么，那我们就无法给人一些真诚的赞美，也就无法真诚地给别人一些快乐。"

（3）赞美应尽可能有新意。任何人都有"喜新厌旧"的心理，陈词滥调的赞美，

会让人索然无味；而新颖独特的赞美，则会令人回味无穷。

自古以来，我国就是个礼仪之邦，民间素有"好话百句不多，丑话半句已过"之说。可见，赞美对于人与人之间良好关系的建立有多么重要的作用。因此，青春期的男孩们，在与人相处的时候，要学会真诚地赞美别人，让善意的、温馨的赞美之声萦绕在你的周围，让自己生活和工作在一个充满赞美的环境之中。

三 男孩要掌握的办事方法

　　蒋亮妈妈单位有个女同事的儿子考上名牌大学了，这令蒋亮妈妈感慨很深，儿子有一天也要面临高考，但感慨归感慨，眼前却面临着送礼物的苦恼，送不送呢？送吧，和那个同事也不是很熟，而且，送少了不行，送多了吃亏；不送吧，更不行，人家已经在单位公开了儿子考大学一事，左右为难的蒋亮妈妈找丈夫商量，可也没得出个结果。

　　蒋亮回家看爸妈愁眉苦脸的，知道一定有什么事。问清楚情况以后，蒋亮说："送啊，肯定得送，而且要送到人家心坎上，让人家记住礼物的特别之处。"

　　"为什么呀？"爸爸妈妈一起吃惊地问。

　　"人情这东西，要掌握主动权，妈妈你想，您那个同事比你工作年限长多了吧，人缘关系也很好，您和那阿姨搞好关系，可以学到很多处事之道。另外，以后您麻烦人家的事儿还多着呢。"

　　"是啊，我怎么没想到呢？儿子，你哪儿学的这一套啊？"

　　"不光如此，您和阿姨打好关系了，我以后有什么学习上的问题，也好向那位哥哥请教啊，您说，这礼该送不该送啊？"

　　"该送，可是送什么呢？"蒋亮妈妈又矛盾了。

　　"人家孩子考上大学了，自然是要送和前程有关的东西了。"蒋亮爸爸说。

　　"爸，您说的没错，但我们不要送什么学习用具啊，太俗了，我看，爸爸您的国画不错，妈妈单位很多人好像还很崇拜您呢，您就画幅画吧，他们肯定喜欢。"蒋亮爸爸觉得儿子的主意还不错，就答应了。

　　事情果然和蒋亮说的一样，蒋亮爸爸的画在当天的酒席上给足了那位同事面子，之后两家就有了密切的往来。

　　常言说，人生在世，先做人后做事，要想先做事，必须先做人。做好了人，才能做事。这其中就包括低调做人，高调做事；学会与他人合作、懂得人情的主动权等等，这些，也是青春期的男孩们要学习的。男孩们不仅要有聪明的头脑，还要有一定的办事能力。因为作为一个社会人，每个男孩都要学会与人相处，搞好人际关系，掌握一些办事方法，锻炼自己一些

办事的能力,这是未来社会人才必备的一些素质。

---

1. 低调做人,高调做事

青春期是一个躁动的年纪,很多男孩做事全凭自己的感觉,不懂得"大雪压枝,低头方可保存自己"的道理,更不懂得踏踏实实,好高骛远是很多年轻人栽跟头的重要原因,青春期的男孩们,一定要记住,应该低调做人,你会一次比一次稳健;高调做事,你会一次比一次优秀。

首先,低调做人要求青春期的男孩们要做到:

(1)在姿态上要低调。低调做人无论在官场、商场还是政治军事斗争中都是一种进可攻、退可守,看似平淡、实则高深的处世谋略。低调的姿态包括:

①谦卑。谦卑是一种智慧,是为人处世的黄金法则,懂得谦卑的人,必将得到人们的尊重,受到世人的敬仰。

②平和待人。"道有道法,行有行规",做人也不例外,用平和的心态去对待人和事,也是符合客观要求的,因为低调做人才是跨进成功之门的钥匙。

③抓大局,舍小利。要成就大业,就得分清轻重缓急,大小远近,该舍的就得忍痛割爱,该忍的就得从长计议,从而实现理想,成就大事,创建大业。

④大智若愚。懂得这一道理的人,看似愚钝,实则有大智慧,他们制造出了软弱、愚钝的假象,实际上是精于算计,是一种低调做人术。

⑤真诚地为对手鼓掌。美德、智慧、修养,是我们处世的资本。为对手叫好,是一种谋略,能做到放低姿态为对手叫好的人,那他在做人做事上必定会成功。

⑥在"愚"中等待时机。大智若愚,不仅可以将有为示无为,聪明装糊涂,而且可以若无其事,装着不置可否的样子,不表明态度,然后静待时机,把自己的过人之处一下子说出来,打对手一个措手不及。但是,大智若愚,关键是心中要有对付对方的策略。常用"糊涂"来迷惑对方耳目,宁可有为而示无为,万不可无为示有为,本来糊涂反装聪明,这样就会弄巧成拙。

⑦容人之过。退一步海阔天空,忍一时风平浪静。对于别人的过失,必要的指责无可厚非,但能以博大的胸怀去宽容别人,就会让世界变得更精彩。

（2）在心态上要低调。

①保持平常心:无论何时,即使功成名就,即使功败垂成,都保持平常心,这是登上新起点的最基本素质,也是一种气魄,一种风格,一种精神。即使处于最平凡的岗位,也要用最平常的心,做最认真的事,体现自己最严谨的风格。

②不要太把自己当回事。这是一种谦虚为人的心态,做人不自满,才能不断地充实、完善自己,缔造完美人生。

③知足者常乐。人对于名利、财富的欲望是无止境的,只有知足,才会常乐。学会品尝生活中最简单的快乐,这就是最大的财富了。

④做人不要恃才傲物。每个人都有自己特殊的优点与长处,没什么值得骄傲的。当你取得成绩时,你要感谢他人、与人分享、为人谦卑,这正好让他人吃下了一颗定心丸。如果你习惯了恃才傲物,看不起别人,那么总有一天你会独吞苦果! 请记住:恃才傲物是做人的大忌。

⑤做人要圆融通达,不要锋芒毕露。功成名就需要一种谦逊的态度,自觉地在名利场中做看客,开拓广阔心境。

（3）说话要低调。

①得意而不忘形。得意时不说得意话,不要四处张扬自己的得意,因为,此时,必有失意之人。

②祸从口出,没必要自惹麻烦。踏实肯干、懂得避开语言危机的人才是聪明人。

③莫逞一时口头之快。凡事三思而行,说话也不例外,在开口说话之前也要思考,确定不会伤害他人再说出口,你才能受到别人的尊重和认可。

④别拿别人的伤疤取乐。不能拿朋友的缺点开玩笑,不要以为你很熟悉对方,就随意取笑对方的缺点,揭人伤疤。那样就会伤及对方的人格、尊严,违背开玩笑的初衷。

⑤说话时不可伤害他人自尊。讲话要有分寸,不要伤害他人。礼让不是人际关系上的怯懦,而是把无谓的攻击降到零。

高调做事要求青春期的男孩们做到:

（1）立志上要高调。梦想造就成功人生,只要努力,梦想是可以成真的。相

233

反,连梦也没有的人生是苍白的,如果安于现状,害怕困难,不思进取,这种人很难有发达的一天。正如一句话说的,"梦想有多远,就能走多远",这是有一定的道理的。

人的一生中有很多事情其实可以轻易地实现,但有更多的事情需要长久坚持才能成功,没有坚持的过程,永远也不会到达理想的彼岸。在追求理想的过程中,你还要懂得变通,比如,在你还是默默无闻不被人重视的时候,不妨试着暂时降低一下自己的物质目标、经济利益或事业野心,做好一个普通人的普通事,这样你的视野将更广阔,或许会发现许多意想不到的机会。

（2）做事要高调。年轻人最不能眼高手低,眼高手低是很多年轻人栽跟头的原因,也有一些年轻人,是语言上的高手,行动上的矮子,这些都是要不得的,高调做事,就是要踏实,人生在世,就是要为理想奋斗。

人的一生就是拼搏的一生,拼搏是现代人的一种生活态度。现代社会是一个充满竞争的社会,人们所需要的一切都要通过奋斗才能得到。但现代社会同时又是一个充满机会的社会,有了机会,你就得去拼一拼、搏一搏,否则将永无出头之日。

总之,青春期的男孩们,要懂得进退,懂得变通,掌握做人的方式方法,低调做人、高调做事,你一定能成就人生的辉煌!

2.学会与他人合作

俗话说:"一只蚂蚁来搬米,搬来搬去搬不起,两只蚂蚁来搬米,身体晃来又晃去,三只蚂蚁来搬米,轻轻抬着进洞里。"由此可见合作的重要性。

当今社会,随着科技的进步和劳动一体化的到来,任何一项工作的完成,靠个人的力量已经是不可能,同时,人才的专业化更加大了独立完成工作的难度,所有这些都需要人们组成团队,并要求组织成员之间进一步相互依赖、相互关联、共同合作来解决错综复杂的问题,而这,就必须要求团队成员之间懂得以大局为重,淡化私人利益,一切以团队的利益为根本。

青春期的男孩们,一般都喜欢篮球,也会经常进行一些篮球比赛,在比赛的过程中,也体现了合作的精神,如果单靠个人的力量,很难取得比赛的胜利,这一点,很多男孩都有体会,因此,作为年轻人,要学会与他人合作,要学会把自己放在一个团队中,不要只强调个人的能力与成果,更要注重整体团队的利益,要强调共同贡献。

那么,青春期的男孩们,应该怎样培养自己的合作意识呢?

(1)多参加一些活动,让自己融入集体。男孩可以多参加一些诸如足球、篮球还有一些手工制作的活动,在这个过程中体会团队合作的重要性。

任何人的力量和能力,都是体现在团队中的。比如,小溪只能泛起破碎的浪花,百川纳海才能激发惊涛骇浪,个人与团队的关系就如小溪与大海。每个人都要将自己融入集体,才能充分发挥个人的作用,而团队精神也就是要求团队中的每一个人懂得团结协作。总之,团队精神对任何一个组织来讲都是不可缺少的,否则团队就如同一盘散沙。一根筷子容易弯,十根筷子折不断……这就是团队精神重要性的直观表现。

(2)多帮助身边的人,训练自己的奉献精神。团结协作是指一种团结一致、互帮互助、为了一个共同的目标坚持奋斗到底的精神。

人们缺乏合作意识的主要原因还是奉献精神的缺乏和个人主义盛行,在日常生活中多帮助人,体会到奉献的快乐,就能慢慢形成一种奉献意识。

生活中,的确有一些男孩在与人合作的时候,一意孤行,不顾大局,为了表现自己,经常将组织的利益抛之脑后。这样做,也伤害了其他团队内部人员的心。所以,团队中的每个成员都要从大局出发,服从团队的统一安排。

(3)多参加一些竞争性的游戏,以此来克服自私自利的念头。竞争性的游戏,更能反映一个人的表现欲,因为此类游戏,一般都有很强的斗争性和对抗性,如果男孩能在此类游戏中克服自私自利的想法,是十分有利于培养自己与人合作的精神的。

男孩学会与人合作,不仅有利于培养自己的集体荣誉感,最主要的是,这是一个男子汉要学会的办事方法。形成合作意识,男孩能更好地适应未来的社会。

3. 男子汉主动道歉不吃亏

一个午休的时间,小伟班上发生了这样一件事:同学们在教室里自由活动,强

强不慎将一个叫洋洋的同学的文具盒碰翻在地,洋洋逼着强强道歉,强强死活不答应,于是恼怒中的洋洋使出自己的"独家武功",强强被掐得号啕大哭,两个一向和睦相处的同学开战了,战火蔓延,殃及周边的同学,在这种情况下,老师不得不出面。

其实,两人明明知道自己有错,就是死要面子,不肯向对方道歉。看着尴尬的场面,老师只好唠唠叨叨说教开来:"孩子们,其实细想这件事情并不是什么大事情,如果我们多点宽容,或者多点自责,及时地道歉就不会闹成这个样子,可见,真诚、主动的道歉在我们生活中该有多么重要啊,强强、洋洋你们是男孩子,应该有大丈夫的气魄啊。"二人惭愧地低下了头。

老师又说:"同学们,强强是一个需要帮助的同学,他学习基础差,脾气也很倔强,无论在学习上还是处事上都需要帮助,过去洋洋给过他很多帮助,如今他们因为针尖大点小事闹矛盾了,本想他们相互道歉和好的,看来他们目前还没有达到这个境界呀,现在有谁愿意和强强同坐呢?"老师一边说一边扫视着教室里每一个同学。

"我愿意,我愿意……"教室里很多同学举起手来。

"我不——我不许他调位。"洋洋突然歇斯底里地喊叫着。大家惊异地看着洋洋,这时,老师看见他手里拿着一个纸条,使劲地往强强手里塞,而那张纸条的内容是:"强强,我错了,实在对不起,咱俩永远是最好的同桌,我不允许你调位。"

的确,青春期的男孩们,很容易意气用事,因为一点小事,与周围的人发生矛盾,但经常碍于所谓的面子,不肯主动道歉。殊不知,对于男性来说,主动道歉是一种风度,凡是有境界之人皆有博大之胸怀,他们并没因为严于责己有损人格和尊严,反倒因为敢于内疚、敢于自责让人敬仰。严于责己,勇于承认错误,主动道歉不仅仅是一种美德,更是一种人生的境界。

学会主动道歉,不仅有利于青春期的你们的人际关系的处理,更是一种人生态度,是一种以退为进的处世态度。俗话说"人活一张脸,树活一张皮",也许,有些人认为道歉是一件很没有脸面的事情,即使自己心里知道一百个错了,但是无论怎样也拉不下脸面,挤出"对不起"三个字,正是因为这样人们也更加期待错者的道歉,主动道歉,山不转水转,也许以后还有机会,又走到一起。若一个人处处不肯吃亏，则处处必想占便宜，于是，妄想日生，骄心日盛。而一个人一旦有了骄狂的态势，难免会侵害别人的利益，于是便起纷争，在四面楚歌之中，又焉有不败之理？

同时，年轻人主动道歉，一定还要真诚，唯有诚实才可以做大事。诚实是人们必须遵循的准则，尤其是在这个日益讲求诚信的社会，要想有良好的人际关系，事业上有所建树，品格上的诚实是必不可少的。其实，生活中很多时候，我们看似在帮助别人，其实最终常常是帮了我们自己，这也就说明主动道歉不吃亏的道理。

4.掌握"人情债"的主动权

中国的交际场合中有这样一句话："人情先行，事情自成"。的确，一个人的成功与否，除了他的能力和学识以外，人脉关系也很重要，掌握"人情债"的主动权，让良好的人际关系为其所用。

因此，作为未来社会的建设者，男孩要懂得人情世故，读书明理最终要接触社会，造福社会。那么，什么是人情世故？人情世故不是在你有求人家时才想起跟人家拉关系，也不是在你地位低时低三下四，地位稍高就趾高气扬，更不是对人待物两面三刀。人情世故是人感情的最基本流露，是站在对方角度着想的豁达，只有这样，才能掌握人情的主动权。

事实上，人都是感情动物。人最不能承受的重量，不是有形的重量，而是无形的情。没有人喜欢欠人情，没有人希望永远背负着人情债。所以，施予别人人情债，也就是储存人脉。

当然，所谓的"人情"，并不一定是物质上的，也有精神上的，每个人都会做"人"，却有巧拙的不同。懂人情的人，会收敛自己，把荣誉让给别人。"为人作嫁"、"甘当绿叶"、"和光同尘"的处事技巧，是"爱现"的年轻人绝对该学的。

再者，为人处事，一定要话不说满、事不做绝，应该掌握好分寸，记得留三分地给别人走。要知道当你把"机关算尽"，占尽便宜的时候，吃亏的可能是你自己。

当然，人情最主要还是要舍得付出，让别人记住你的好。

青春期的男孩们，最终还是要步入社会的，这就要求男孩们有涵养、明事理、态度大方、精明能干，不要等尝尽了人间冷暖，才想起去学习人情世故的道理。

5. 把握恰当的时机，让你事半功倍

什么是时机？牛顿当年在苹果树下休息，一颗苹果掉落砸中了他，牛顿是一个善于思考的人，经过他努力的探索、研究，终于发现了万有引力定律。这就是时机。当然，不是每个青春期的男孩都能成为牛顿，但机遇对于每个年轻人都很重要。一次机遇抓住了就能影响你的一生，没抓住，只能看着它白白流掉。当别人成功时，请不要埋怨命运的不公，因为命运对我们是平等的，你也曾获得相同的机遇，只不过你没把握住罢了……

作家梁晓声曾经道出了一些幸运儿成功的绝密，他说："有的人搭上机遇的快车，顺风而行；有的错过了它，终身遗憾；有的一生都未能实现，默默地埋藏自己的才华。"

居里夫人说得好："弱者等待时机，强者创造时机。"一个人的成功有偶然的机会，但机会并不是每个人都能获得，因为也不是每个人都懂得抓住机遇，并利用机遇取得成功。姜子牙可以出人头地，除了他本身的才华外，更重要的是因为他抓住了"姜太公钓鱼，愿者上钩"这个大好机遇。抓住机遇就能获得成功，进一步说明了机遇是成功的关键！"临渊羡鱼，不如退而结网"，一味追求机遇，坐以待毙，不如自己创造机遇，用自己的聪明才智勤奋努力，不断进取，踏踏实实地耕耘，才能获得成功。

能否抓住机遇，是一个人成功与否的重要条件。机遇之所以为机遇，就体现在"机"上，因此，它往往是偶然的，更是短暂的，不等你发觉时已经离去。因此，要抓住机遇，就必须详细地研究，细心地观察，捕捉机会。这需要男孩们做到：

（1）年轻时，能力的成长和境界的提升对你们非常重要，不要被眼前的一些小利益迷住了双眼。

（2）能力成长的关键在于要不断创新，要敢于尝试和承担责任，通过你们艰辛的努力取得了优秀的成果更是实实在在的成长。

（3）要善于学习，大幅度提升自己的学习能力。学习的含义是广泛的，包括从实践中感悟、学习；从自我思考中学习；从书籍中学习；从和他人的沟通、交流中学习等。

（4）要善于和其他的伙伴分享、交流。

（5）要不断提升自己对价值观的理解,这样,在机遇与诱惑前,你才能火眼金睛。

（6）相信自己。

（7）无论是对待学习还是以后的工作,都不能抱着完成任务的心态,毕竟,机遇是给有准备、有足够知识储备的人的。

总之,青春期的男孩要把握好每一个学习的机会,为迎接以后的机遇做好准备。学会"等待机遇,创造机遇,把握机遇"吧！成功就在你身边……

参考文献

[1]邹玮伦.青春没有痘:抗痘美肤手册[M].北京:中国纺织出版社,2004.

[2]穆阳.引导青春期男孩全书[M].北京:商务印书馆国际有限公司,212.

[3]冯爱武.10～16岁叛逆期,父母送给青春期男孩最好的礼物[M].2版.北京:北京理工大学出版社,2013.